人物叢書

新装版

前田利長《まえだとしなが》

見瀬和雄

日本歴史学会編集

吉川弘文館

前田利長像（個人蔵，高岡市立博物館提供）

慶長15年（1610），利長が，砺波《となみ》郡西部《にしぶ》金屋《かなや》村の鋳物師《いもじ》を移住させて開いた金屋町の鋳物師たちが，のちに利長顕彰のため制作したものであろう（成立年不詳）.

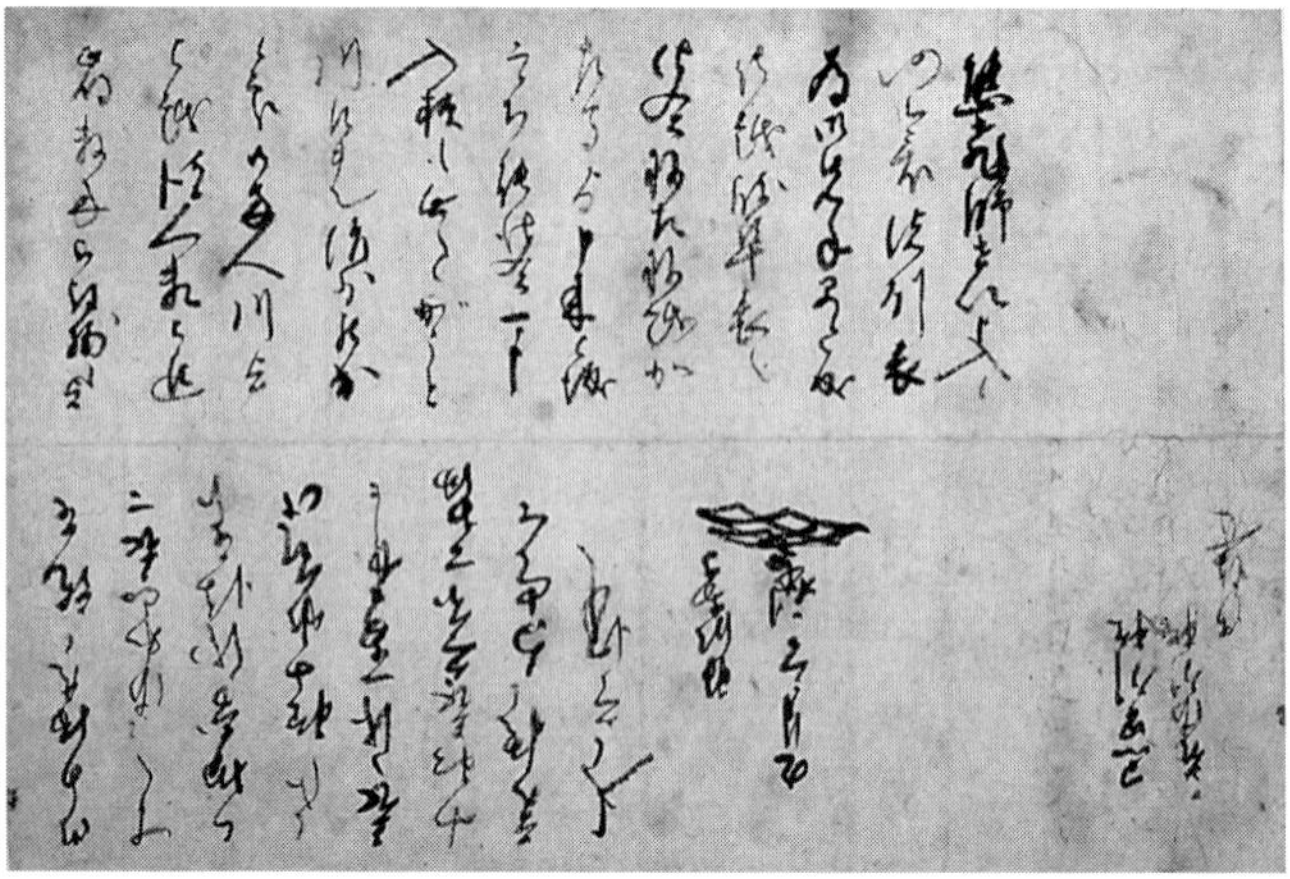

前田利長自筆書状（黒田家文書所収，福岡市博物館所蔵，
画像提供：福岡市博物館 /DNPartcom）

関ヶ原の戦いが近い慶長５年（1600）９月３日付けで，利長が黒田長政・藤堂高虎に対して認めた書状．文面から，利長が戦況の推移に強い関心を示していることがわかる（本文105頁参照）．

態飛脚を以申入候、
仍今度濃州表
為御先手早々被成
御越、岐阜表之
仕合羽左・羽越・加
左馬ゟ申来候、誠
こゝち能仕合、可申
入様も無之候、がうと
川口まで治少罷出
候処、御両人川を
被越、彼人数被追
崩、数多被打捕之旨
御手柄共候、就其
すくニ佐和山表可
被押寄儀弥其分
候哉、様子承度候、此
表之儀一両日中ニ
小松表急度可相働
覚悟候、尚追而可
申入候、恐々謹言

羽肥前守
（慶長五年）
九月三日利長（花押）

（黒田長政）
黒甲州様
（藤堂高虎）
藤佐州様
御宿所

はしがき

前田利長《まえだとしなが》は、戦国末期に生まれ、織田信長《おだのぶなが》・豊臣秀吉《とよとみひでよし》・徳川家康《とくがわいえやす》の下で大名として過ごした人物であるが、この時期はちょうど近世統一政権が誕生し、豊臣政権によって戦乱が基本的に終息し、江戸幕府の成立によって近世統一政権が完成した時期に相当する。この激動の時代に、親である前田利家《としいえ》が幾多の戦争における活躍によって作り上げてきた前田氏領国をともかくも拡大・発展させ、家を護持した前田利長とは、どのような人物だったのか。

前田利長を語る場合、多くは、この守成の功をもって評価するのが常であるが、はたしてそれでよいのであろうか。何よりもそれが利長本人の主体的な選択の結果であったのだろうか。この疑問は、この十年間、前田家の三代、利家、利長、利常《としつね》について種々の史料を見る中で、徐々に増幅することはあっても、消えることはなかった。

本書の対象である前田利長を含む前田氏の領国加賀では、今なお、前田氏に対する敬慕の念が強い。この敬慕の念がときとして、前田氏にとって不都合な面にあえて触れない傾向を生み出し、それによって歴史をありのままに理解することを妨げることにもなるように思われる。今日の感覚で歴史時代を見るのは、ある意味では避けられないことである。しかし、前田利長が生きた時代のありのままの姿をつかみ取ることに、真摯であるべきであろう。

前田利長の生涯をいくつかの時期に区分するとすれば、次の四つの時期に区分できるであろう。一つは、大名になる以前の時期、次に大名となって父利家の隠居とともに家督を継承するまでの時期、さらに家督継承以後、関ヶ原の戦いで加賀国・越中国・能登国（加《か》越能《えつのう》）三ヵ国を領国とし、幕藩制最大の大名として君臨する時期、最後が、隠居してから亡くなるまでの時期である。第一の時期の最後は、織田信長によって大名に取り立てられ、次の第二期は豊臣秀吉の麾下《きか》に連なり、関ヶ原の戦いを挟む第三期は、徳川家康に臣従し、第四期は、家康が将軍職を秀忠《ひでただ》に譲るのとほぼ同時に隠居する。そして、その最期は豊臣氏滅亡の直前の時期である。この三人の天下人に付き従った大名はほかにもいるが、所領を移動することなく拡大・発展させた大名は少ない。その意味で、前田利長は、戦国末期、政治の変動の波の中で、最もよくその家と所領を守り発展させた大名の一典型という性格をもっていた、としてよいであろう。

この前田利長を描くにあたって使用した史料について述べておきたい。まず『加賀藩史料』第一篇・第二篇が挙げられる。これは、前田氏十六代利為《としなり》から家史の編纂を委嘱された日置謙《へきけん》が、同家編輯方の収集した史料そのものを編集・刊行することを基本方針として、昭和四年（一九二九）に世に送った史料集であり、その収集範囲は広く、優れた史料集である。今日の目から見れば、なお誤りなしとしないが、それ以上に裨益《ひえき》するところは大きい。ここでは、収録された史料をそのまま利用することを可能な限り避け、もとにあたってその誤りを正しつつ使用した。また『加能古文書』『越中古文書』『富山県史』史料編近世上は、加越能三ヵ国に関係する古文書を採録しており、努めて利用した。

『加賀藩史料』の中には、一次史料と評価できる古文書類とともに、後年の編纂にかかる記録類も多く含まれる。基本的には古文書に基づく叙述に努めたが、そうした一次史料が得られない場合、記録類によることもある。そうした記録として、『御夜話集《おんやわしゅう》』上（石川県図書館協会）に収録された「亜相公御夜話《あしょうこうおんやわ》」や「象賢紀略《しょうけんきりゃく》」「微妙公御直言《みみょうこうごじきげん》」「懐恵夜《かいけいや》話《わ》」などは、利家や利長に近侍した家臣たちの主君回顧録であり、古文書史料に矛盾しない限りで、それに準ずるものとして使用した。「桑華字苑《そうかじえん》」「本藩歴譜《ほんぱんれきふ》」「越登賀三州志《えつとがさんしゅうし》」などの辞書や歴史書などは一次史料や他書と突き合わせ、また「荒山合戦記《あらやまかっせんき》」「山口記《やまぐちき》」などの戦記物なども古文書などの一次史料と突き合わせながら、それを補う程度に使用した。

さらに、「三壷記《みつぼき》」（別名「三壷聞書《みつぼききがき》」）がある。同書は、武家政権の始まりから説き起こして、信長・秀吉・家康の事績を述べ、最後には前田氏三代の事績を書き綴った著作で、加賀藩の割場《わりば》付宰領足軽《つきさいりょうあしがる》であった山田四郎右衛門が宝永《ほうえい》年間（一七〇四—一一）に編纂したものであるといわれる。この山田四郎右衛門は、元禄《げんろく》九（一六九六）・十年頃に八十六歳で亡くなったと伝えられることから（日置謙編『加能郷土辞彙』）、死亡と編纂の時期が齟齬《そご》するのだが、慶長《けいちょう》十五（一六一〇）・十六年頃生まれたと思われ、利長と同時代の人が多数生きていたであろう元《げん》和《な》末—寛永期（一六二〇・三〇年代）に青年期を過ごしたものと見られる。一介の足軽が全十五巻（異なる巻数の流布本多数）からなる大著を草するには、その準備においてかなりの困難があったであろう。もとよりその編纂の実態はわからないが、多くの史料や聞き取りを基礎にしたものと見られ、長年書き溜めたものが、彼の死後、何者かの手によって編纂されたものと見ておきたい。問題はその史料的価値であるが、これも古文書史料による検証を条件として利用する分には、使用可能であろう。

また、「尊経閣《そんけいかく》所蔵文書」「黒田家文書」「丹羽家《にわけ》文書」「秋田家文書」「長家《ちょうけ》文書」「埴生《はにゅう》護国八幡宮《ごこくはちまんぐう》文書」「高畠家《たかばたけけ》文書」「山崎家文書」「瑞願寺《ずいがんじ》文書」など、文書の原本が残っているものは努めてそれを使用し、「温故足徴《おんこそくちょう》」「松雲公採集遺編類纂《しょううんこうさいしゅういへんるいさん》」「加能越古文叢《こぶんそう》」「北徴遺文《ほくちょういぶん》」「加藩国初遺文《かはんこくしょいぶん》」「旧藩遺文」「有賀家《あるがけ》文書」「瑞龍公親翰《ずいりゅうこうしんかん》」「国事雑抄《こくじざっしょう》」「薫《くん》墨集《ぼくしゅう》」「本多氏古文書等」「横山家古文書等」「三輪家伝書《みわけでんしょ》」や『加賀藩御《お》定書《さだめがき》』などの古文書集も、それに準ずる史料価値をもつものとして多く使用した。これらの多くは、金沢市立玉川図書館近世史料館に蔵された加越能文庫に収められた史料である。同館の職員の方々にはひとかたならぬお世話になった。この場を借りて篤く御礼申し上げる。

越中側の文書として貴重なのは、富山県の郷土史家木倉豊信氏の収集史料である。木倉氏は、古代から近世初期における越中の文書を収集し、編集・刊行した。中越史料カードもそうした史料集の一つで、現在富山県公文書館に架蔵されている。この中越史料カードでしか見ることのできない文書が多数あり、そうした文書は、『富山県史』史料編Ⅲ近世上に収録されており、本書でもそれを使用した。
近年、大西泰正氏編著『前田利家・利長』（戎光祥出版、二〇一六年）が刊行された。それぞれの論点による論文多数に加えて、大西氏の手になる「前田利長発給文書目録稿」が作成されたことの意義は大きい。同目録に掲載された利長文書は一四三一通にのぼり、本書ではその成果を十分に生かすことができていないことをお断りしておきたい。利長は筆まめな大名であり、大西氏の目録でも把握されていない文書が多数存在すると想定される。それらをも含めて利長の生涯を描くとき、また新たな利長像を結ぶことができるかもしれない。

二〇一八年九月一日

見瀬和雄

目次

口絵

挿図

挿　表

第一　誕　生

一　犬千代の誕生

誕生

加賀・能登・越中三ヵ国を領した大名前田利長《まえだとしなが》（幼名犬千代《いぬちよ》、初名孫四郎利勝《まごしろうとしかつ》。ここでは全体を通して利長を使用する）は、前田利家《としいえ》の長男として、永禄《えいろく》五年（一五六二）、尾張国荒子《おわりのくにあらこ》城に生まれた。父利家は二十五歳であった。母は松《まつ》（篠原《しのはら》氏、利家死後芳春院《ほうしゅんいん》）である。幼名は犬千代である。この幼名は、利家の幼名であり、以後、代々の前田氏嫡男に付けられたものである。生後三十三日目の二月十五日、熱田神宮《あつたじんぐう》に参拝したと伝えられる。

誕生時の前田家

犬千代が生まれたのは、織田信長《おだのぶなが》が小勢で今川義元《いまがわよしもと》を倒した永禄三年桶狭間《おけはざま》の戦いの二年後である。この桶狭間の戦いの少し前、父利家は、信長の同朋衆《どうぼうしゅう》の一人である十《じゅう》阿弥《あみ》を、利家の笄《こうがい》（髪の乱れを整えるもの）を盗み取ったことによって殺害し、信長に勘当されていた。桶狭間に密かに従軍し、功を上げたことにより、ようやく勘当が解けた。

前田利家像（個人蔵，石川県立美術館提供）

その後、兄利久《としひさ》にかわって前田氏の家督となり、翌永禄四年には、美濃《みの》斎藤《さいとう》氏との戦いに従って功を上げ、徐々に上り調子になっていた。利長が生まれたのは、まさにそうした時期のことであり、利家夫妻の喜びは一入《ひとしお》であったにちがいない。

ここで、本書を進めるうえで、あらかじめ了解していただいた方がよいと思われる、前田氏一族を構成する諸人物を挙げておこう（巻末系図参照）。

父母と伯父利久

まず、前田利長の父は利家で、織田信長に仕え、種々の戦功によって立身を遂げ、能登の大名に取り立てられた人物である。母はまつで、幼くして前田氏に引き取られ、成長ののち利家に嫁した。豊臣秀吉《とよとみひでよし》の妻おねと親しく、ともに戦国の世を生きた女性である。利家の兄弟すなわち，利長の伯父には、まず長兄の利久《としひさ》がいる。利久は、順当に前田氏の家督を継承したが、利家の戦功が顕著であったことから、織田信長の命により家督を利家に譲らされ、家臣若干名とともに出奔《しゅっぽん》した。のちに前田氏に帰参し、七〇〇〇石を領し、城代《じょうだい》を務めるなどの働きをした。男子がおらず、前田慶次郎《けいじろう》利太《としたか》を養子とした（利長の従兄）。

伯父安勝と息利好

次に次兄の利玄《としはる》は、若くして亡くなり、その伝はほとんど不明である。三兄は五郎兵衛安勝《やすかつ》で、利家が家督を継承して以降、一貫して利家に従い、一万三七〇〇石を領し、七尾《ななお》城代を務めた。出陣する利家の跡を守るばかりでなく、その政策執行に深くかかわった。その子利好《としよし》（利長の従兄）は父の遺跡を継ぎ、一万三七〇〇石を領し、七尾城代を務めた。

芳春院像（大徳寺塔頭芳春院所蔵）

叔母・叔父

利家には妹（利長の叔母）が一人おり、寺西九兵衛の室となった。

利家の弟（利長の叔父）では、信長の家臣佐脇《さわき》氏の養子となった佐脇藤八郎良之《よしゆき》がいる。この良之は、三方ヶ原《みかたがはら》の戦いで受けた傷がもとで亡くなり、その娘（利長の従妹）は、前田氏の家臣篠原一孝《しのはらかずたか》の室となった。

前田秀継と息利秀

また、利家の一番末の弟に前田右近秀継《うこんひでつぐ》がいる。秀継は最初七〇〇〇石を領して津幡《つばた》城《じょう》（石川県河北郡）にいたが、天正《てんしょう》十三年（一五八五）に越中貴船城《きふねじょう》（富山県高岡市）に移り、四万石を領した。しかし、その年大地震があり、倒壊した城によって圧死した。その子利《とし》秀《ひで》（利長従弟）は、父の遺跡を継ぎ、今石動城《いまいするぎじょう》（富山県小矢部市）に住し、四万石を領したが、文禄《ぶんろく》二年（一五九三）に病気を発し、京都から帰還したのち、亡くなった。利秀の妹（利長の従妹）には、本願寺坊官下間少進法印《ほんがんじぼうかんしもつましょうしんほういん》の室になった者、高畠石見守定吉《たかばたけいわみのかみさだよし》の室になった者がいる。篠原一孝や高畠定吉は、利家や利長に信頼され、重く用いられる。それには個々の才能もあったであろうが、こうした前田氏一族との姻戚関係も与《あずか》って大きかったであろう。

同母の姉妹幸・蕭・摩阿・豪

利長の兄弟姉妹としては、利長の上に姉の幸《こう》がいる。前田氏の早い時期からの家臣前田長種《ながたね》に嫁し、守山《もりやま》城（富山県高岡市）城代を務める長種とともに、母ちがいの弟利常《としつね》を養育することになる。利長の次、妹の蕭《しょう》は、別名増山殿《ますやまどの》と呼ばれ、中川光重《なかがわみつしげ》に嫁す。光重は、茶事にふけって修城の勤務を怠ったことから利長の勘気に触れ、利家の計らいで上方《かみがた》にのぼり、秀吉のお伽衆《とぎしゅう》になる。文禄二年に帰参して二万三〇〇〇石を知行《ちぎょう》した。

その次の摩阿《まあ》は、柴田勝家《しばたかついえ》のもとに人質に出されるが、賤ケ岳《しずがたけ》の合戦後に解放されてからは、秀吉の側室となって加賀殿と呼ばれるようになる。秀吉没後、万里小路充房《までのこうじみつふさ》に嫁す。

次の豪《ごう》は、幼いころ秀吉の養女となり、長じて宇喜多秀家《うきたひでいえ》の室となり、備前君《びぜんのきみ》と呼ばれた。宇喜多秀家は関ヶ原《せきがはら》の戦いに敗れたのち、薩摩《さつま》の島津《しまづ》氏に匿《かくま》われていたが、自ら出頭して慶長《けいちょう》十一年（一六〇六）に八丈島《はちじょうじま》に配流されると、豪は金沢に移住し、亡くなるまで金沢で過ごした。次の与免《よめ》は、浅野長政《あさのながまさ》の嫡男幸長《よしなが》と婚約するが、入輿《じゅよ》する前に十七歳の若さで亡くなる。

同母の弟利政

前田利政像（七尾市・長齢寺所蔵，石川県七尾美術館提供）

その次に生まれたのが、待望の男子利政《としまさ》（同母の唯一の弟）であった。長男利長が生まれた永禄五年（一五六二）からへだつこと十七年、天正六年（一五七八）の誕生である。幼名を又《また》若《わか》といい、のちに利長の青年期の名「孫四郎」を継承した。文禄二年、十六歳の年に従四位下侍従《じゅしいのげじじゅう》に任じられ、能登のほぼ一国を与えられ、能登侍従と呼ばれた。関ヶ原の戦いのとき、二度目の出陣に応じず改易《かいえき》され、京都に隠棲《いんせい》することになる。
以上は、いずれも、まつの子であるが、次の菊は、利家の側室隆興院《りゅうこういん》の子で、最初豊臣秀吉に養われたが、のち大津の商人西川重元《にしかわしげもと》家に入り、わずか七歳で亡くなった。

同母妹の千世

続く千世《ちよ》は、再びまつの子で、長じて細川忠興《ほそかわただおき》の嫡男忠隆《ただたか》に嫁す。しかし、関ヶ原の戦いの直前、石田三成《いしだみつなり》が諸大名の妻子を抑留しようとした折、姑のガラシャ（明智光秀《あけちみつひで》娘の玉）と生死を共にしなかった千世に怒った忠興は、千世と忠隆を離縁させ、妻をかばった忠隆を廃嫡にした。二人はその後も京都で共に生活し、四人の子女を儲けたと伝えられる。その後、京都を離れた千世は、前田氏の家臣村井長次《むらいながつぐ》に再嫁する。

異母弟の三男知好

千世の次の福は、利家の側室金晴院《こんせいいん》を母とし、初め長好連《ちょうよしつら》に嫁したが、好連没後、中川光重の嫡男光忠《みつただ》に再嫁した。しかし不縁となり、今枝直恒《いまえだなおつね》家に寄寓した。同じ金晴院を母に生まれたのが、利家三男知好《ともよし》である。知好は初め石動山天平寺に入ったが、のちに武家を志して下山し、前田利好のあとを承けて七尾城代になる。しかし、大坂の陣で後詰《ごづめ》に任じられたことに不満を抱いて出奔し、京都鞍馬山《くらまやま》に入った。その後、京都で亡くなった。

利常と利孝

その次は、まつの侍女千世（寿福院《じゅふくいん》）と利家の間に生まれた利常である。男子のいなかった利長の嗣子となり、前田氏三代当主となる。

次の利孝《としたか》は、母は利家側室の明運院《みょううんいん》で、利常より一歳若い。慶長九年（一六〇四）、利長の命により江戸の芳春院のもとに赴き、徳川秀忠《とくがわひでただ》の小姓《こしょう》となって、慶長十八年八月、従五位下大和守《やまとのかみ》に叙任された。その後、大坂の陣での活躍により、元和《げんな》二年（一六一六）十二月、上野国甘楽郡《こうづけのくにかんらぐん》に一万一四石を賜り、諸侯に列することになる。

その他の妹弟たち

次の模知《もち》（保智《ほち》）は、菊と同じく隆興院を母とし、徳川家康《いえやす》の第五子武田信吉《たけだのぶよし》と婚約したが、入輿する前に信吉が亡くなったため、家臣の篠原主膳貞秀《しのはらしゅぜんさだひで》に嫁したという。

男子の一番下が利貞《としさだ》（利豊《としとよ》）である。母は利家の側室の逞正院《ていしょういん》で、慶長三年三月に生まれた。大坂の陣の際、五五〇〇石の知行で軍役《ぐんやく》を担い、後詰で出陣した。その後、元和六年正月に知行返上を願い出、同年八月に亡くなった。

芳春院を母とする妹の喜意《きい》と斎《さい》については、詳しいことはわからない。

二　少年時代から元服へ

少年時代の逸話

利長の少年時代については記録がなく、ほとんどわからない。わずかに「壬子集録《じんししゅうろく》」

に、天正二年(一五七四)、利長が十三歳でまだ犬千代の幼名で呼ばれていたころ、太夫という十二歳の少年と正月に破魔矢《はまやか》で賭けをしたという逸話が載せられている。利長が負ければ太夫に鼻紙を与え、勝てば利長が太夫の耳を引っ張る、というものであったという。元服直前の闊達《かったつ》な様子を伝えている。

父利家は永禄十二年(一五六九)十月、信長の命により、前田氏の家督を継承し、二四五〇貫を知行した。このことによって利長は、一若侍の長男から、前田氏の嫡男になった。利家は元亀《げんき》元年(一五七〇)九月、大坂での本願寺門徒《ほんがんじもんと》との戦いに功を上げたことにより、近江長浜《おうみながはま》に一万石を給された(「越登賀三州志」「藩翰譜」)。また、天正三年八月、越前一向一揆《えちぜんいっこういっき》との戦いに勝利し、佐々成政《さっさなりまさ》、不破光治《ふわみつはる》とともに、越前府中《ふちゅう》二郡(現福井県越前市)一〇万石を与えられ、三万三〇〇〇石余を知行し、府中城主となった。利長の十三歳は天正二年のことと考えられ、先の破魔矢遊びは、長浜でのことであったと思われる。また、利家が天正三年に府中に移ったのは、利長十四歳のことと考えられる。利家はこののち、加賀の一向一揆との戦いや、一向一揆と手を結んだ上杉謙信《うえすぎけんしん》との戦いに従うが、利長は近江安土《あづち》城にとどまり、信長に近仕したといわれる(「亜相公御夜話」)。とすれば、利長の元服は、安土の前田屋敷において迎えたと見るのがよいであろう。

元服

利長疱瘡を患う

天正七年（一五七九）、利長は疱瘡《ほうそう》を患ったと伝えられる（「亜相公御夜話」、「三壺記」）。疱瘡とは天然痘のことで、致死率の高い感染症である。罹病が事実であれば、病魔を克服して生存したというべきであろう。この天正七年には、前年からの荒木村重《あらきむらしげ》の謀反があり、利家は出陣しているが、利長は出陣する状況にあったかどうかわからない。ただ罹病の時期によっては出陣した可能性も否定できない。

三　利長の初陣

初陣の時期

利長は、織田信長に従う大名前田利家の長子であり、元服を過ぎれば、戦場に赴くことになるが、利長の初陣《ういじん》はいつのことであろうか。実は、このことについても、明確な史料は今のところ見出せない。

父利家は、府中城主となって以後、加賀一向一揆や上杉謙信、さらに謙信亡き後、上杉景勝《かげかつ》との戦いなどに従軍するが、そこに利長がともに出陣したとする記録は、見出せないのである。しかし天正九年（一五八一）、利家が能登《のと》平定後、能登一国を与えられた折、利長が十九歳で越前府中に封ぜられたとされており、戦争経験のないものが一城を任されるとは考えにくいことから、安土で元服した利長が、その後の加賀・能登での戦いに、父とともに出陣していたか、父とは別に、信長の作戦行動に従っていた可能性が高いと考えざるをえない。また、右にみたように、天正六年・七年の荒木村重との戦いが、初陣である可能性も考えられるであろう。

利長が戦いに赴こうとしたことを示す明確な例としては、本能寺《ほんのうじ》の変で岳父織田信長が横死《おうし》したとき、妻の永《えい》（信長の四女、後述）とともに京都に向かう途次に凶報を受けた利長が、永を尾張荒子に送り、信長の弔い合戦のため軍《いくさ》支度をし、蒲生氏郷《がもううじさと》のもとに馳せ参じたという例がある。このときは実際には戦争にならなかったが、そのすぐのち、信長の死によって勢いづいた上杉景勝勢が、石動山《せきどうさん》・荒山《あらやま》で兵を挙げた折には、出陣している（後述）。これ以後、羽柴秀吉《はしばひでよし》の越中平定まで、利長はたびたび出陣している。

四　婚姻と大名への成長

信長の四女と婚約

利長は安土城で信長の近くに仕え、天正八年（一五八〇）九月、信長の四女（生母・幼名不詳、七歳、嫁して「永《えい》」、利長死後玉泉院《ぎょくせんいん》）と婚約した。信長の娘は、徳川・蒲生・瀧川・丹羽・

豊臣・武田などの武将各氏や、二条・万里小路《までのこうじ》・徳大寺《とくだいじ》などの公家各氏に嫁しているが、馬廻《うままわり》出身の小大名にすぎない前田利家の嫡男に娘を嫁がせたこの婚姻を、信長の政略と見ることはできないであろう。北陸において、柴田勝家《しばたかついえ》の麾下《きか》、一向一揆の平定や上杉景勝との戦いに従う前田利家に対する褒賞的意味とともに、品行方正であったと伝えられる利長個人の資質に対する信長の評価の表れと見てよいであろう（岩沢愿彦『人物叢書前田利家』）。

越前府中城主になる

利長は天正九年十月、二十歳のとき、父利家から菅屋長頼《すがやながより》に渡された越前府中城《ふちゆうじよう》に詰め、そののち府中城を居城とし、府中三万三〇〇〇石余を与えられた。大名としての出世である。そして、この府中に、永は入嫁した。わずか八歳の童女であった。利長とは十二歳の開きがあった。利長は、永との間には子をもうけることができなかった。永はこのことを気に病んでいたと伝えられる（後述）。

玉泉院像（公益財団法人 前田育徳会尊経閣文庫所蔵）
信長の四女永姫.

第二　大名前田利長

一　本能寺の変と利長

利長が越前府中城《ふちゆうじよう》主であった期間は、天正《てんしよう》九年（一五八一）十月から、賤ヶ岳《しずがたけ》の戦いののちの天正十一年四月までのことであり、その間の領知支配については史料がなく、わからない。しかし、この間に起きた政変は、その後の利長の進運を大きく左右するものであり、可能な限り見ることにしよう。

信長の死

天正十年五月二十八日、利長夫妻は信長《のぶなが》の招きにより上洛の途に就いたが、六月二日、近江瀬田《せた》に来たところ、京都本能寺における信長横死の知らせを受けた。利長は、永姫《えいひめ》に吉田長蔵《よしだちようぞう》・金岩与次《かねいわよじ》を付けて、尾張荒子《あらこ》に逃れさせ、自らは五人（のち二人脱落）の家臣を伴って安土の前田屋敷に入り、弔い合戦の準備をした。しかしこのとき、多くの家臣が明智光秀《あけちみつひで》との戦《いくさ》を恐れて密かに退去し、利長はいたく立腹したという（「桑華字苑」）。

本能寺の変後の利長

はては、あわてて具足《ぐそく》を後ろ前に付け、家臣吉田数馬《かずま》に指摘される始末であった。

利長は、信長の弔い合戦をするため、こののち相婿《あいむこ》の蒲生氏郷《がもううじさと》の居城である近江日野《ひの》城《じょう》に入ったが、氏郷に解せない動きがあると見た利長は、氏郷に告げず、織田信雄《のぶかつ》の松《まつ》ヶ《が》島城《しまじょう》（三重県松坂市）に赴いた。そして、信雄に対明智戦の陣触《じんぶれ》を出し、蒲生氏郷のもとに自分を使者に立て、出陣を命じてほしいと要請した。信雄もこの要請を受け、利長が使者となって氏郷に出陣を求め、そろって安土に向かったところ、安土はすでに、光秀が秀吉《ひでよし》を迎え撃つために坂本城《さかもとじょう》に去った後であり、三人はむなしく撤退した。

この間の光秀の行動の軌跡は、六月五日安土に入城し、七日、同地で勅使吉田兼見《よしだかねみ》と会見、八日には坂本城に帰還しており（高柳光寿『人物叢書　明智光秀』、藤田達生『証言本能寺の変』）、

荒子観音（名古屋市）
正式名は浄海山円龍院観音寺という天台宗寺院．尾張四観音の１つ．利長が誕生した尾張国荒子城の近辺にあったと思われる．天平元年（729年）の創建と伝えられ，前田利家が天正４年（1576）に修造．

利長らが安土に赴いたのは八日以降のことになる。このとき、信雄は安土城に火を放ち、同城は焼失してしまった（「桑華字苑」）。利長は家臣の勧めにより、府中城に帰還した（「本藩歴譜」）。

二　石動山・荒山の合戦

信長横死の報せは、加賀・能登・越中にも伝わり、北陸の政治情勢にも大きな衝撃を与えた。越中魚津城《うおづじょう》で上杉景勝《かげかつ》の軍勢と対峙していた柴田勝家《しばたかついえ》や前田利家《としいえ》などの織田方諸将は、早々に戦線を切り上げて領国に帰還した。

石動山・荒山の戦い

一方、織田方によって所領を奪われていた畠山《はたけやま》氏の旧臣温井景隆《ぬくいかげたか》、三宅長盛《みやけながもり》らは、この情勢を旧領回復の絶好の機会と捉え、越後から能登に帰還し、石動山《せきどうさん》に入って、本願寺衆徒《しゅと》たちと一揆を結び、石動山の西にある荒山《あらやま》にも砦を構え、旧領回復の動きに出た。利家はこの動きをいち早く察知し、金沢城の佐久間盛政《さくまもりまさ》に援軍を要請し、石動山・荒山に攻撃をかけて、これを鎮圧した。これを石動山・荒山の戦いと呼ぶが、この戦いに利長が参陣していたかどうかは検討を要する。

基本史料である「荒山合戦記《あらやまかっせんき》」には、駆けつけた佐久間盛政が、鹿島郡高畠《かしまぐんたかばたけ》から利家方に出陣を告げて返事を待った際の記事に、「前田利家息利政等が方へ」と記しているが、利政《としまさ》は天正六年（一五七八）の生まれであることから、明らかに利長の誤記と見ることができ、「荒山合戦記」は利長が従軍していたとしていることになる。ただ、具体的にどのような行動をとったのかについては記述がないため、判然としない。

石動山遠景

石動山合戦が行われたこの山は，能登半島の基部，鹿島町石動山・二宮，七尾市，富山県氷見市にまたがる標高565m の山塊．鎌倉時代から室町時代には，全域が山岳信仰の拠点であった．

一方、「甫庵太閤記《ほあんたいこうき》」（寛永二年〈一六二五〉成立）にも石動山・荒山の合戦に関する記事がある。「荒山合戦記」とは個々に表現のちがいはあるが、文章の構成は基本的に似ている。この「甫庵太閤記」では、利長はこのころ越前府中にいたとされている。

本能寺の変のときに近江にいた利長が、先に見たように、直後府中城に帰還したと見るならば、そこから二〇日ほどで軍勢をまとめて能登まで出陣したと考えれば、可能性は十分にある。出陣していれば、何らかの記録が残ってよい事件であるが、そうした痕跡は確認できない。しかし、上杉勢に領国の一部でも占領されることは、前田氏の命運にとって最重要事であり、ここはやはり「荒山合戦記」が記すように、利長が越前府中城から石動山・荒山の戦場に馳せ参じたと見るべきであろう。

三　賤ヶ岳の戦いと利長の進運

「清洲会議」

能登で利家が畠山氏の旧臣たちと戦い、その戦後処理に明け暮れていたころ、尾張清《きよ》洲《す》城《じょう》では、織田氏の諸子や重臣たちが、織田政権の後継や山崎《やまざき》合戦後の所領配分をめぐって激しい競争を展開していた（「清洲会議《きよすかいぎ》」）。会議では、明智光秀を倒した羽柴秀吉の攻勢により、織田信長の長子信忠《のぶただ》の子三法師《さんぼうし》（のち秀信）が後継に立つことになった。これには、次男信雄《のぶかつ》、三男信孝《のぶたか》ばかりでなく、宿老たちも同意せざるをえず、秀吉の思惑通りにことが運んだものといえよう。ただ、信雄と信孝は不仲であり、三法師後見の地位を争った（「浅野家文書」）。

遺領の配分については、織田信雄には旧来の南伊勢に加えて尾張と清洲城、三男信孝には、北伊勢を返上し、新たに美濃一国と岐阜城《ぎふじょう》、柴田勝家には越前国に加えて秀吉の旧領北近江と長浜城《ながはまじょう》、丹羽長秀《にわながひで》には旧来の若狭《わかさ》と近江坂田郡の一部のうち後者に替えて近江高島・滋賀両郡が与えられ、近江坂田郡の一部は安土城を付けて三法師に与えられた。秀吉には、播磨に加えて山城《やましろ》・河内《かわち》と丹波《たんば》の一部が与えられた。山崎の戦いに論ずべき功がなかった勝家にも、越前と地続きの北近江が与えられたことには、秀吉の勝家に対する深謀遠慮、すなわち会議の主導権を握った秀吉への反発の緩和の意図があったと見られる（小和田哲男『秀吉の天下統一戦争』）。また、三法師は、当初織田信孝が岐阜城に預かったが、三法師に安土城が与えられたのちも、信孝は三法師を返そうとせず、織田政権の実質的後見の座を主張し続けた。そして、この信孝が力とした大名が、織田政権の宿老中の第一人者であった柴田勝家であった。

秀吉と柴田勝家の対立

秀吉による織田政権奪取を恐れる柴田勝家が、秀吉主導の一連の決定に従うことは当初から難しいことであり、信孝の助力要請もあって、両者の対立関係は深まるばかりであった。そして、この両者の対立は、利家・利長の位置を微妙なものにした。利家にとって、柴田勝家は、ともに北陸に派遣されて、一向一揆や上杉勢を抑える戦いを展開する先輩格の同僚であり、「親父様」と親しみを込めて呼ぶ存在であった。

一方、秀吉は、ほぼ同じ時期に信長に仕えはじめた同僚であり、その気安さから、利家が娘の豪《ごう》を養子として与えていた存在であった。したがって、利家にとっては、両者の対立は、できれば避けたい事態であったにちがいない。

柴田勝家は秀吉との合戦を必至と見ていたらしい。軍事行動がとりにくい冬に向かうことから、春の到来までの時間稼ぎのため、天正十年（一五八二）十月下旬、前田利家・不《ふ》破光治《わみつはる》・金森長近《かなもりながちか》・原彦次郎《はらひこじろう》を、秀吉の居城の山城宝寺城《たからでらじょう》に派遣し、和議工作を進めた（「柴田退治記」）。秀吉は、勝家の目論見《もくろみ》を見抜いており、勝家を油断させるために和議に応じたが、両者の対立解消を願っていた利家は、和議を本気で喜び、意気揚々と越前に帰還した。勝家も、利家らの報告を受けて、戦争準備の時間を確保できたと安堵したにちがいない。

しかし、秀吉の知謀は、勝家の思惑を上回っていた。春までの時間は、秀吉にとっても、敵対勢力を各個撃破することのできる時間であった。その最初の標的となったのは、北近江長浜城にいた柴田勝豊《かつとよ》であった。勝豊は、勝家の姉の子で、勝家に実子がいなかったことから養子としていた。しかし、勝家が甥の佐久間盛政《さくまもりまさ》を重用することを快く思っていなかったらしく、またこのとき、病床にあってとても戦争する状況にないところを、十二月初旬、秀吉に包囲され、あえなく降伏したのである。秀吉はその勢いを駆って、そのまま素早く信孝の居城の岐阜城に攻め掛かった。勝家からの援軍を得られない信孝は、とても敵対することができないと見て、三法師に信孝の老母・息女を付けて差しだし、降伏を申し入れた。

滝川一益を攻略

翌天正十一年正月中旬、秀吉は越前の備えに丹羽長秀を付け、自身は伊勢に侵入し、滝川一益《たきがわかずます》を攻めた。亀山城《かめやまじょう》を中心に、滝川一益の猛反撃が展開されたが、秀吉は、金掘《かねほり》数百人を動員して櫓《やぐら》・楼門の下に穴を掘り、それらを突き崩す作戦をとり、城方も支えきれずに降伏した。

こうしたとき、勝家の北近江侵攻の報があり、秀吉は、かつての中国大返しのように急遽北近江にとって返し、勝家の攻撃に備えた。秀吉にとって、背後の敵対勢力を各個撃破していたことが、勝家との戦いを容易にさせたといえる。勝家軍は、秀吉が万全の備えをしている中へ飛び込んだようなものであった。

勝家麾下の利家・利長

このとき利家・利長は、柴田勝家麾下《きか》の大名として、天正十一年三月七日、早々に出陣した。栃ノ木峠《とちのきとうげ》・椿坂峠《つばきざかとうげ》の山中の道を、雪かきをしながらの行軍であった。利家は、この戦いが早々に決着すると見ていたようである。ようやく椿坂に着いた利家は、七尾《ななお》にいる家臣の富田景政《とだかげまさ》に三月十六日付書状で「やがて帰陣たるべく候」と書き送り、また、兄の安勝《やすかつ》にも三月二十五日付書状で「いずれの道にも近日帰陣たるべく候」と書き送り、戦争が早々に終わると観測していたような文言を記している。特に後者の「いずれの道にも」という文言からは、利家には、大勢が決すればそれ以上に戦う意思がなかったことを読み取りうるであろう。

賤ヶ岳の戦い

戦闘は、四月二十一日、柴田方の佐久間盛政が、勝家の制止も聞かずに賤ヶ岳《しずがたけ》の攻撃を強行したのに対して、秀吉方の反撃にあい、「賤ヶ岳の七本鑓《しちほんやり》」として名高い加藤清《かとうきよ》正《まさ》らの活躍もあって、柴田方が総崩れとなり、大勢が決した。賤ヶ岳の北方柳瀬《やながせ》に陣を布いていた前田利家と利長は、この報に接するや、急遽戦場を脱し、越前府中城へと撤退した。

利家・利長が府中城に帰り着いたころには、わずか五〇騎ほどになっていたという。利家は、鉄砲を調達するなど武備を整えて籠城し、その後、落ち延びてきた勝家の北《きたの》庄城《しょうじょう》退却を激励し、戦いに備えた。秀吉は、「柴田息をつかせては、手間も入り申すべく候かと秀吉存じ、日本の治此の時に候」（「毛利家文書」）との思いから、勝家を追撃し、まず利家・利長が籠城する府中城を攻撃した。しかし、圧倒的な軍事力の差にもかかわらず、秀吉は力攻めすることなく、堀秀政《ほりひでまさ》を使者として、利家方に和議を申し入れた。当初和議を拒否していた利家も、勝家の許《もと》に入れていた人質の麻阿《まあ》が救出されたとの報を受け、和議に応じた。

秀吉に降伏

秀吉は、わずかな供回りをつれて府中城に入り、和議が成立した。和議といっても、実質的には降伏であり、利家は旧来の誼《よしみ》をもって、秀吉に助命されたことになり、以後、利家は秀吉に臣従することになる。そして利長もまた、秀吉麾下の大名として再出発することになるのである。

四　松任四万石から越中三郡の大名へ

北庄城落城

秀吉の麾下に入った利家は、秀吉軍の先陣を務め、北庄城に向かった。利長については、史料に明らかではないが、父利家とともに北庄城に赴いたものであろう。秀吉の圧倒的な軍事力により、越前の諸城は次々と降伏し、北庄城も瞬く間に惣構《そうがま》えを破られ、本城を包囲された。秀吉が毛利家臣国司右京亮《くにしうきょうのすけ》に与えた四月二十八日付書状には、このときの様子が「柴田北庄へ逃げ入る間、追い詰め、本城乗り崩し候の処に、天主へ取り上り、女房衆以下刺し殺し、腹を切り相果て候」（「西村家文書」）と記されている。

利長、松任四万石の大名へ

秀吉軍は加賀に進軍し、佐久間盛政の居城金沢城《かなざわじょう》を接収した。この後、秀吉は、利家に能登国の所領を安堵《あんど》するとともに、佐久間盛政の旧領加賀国石川・河北《かほく》両郡を与え、石川郡のうち松任《まっとう》四万石を割いて利長に与えた。これによって利長は、石川平野のほぼ全域にわたる松任四万石の大名になり、松任城に居を構えたのである。

秀吉の制圧によって、北陸の政治地図は大きく変化した。丹羽長秀はそれまでの若狭国に併せて、柴田勝家の旧領越前国および加賀国能美《のみ》・江沼《えぬま》二郡を与えられ、北陸の総司の位置を与えられた。越中国は、佐々成政《さっさなりまさ》が継続して支配した。佐々成政は、利家同様、柴田勝家に付けられた与力《よりき》であり、利家同様に賤ヶ岳に出陣すべき位置にいたが、秀吉と提携した越後の上杉景勝の抑えとして自身は在国し、弟平左衛門《へいざえもん》を出陣させるにとどまった。そして、秀吉が加賀に進軍するに及んで人質を出し、剃髪して降を入れたことにより、越中一国は安堵されたのである。

小牧長久手の戦い

しかし、中央の政治情勢は変転し、その影響は北陸にも及んだ。秀吉の天下人への動きが加速する中、信長次男の信雄（尾張清洲城主）はそれに反発し、徳川家康《とくがわいえやす》と結んで天正十二年（一五八四）三月に反秀吉の兵を挙げた。信雄は当初、小牧長久手《こまきながくて》の戦いで秀吉麾下の池田恒興《いけだつねおき》や森長可《もりながよし》らを倒すなど優勢に戦いを展開したが、内部から造反者が出、また根拠地である伊勢や伊賀を占領されるなど徐々に劣勢となり、ついには秀吉と単独講和を結んで戦線を終息させてしまった。家康も、そのことによって秀吉と戦う名分を失い、兵を引き上げた。

加越国境の動乱

このとき、北陸では、越中の佐々成政が主君信長の子信雄の挙兵に呼応した。越前丹羽長秀の「一の木戸」と位置づけられていた前田利家の所領に対する侵掠《しんりやく》行為を繰り返し、加越国境では各地で戦いが繰り広げられた。天正十二年八月、成政が加越国境の朝日山砦《あさひやまとりで》を攻撃した。利家は佐々軍の動きを警戒し、奥郡《おくぐん》（能登珠洲・鳳至二郡）百姓中に、佐々軍の船手《ふなて》に警戒するよう指示している。

末森城の戦い

秀吉は九月八日付で、利家・利長父子に、領内の守りを固め、丹羽長秀が出陣するまでは率爾《そつじ》の軍事行動を控えるよう指示した（「温故足徴」）。しかし、奥村家富《おくむらいえとみ》の守備する末森城《すえもりじょう》が、佐々軍に包囲されて苦戦を強いられているとの報に接すると、利家は利長とともに末森城に急行し、九月十一日、佐々軍の背後を突いて破り、末森城を奪回した。九月十四日、利不意を突かれて大敗した佐々軍は、戦況を不利と見て越中に撤退した。九月十四日、利長も石動山城にいた青木善四郎《あおきぜんしろう》に戦勝を報じている（「温故足徴」）。また、九月十七日付で、末森城を堅守した奥村家富・千秋範昌《せんしゅうのりまさ》に感状《かんじょう》を発している（「前田家雑録」「温故足徴」）。

秀吉の越中出陣

こののち、利家は逆に佐々領の越中砺波《となみ》・射水《いみず》両郡にたびたび侵攻し、また秀吉に越中出陣を要請した。この時期、秀吉は紀伊国の雑賀一揆《さいがいっき》や根来寺《ねごろじ》などを攻略し、弟の羽《は》柴秀長《しばひでなが》を指揮官として四国の長宗我部元親《ちょうそかべもとちか》を攻撃する一方、近衛前久《このえさきひさ》の猶子《ゆうし》となって、関白就任への道を歩んでいた。そして、長宗我部元親攻略の大勢が固まったころ、天正十三年（一五八五）七月十七日付書状で、秀吉は越中出陣を利家に伝えている（「温故足徴」）。

秀吉越中出陣の報を得た利家・利長父子は、秀吉を迎える準備を進めた。利家は、氷《ひ》見阿尾城《みあおじょう》主菊池武勝《きくちたけかつ》に、秀吉の越中出陣を告げ、早急な和議を勧めた。菊池武勝に対しては、すでに前年十一月に和議を申し入れていたが、秀吉出陣の報の直前に和議の条件を申し入れた。菊池もこれに応え、七月二十八日、和議が成立した。能登にいた長《ちょう》連龍《つらたつ》をも呼び寄せ、また接待用に、大呑郷《おおのみごう》百姓に鮮魚を金沢に送り届けるよう指示している。

秀吉が越中呉服山《ごふくやま》に着陣してまもなく、成政は剃髪して、単身秀吉陣に出頭し、降伏の意を伝えた。秀吉はこの事態を、「太刀も刀も入らざる体」と豪語している（閏八月一日付藤懸三蔵等宛書状）。秀吉はこの戦後処理で、越中一国を伐り取りとして利家に与える意図であったところ、利家が佐々成政の宥免《ゆうめん》を願い、また越中の利長への給与を願ったことから、新川郡《にいかわぐん》一郡を成政に安堵《あんど》し、残る砺波・射水・婦負《ねい》三郡を、利長に給与した。

利長、越中三郡の大名へ

これによって利長は、松任四万石から越中三郡の大名へと栄進することになったのである。また、利家は羽柴筑前守《はしばちくぜんのかみ》の称を与えられ、利長も羽柴姓を名乗ることを許された。利長は、孫四郎《まごしろう》から又左衛門《またざえもん》へと改称し（「本藩歴譜」）、松任城から、成政の家臣神保氏《じんぼうじ》張《はる》の居城であった守山城《もりやまじょう》に移った。

第三　利長の越中支配

一　越中三郡の掌握

居城守山城

天正《てんしょう》十三年（一五八五）、越中の大名となった前田利長は、以降、慶長《けいちょう》三年（一五九八）に家督を相続して慶長十年に隠居するまでの七年間余を除き、越中に本拠を置いた。

勝興寺の保護

越中砺波《となみ》・射水《いみず》・婦負《ねい》三郡を与えられると、利長は閏八月二十五日には、二上《ふたがみ》（富山県高岡市）の渡守《わたしもり》に対し、これまで通り渡舟を出して小矢部川《おやべがわ》・庄川《しょうがわ》の渡し業務を行うよう指示し、その保護を約している（「門野文書《かどのもんじょ》」）。また同月、伏木古国府《ふしきふるこくふ》勝興寺《しょうこうじ》に禁制《きんぜい》を発し、それまで神保氏張《じんぼうじはる》の保護下にあった勝興寺に対する保護の姿勢を明らかにした（「勝興寺文書」）。勝興寺は、越中における真宗寺院の最も格式の高い寺院であった。天正九年、佐々成政《さっさなりまさ》に与同した木舟城《きぶねじょう》主石黒政綱《いしぐろまさつな》の焼き討ちによって寺基を失っていたが、天正十二年、佐々成政が立山を越えて浜松に赴く直前の時期に再興を許したことから、いったん守山《もりやま》に草庵を結んだ後、伏木古国府の地に本格的な堂宇を再建したものであった。そして、佐々成政が越中三郡を没収された後、新領主となった利長が同寺を保護することとなったのである。

勝興寺禁制と家臣への知行給与

利長にとっては、勝興寺保護は特に重要な意味をもっていたはずである。越中は真宗信仰の盛んな地であり、その頂点に立つ勝興寺を保護することは、その配下の門徒を掌握することにつながるのである。利長の統治行為として確認できる最初のものは、この勝興寺禁制であるが、それに次いで見られるものは、家臣への知行給与である。

越中国の内を以て千俵扶持せしめおわんぬ、全く知行すべきの条、件《くだん》の如し、

天正十三年（一五八五）九月十一日　利勝（花押）

稲垣与右衛門殿

おそらく、越中において利長が発した最初の知行宛行状《ちぎょうあてがいじょう》の一通であろう。まだ、「縄打《なわうち》の内を以て」という文言がないことから、検地は実施されていないと見られる（「本誓寺文書《ほんせいじもんじょ》」）。このとき、家中に一斉に知行宛行状が発せられたと思われる。三郡のうち、知行地と蔵入地《くらいりち》の分布についてはわからない。

楽市楽座

次に、楽市楽座《らくいちらくざ》の申し渡しである。天正十三年十月九日、利長は、砺波郡北野村に対

越中守山城址（高岡市）

小矢部川左岸にそびえる二上山の支峰，城山の中腹に築かれた．小矢部川は古くより水運の便で知られ，左岸の道は主要道で，水陸交通を押える位置にあった．天正13年（1585）～慶長２年（1597）まで，前田利長が居城とした．

し、市立《いちだ》てを許し、その保護の姿勢を明らかにした。その際、「定《さだめ》」の第二条に「らく市楽座たるへき事」を謳い、また、「国《くに》質所《じちところ》しち《じち》停止之事」を示して、誰でも自由に商売ができる市の実現と、債務履行を迫る手段に人身を巻き込むことを禁止して、市の繁栄を促している（「洲崎家文書」）。また、翌十四年八月十三日には、砺波郡笹川村（現高岡市笹川）にも市の定書《さだめがき》を出し、市日《いちび》を定め、押買・押売を禁じ、国質・所質、町人への非分申し懸けを禁じている（「中越史料カード」）。

小物成

今一つに、小物成《こものなり》（雑税）の徴収がある。天正十二年十月一日、砺波郡四日市村《よっかいちむら》・射水郡佐野村などに鮭網役《さけあみやく》を申し付けた（同前）。これらは、いずれも小矢部川や庄川とその支流に沿って位置する村であり、おそらく流域の村々に発せられたものであろう。また、同月十四日には、五箇山《ごかやま》の諸村から河上糸《かわかみいと》（庄川上流は布の生産が盛んであり、その原料の苧絈《おがせ》を徴収したものであろう）を徴収した請取状を発し、富山平野や砺波平野のいくつかの村々から綿を徴収した請取状を発している（「松雲公採集遺編類纂」一三九）。翌十五日には、河上（五箇山）から地子銭《じしせん》（宅地税）を請け取り、十二月二十五日にも地子銭として金子《きんす》一枚を徴収した請取状を発している。おそらく残存する文書は、多くの役徴収の一部にすぎず、天正十三年から利長が越中西三郡の役を徴収したことが確認できる。

利長の年貢皆済状

しかし、少なくとも越中西三郡の年貢を、利長がすべて収納できたわけではなかったと考えられる。氷見庄《ひみのしょう》森白川村《もりしらかわむら》の天正十三年分の年貢については、利家が皆済状《かいさいじょう》を発しているのである。利家の越中西三郡における年貢収納はこの一例のみであるが、逆に、利長が発した年貢皆済状は、管見では見えない。利家の越中西三郡の年貢収納が、氷見庄の天正十三年分に限ったことなのか否かは判然としないが、ここでは少なくとも天正十三年分の氷見庄森白川村の年貢は、利家が収納したことを確認しておきたい。

叔父前田秀継の死

ところで、利長は越中西三郡を領知したが、天正十三年四月、前田利家の弟右近秀継《うこんひでつぐ》が、津幡城《つばたじょう》から砺波郡今石動城《いまいするぎじょう》に移り、さらに木舟城に移って、四万石を領したという。利長にとっては叔父である。秀継は、利家の越前府中時代からの家臣であり、「府中二十一人衆」の一人で、一〇〇〇石を知行する最上級家臣であった（『加賀藩初期の侍帳』）。この秀継は、同年十一月二十九日の地震で、倒壊した木舟城の下敷きとなり、夫人とともに圧死した。その子利秀《としひで》は地震のとき、今石動城にいたことにより、被災を免れ、その後、父の跡を継いで木舟城に入った。天正十四年、上杉景勝《かげかつ》が上洛するとき、木舟城で利秀の接待を受けたが、復興の進まない木舟城を見た景勝が、田園地帯の真ん中にある木舟城の地の利の悪さから、別の場所で城を構えることを勧めたことにより、利秀は今石動に本拠を移し、商人や寺院を集めて城下町を建設したという。利秀は、のち朝鮮出兵の際、肥前名護屋《なごや》に出陣するが、病気のため帰国し、文禄《ぶんろく》二年（一五九三）に今石動城で亡くなった。

今石動四万石は領知権外

　問題は利長との関係である。秀継が、利長の越中三郡拝領以前に木舟城主となり、四万石を領していたとすれば、利長と秀継との間に主従の関係があったかどうか、という問題がある。利家は、末弟の秀継と仲がよかったといわれ、秀継が佐々成政との戦いで加越国境の攻防に活躍したことにより、秀吉《ひでよし》からその功を賞されている（「寸金雑録」二）。「秀継」の「秀」が、秀吉の偏諱《へんき》を受けた可能性もあるであろう。しかも秀継の死後、その跡を利秀が世襲的に継いでおり、その人事が利家の意思によっているところから見て、利長と秀継・利秀の間には直接的な主従関係はなかったと見るべきであろう。とすれば、越中西三郡の領知権については、今石動四万石には、利長の手が及ばなかった可能性が高い。

この越中三郡における利長領知権の限定性は、利家の意思によるものであり、先の年貢収納の際、利家が氷見庄で年貢を収納し、皆済状を発給したことと関係があると見られる。越中三郡の利長領は、利長が利家から家督を継承するまで、家長たる利家が何らかの権限をもち、利長の領知権はその分、限定的であったということができるであろう。

二 寺社政策

利長が勝興寺に保護を与えたことは先に述べたが、その具体的な様子について触れておこう。天正十三年(一五八五)閏八月に出された禁制では、寺内での陣取り禁止、寺内への家臣の出入禁止、古国府内での竹木伐採禁止、寺内での非分申し懸け禁止、寺内での市立て許可という五ヵ条が規定された。このうち古国府は、佐々成政の家臣神保氏張が勝興寺に寄進した土地で、現在の寺地になっている。

この勝興寺に対し、利長は天正十六年（一五八八）十月、寺領を寄進した（「勝興寺文書」）。
御寺内近所に於いて、縄打を以て百俵の地進《しん》じ置き了《お》わんぬ、全く御寺納あるべきの状、件の如し
天正十六
十月朔日　孫四郎
利勝（花押）
勝興寺

勝興寺への寺領寄進

前田領では、天正十六年までは一俵＝三斗であったが、この年から五斗に変わったので、「百俵の地」とは、石高《こくだか》になおして五〇石の地である。浄土真宗本願寺派はかつて一揆を結び、戦国末期には織田信長と激しく対立した宗派であり、領主から寺領を寄進された寺院は、きわめて少数であった（森章司「近世における真宗教団」）。とすれば、五〇石の寺領は大きい。

利家・利長には、一向一揆の軍団と戦ってきた歴史がある。にもかかわらず、寺領を寄進した理由はどこにあったのか。これについては明確な史料はないが、先述したように、多くの領民が真宗門徒であり、勝興寺が越中における最も格式の高い真宗寺院であったことから、その保護によって領民を掌握しやすくしたことが考えられる。天正十四

年八月、勝興寺住持顕幸佐廉《けんこうされん》は、正親町天皇《おおぎまちてんのう》から法印《ほういん》叙任の宣旨《せんじ》を受けた（「勝興寺文書」）。勝興寺の格式を物語るこの宣旨が、利長の寺領寄進を促したものであろう。

伊勢神宮への寄進

利長は、このように一国の守護として寺社の保護に力を入れた。天正十四年六月には、小坂（小境）に一二〇俵（六〇石）の地を伊勢神宮に寄進し、御師《おんし》堤源介《つつみげんすけ》に寄進状を発している。この「小坂」は、文禄四年（一五九五）十月の村井長頼《むらいながより》等連署《れんしょ》書状には「御神領小堺村」とあって、同じ伊勢御師堤源介宛になっているところから、氷見庄の「小堺村」（小境村）であることがわかる。

伏木勝興寺本堂（高岡市）

浄土真宗本願寺派．山号雲竜山．北陸における一向一揆の一拠点であった．藩主の前田氏とは親密な関係を築き，寺領200石を有した．境内は土塁と濠に囲まれて城郭寺院の名残をとどめ，全国でも屈指の規模である．

埴生八幡宮への寄進

また同年九月には、埴生八幡宮《はにゅうはちまんぐう》に社領六〇俵を寄進し、禁制を発している（「埴生護国八幡宮文書」）。

埴生村の内六拾俵の地、武運祈誓のため、当社八幡宮へ進ぜられしめ畢《おわ》んぬ、末代社納相違有るべからざるの状、件

の如し

天正拾四

九月二十一日　利勝（花押）

埴生八幡宮

神主名代《みようだい》行事

前田領では、一反三俵の石盛《こくもり》で高付《たかつ》けしたので、六〇俵は田二町を意味する。天正十六年までは、一俵＝三斗であるから、石高にすれば一八石ということになる。埴生護国八幡宮のある埴生村は、倶利伽羅《くりから》峠《とうげ》を越中側に下りた最初の宿駅であり、平安末期には、京都に攻め上る源《みなもとの》義仲《よしなか》（木曾義仲）が間近に控えた平氏の軍勢との戦い（倶利伽羅峠の戦い）での戦勝を祈願した神社と伝えられる。そのため、前田氏は武運長久を祈願する神社と位置づけ、こののち江戸幕府成立後は、将軍家の武運長久・不例快癒《かいゆ》・平産などを祈願している。

埴生八幡宮と前田氏

禁制

一、神林に於いて竹木伐採の事

一、社中武家人居住の事

一、社地有り来りの地境に非分申し懸る事
一、社中へ立ち入り仮初《かりそめ》にも狼藉《ろうぜき》の事

埴生護国八幡宮拝殿（小矢部市）

社殿は慶長５年（1600）から正保３年（1646）にわたって前田家が造営．このうち拝殿は入母屋造りで，前方正面に千鳥破風を大きく構える．

天正14年（1586）9月21日付 前田利勝（利長）寄進状

（埴生護国八幡宮文書，埴生護国八幡宮所蔵）

一、社中に於いて殺生《せっしょう》の事
右条々堅く停止せしめ畢んぬ、若し違犯の輩《ともがら》これ有るに於いては、厳科に処すべき者也、仍《よっ》て件の如し
天正拾四年九月廿一日　利勝

禁制と保護

この木札の禁制は、境内入り口に掲げられたものと見られる。その内容は、神林における竹木伐採、社中における武家人居住、社地境への異論、社中立入狼藉、社中殺生を禁じ、木曾義仲戦勝祈願の伝承をもつ埴生八幡宮に対する保護の姿勢を明らかにした。史料は確認できないが、伏木《ふしき》気多《けた》神社《じんじゃ》や井波《いなみ》高瀬《たかせ》神社《じんじゃ》などの古社にも同様の措置をとったことが予想される。地域社会が尊崇する諸神に対する保護策は、地域民衆を把握するうえで重要な意味をもち、利長もそうした点に力を入れたのである。

三　検地と知行給与

越中西三郡の検地

利長は、判明する例では、先ほどの稲垣《いながき》与右衛門《よえもん》同様の天正十三年（一五八五）九月十一日付で、家臣山森《やまもり》久次郎《きゅうじろう》に四〇〇俵の知行宛行状を発している（「国事雑抄」）。その翌十

四年九月十五日にも、二〇〇俵の加増宛行状《かぞうあてがいじょう》を発しているが、「越中国縄打之内を以」と断っており、利長が越中国西三郡を領知してからのちに検地を実施したことがわかる（同前）。そのように見るならば、先の天正十四年六月の伊勢神宮への一二〇俵寄進や、同年九月二十一日の埴生八幡宮への六〇俵寄進も、検地の結果把握した高《たか》のうちからの寄進であったと見られる。ただ、検地にかかわる検地帳や検地打渡状《うちわたしじょう》などの文書は確認されておらず、その実態は杳《よう》としてつかめない。

天正十五年十二月七日、氷見大窪《おおくぼ》大工の屋敷分扶持宛行状《やしきぶんふちあてがいじょう》に、「員数書は来春検地せしめ相定むべき者也」とあり、同十六年に検地を予定していたことが確認できるが、実際には実施を確認できる史料は管見には見えない（「大窪大工神明講文書」）。天正十三年九月の越中入部以後、大規模な検地を実施する余裕があったのかも含めて、今後検討すべき課題である。

家臣の知行所設定

知行に関しては、天正十五年八月、利長が蒲生氏郷《がもううじさと》とともに九州に出陣したおり、豊《ぶ》前《ぜん》岩石城《がんじゃくじょう》（福岡県添田町）での攻め口で忠節を尽くした吉田長蔵《よしだちょうぞう》・大平左馬助《おおひらさまのすけ》に対し、褒美として四〇〇俵を与えたこと（「国事雑抄」）、同年九月十二日には葛巻十右衛門尉《かずらまきじゅうえもんのじょう》以下四名に一二〇〇石の知行所付《ところづけ》を与えたことなどが確認できる（「加能越古文叢」）。おそらく、三郡内各所に家臣の知行所を設定したのであろうが、その場所や蔵入地の場所などは不明である。

四　年貢諸役の徴収

年貢米の収納実態は不明

越中において、前田利長がどのように年貢を徴収したかについては、史料が不十分なため、具体的な把握は困難である。利家の能登領には、天正—文禄期（一五七三—九六年）の年貢皆済状がよく残され、年貢徴収量や徴収制度が田川捷一氏や高澤裕一氏によって明らかにされているが、利長の越中領に、年貢皆済状はほとんど残されていない。わずかに残る例は、天正十三年（一五八五）十月十四日の河上糸の収納である。小矢部川・庄川流域の村々は古来より布の生産が盛んであり、その布の原料である糸（苧絈《おがせ》）を五箇山や赤尾村から徴収したようである。また、同日付で、砺波郡院瀬見《いぜみ》村など九ヵ村から年貢米を部分的に綿で収納している。

砺波郡八講田村年貢請取状

米にかかわる数少ない例が、天正十六年閏五月二十三日付の砺波郡八講田村《はっこうでんむら》年貢請取状である。八講田村は布の産地であり、それを年貢として収めていたが、何らかの事情で布八四反を収める代わりに米一八四俵二斗七升を収めることとし、そのうちの九九俵二斗七升を収めた例が見られる（加越能文庫蔵「有賀家文書」一）。

このように、越中三郡において利長が収納した年貢には、布や綿、銭などの請取は見られるが、米そのものを収納した請取はほとんど見られない。そのため、越中三郡で利長がどのように年貢米を収納し、どのように支出していたのか、その実態は不明である。

諸役についても、事情はあまりちがわない。わずかに、五箇山に「納所銭《なつしよ》」という名の役を賦課し、天正十六年の例では、五箇山市介（下梨瑞願寺《しもなしずいがんじ》の百姓名）から銭五〇貫文を収納している事実が知られるのみである（「瑞願寺文書」）。

第四　豊臣政権の中で

一　官位昇進

天正《てんしょう》十三年（一五八五）八月、越中西三郡を給与され、国持ち大名の仲間入りをした利長は、『加賀藩史料』の「編外備考」では、同年十一月二十九日、従五位下《じゅごいのげ》に叙され、肥《ひ》前守《ぜんのかみ》に任ぜられたとされる。また翌十四年六月二十二日には、従四位下侍従《じじゅう》に昇任したとしている。ただ、この問題には諸説がある。『本藩歴譜』は、天正十三年十一月二十九日に従四位下侍従に叙任されたとし、『寛政重修諸家譜』では、天正十三年十一月二十九日、従四位下侍従に叙任し、肥前守に改めたとしている。『越登賀三州志』も『寛政重修諸家譜』同様、天正十三年十一月二十九日に、従四位下侍従兼肥前守に叙任されたとしている。

従四位下侍従兼肥前守

天正十三年七月、豊臣秀吉《とよとみひでよし》は関白に叙任され、八月には越中に出陣し、同国を平定している。九月十一日には、北陸の知行割《ちぎょうわり》を行ない、利家《としいえ》には加賀北二郡を加増し、利長を越中三郡の大名とした。そして利家は同年十一月二十九日、左近衛権少将《さこのえのごんのしょうしょう》に叙任され、筑前守《ちくぜんのかみ》を兼任した。利家が左近衛権少将に叙任された事実は諸書に共通することを考えると、『寛政重修諸家譜』にもあるように、利長も天正十三年十一月二十九日に従四位下侍従兼肥前守に叙任されたと見るのが最も自然であろう。

前田家の極官は中納言

こののち利長は、天正十七年に右近衛《うこのえ》権少将、文禄《ぶんろく》二年（一五九三）に左近衛権少将、文禄四年に権中将、慶長《けいちょう》二年（一五九七）に参議《さんぎ》、慶長三年に従三位権中納言《ごんちゅうなごん》に叙任され、中納言が極官《ごっかん》（その家が就くことができる最高官位）となった。

二　九州出陣

秀吉の九州征伐に出陣

羽柴秀吉は、天正十四年（一五八六）九月九日、朝廷から豊臣姓を賜り、十二月には太政大臣《だいじょうだいじん》に任官し、天下人《てんか》の地歩を固めた。しかし、島津義久《しまづよしひさ》が九州の大半を占領し、静謐《せいひつ》を掲げる豊臣政権と対立した。天正十五年三月、義久弟義弘《よしひろ》の動きを制すべく、秀吉は自ら九州に出陣し、利長もまたその一翼を担って出陣した。

激戦になった豊前岩石城の戦い

利長は、肥後攻め陣立で、十番隊として、三〇〇〇の兵を率いて二月二十日に進発した（『当代記』）。父利家は、五〇〇〇の兵を伴って、秀吉が出陣したあとの京都警備のため在京した（『多門院日記』）。

三月二十九日の軍議で、島津方の拠点城である豊前岩石城《がんじゃくじょう》（福岡県添田町）の攻略が問題となった。岩石城は、岩壁のそそり立つ標高四四六メートルの山上にある山城《やまじろ》であり、攻略困難と見た秀吉は、豊臣秀勝《ひでかつ》・蒲生氏郷《がもううじさと》・前田利長を押さえとして、細川忠興《ほそかわただおき》・中川《なかがわ》秀政《ひでまさ》・堀秀政《ほりひでまさ》らに、その南西に位置する古処山城《こしょさんじょう》の攻略を命じた。しかし、蒲生氏郷と利長が岩石城の攻撃を強く望んだため、秀吉はその積極性を評価し、豊臣秀勝を総大将に、蒲生氏郷・利長に岩石城の攻撃を命じたのである。

戦いは四月一日の早朝に開始され、氏郷は先陣で大手口（正門）から、利長は二陣で搦《から》め手《て》（裏門）から攻め、その日のうちに攻略した。岩石城主長野三郎右衛門《ながのさぶろうえもん》の守備兵約三〇〇〇名のうち、約四〇〇名が討ち取られたと伝えられる（「横山山城守覚書」、小和田哲男『秀吉の天下統一戦争』）。島津方は、この岩石城陥落によって勢いが衰え、九州北部の城は次々に降伏したのである。

秀吉は利長らの活躍を賞し、「今度豊前岩石の城において比類なき働き、その上家中《かちゅう》の面々数多討ち死に、粉骨を尽さるにより、急に没落せしめ、大慶これに過ぎず候」と感状を与えた（「菅君雑録」）。

帰陣後、利長は、岩石城の戦いに特に功のあった家臣に、その功を賞して知行を与えた。吉田長蔵《よしだちょうぞう》・大平左馬允《おおひらさまのじょう》にそれぞれ、「手を砕き忠節比類無き働き」を賞して四〇〇俵を与えた。

三　聚楽行幸の供奉

天正十五年（一五八七）九月に完成した聚楽第《じゅらくだい》は、関白となった豊臣秀吉の政庁兼邸宅であったが、その実際の姿は、広大な曲輪《くるわ》に建《てい》つ平城《ひらじろ》であった。天正十四年に着工したこの聚楽第の普請《ふしん》に、前田利家・利長父子もかかわったはずであるが、判然としない。

天正十六年四月十四日、秀吉は後陽成天皇《ごようぜいてんのう》を聚楽第に迎えた。関白として全国の大名に戦争停止を命じた秀吉は、その権威の源である天皇・朝廷を厚く保護し、その権威を最大限に活用した。美麗を尽くした行列を仕立てて、後陽成天皇を秀吉の政庁兼邸宅に迎えることで、天下人としての秀吉の威勢を世間に知らしめるとともに、並み居る諸大名を聚楽第に集め、秀吉の眼前で、後陽成天皇への誓詞を書かせることで、関白・太政大臣として諸大名に君臨する自己の姿を大いに誇示し、大名統制に利用したのである（小和田哲男『秀吉の天下統一戦争』）。

御所から聚楽第まで十三、四町（約一五〇〇《メートル》）の道のりを固める人数が六〇〇〇人余配置され、前駆《さきが》けとして左右二列に廷臣たちが進み、次に近衛次将、貫首《かんじゅ》（天台座主《てんだいざす》）、大将と続き、そのあとに鳳輦《ほうれん》（天皇が行幸《ぎょうこう》の際に乗る正式な乗り物）が進む。それに続いて、高位の廷臣や織田信雄《おだのぶかつ》、徳川家康《とくがわいえやす》、豊臣秀長《ひでなが》、宇喜多秀家《うきたひでいえ》などの諸大名が進み、関白秀吉がそのあとに進む。さらにそのあとに、石田三成《いしだみつなり》や増田長盛《ましたながもり》ら秀吉子飼いの諸大名が続き、雑色《ぞうしき》、随身《ずいじん》、布衣《ほい》、御傘持ちが続いて、このあとに前田利家以下の全国の大名が、それぞれ雑色・馬複《うまふく》・布衣・烏帽子《えぼし》儀《ぎ》・傘持ちを従えて行列した。

父利家と利長の行列の位置

利家はこの行列で、全国の大名を束ねる位置を与えられ、この集団の中に「越中侍《えっちゅうじ》従《じゅう》利勝《としかつ》朝臣《あそん》」（前田利長）も、「敦賀侍従頼隆朝臣《つるがじじゅうよりたかあそん》」（蜂屋頼隆《はちやよりたか》）の後に続く十六番目の大名として行進した。

馬上の大名の装束は、「五色《ごしき》の地に四季の花鳥を、唐織《からおり》、うき織《（浮き織）》、りうもん《（龍紋）》縫箔《ぬいはく》にして、呉地蜀江《しょくこう》の綾羅錦繍《りょうらきんしゅう》目もあや《（綾）》なり」という豪華さであった（「聚楽行幸記」）。

諸大名からの誓詞提出

五日間の行幸の初日は、この移動のみで終わり、翌十五日に、秀吉の重視した儀式が執り行なわれた。まず秀吉は、京都の地子銀《じしぎん》五五三〇両余を禁裏《きんり》（天皇）に進献した。次に天皇の前で諸大名を秀吉に平伏させ、続いて諸大名から朝廷に充てて、三ヵ条の起請文《きしょうもん》を書かせた。

第一条は、聚楽第行幸に対する感謝の意を表明し、第二条は、朝廷とそれに連なる廷臣の領地支配を子々孫々に至るまで保護することを約束した。この二ヵ条は多分に儀礼的なものであるが、第三条は、関白の命令に背かないことを約束するもので、秀吉の意図はまさにここにあったといえよう。

その起請文の署名の最初に、「右近衛権少将豊臣利家」の名が見え、以下、宇喜多秀家・豊臣秀次《ひでつぐ》・豊臣秀長・徳川家康・織田信雄と官位の高い方へと署名が続く。また、別仕立の起請文には、丹羽長重《にわながしげ》の次、十二番目に「越中侍従豊臣利勝（利長）」の名が見える。父子で参列したのは、豊臣一族以外では、徳川家康―秀康と、前田利家―利長だけであり、政権内の徳川と前田の特別の地位をうかがうことができる。

和歌会の利家と利長

当初三日と予定されていた行幸は延長され、三日目には和歌会、四日目には舞楽上覧《ぶがくじょうらん》が行われた。この和歌会は、「まつの祝ひに詠み寄る和歌」、すなわちお題は松であった。この和歌会で、利家は、「植をけるみぎりの松に君がへんちよの行衛ぞかねてしらる、」と詠み、また利長も「かぞへみん千年をちぎる宿にしも松にこまつの陰をならべて」と詠んで、ともに天皇家の末永い繁栄を言祝《ことほ》いだ。

四日目は舞楽上覧が行なわれ、豊臣一族と利家・利長などの諸大名も舞楽拝覧に列座した。五日目にようやく還幸《かんこう》となり、その列には、入来時にはなかった長持三〇棹や唐櫃《からびつ》二〇荷などが見られたという。長い戦国の世を経て、こうした栄華に浴した利家・利長は、関白秀吉が作り上げた平和に心底から伏したと見てよいであろう。

四　関東平定と利長

小田原攻め

四国・九州を平定し、聚楽第行幸という一大行事を終えた秀吉の関心は、関東（北条氏）および奥両国（陸奥国《むつのくに》・出羽国《でわのくに》）へと向かった。秀吉にとっては、関東・奥両国はなかなか手を伸ばしがたい地域であり、伊達政宗《だてまさむね》や最上義光《もがみよしあき》、北条氏政《ほうじょううじまさ》・氏直《うじなお》らの相互抗争を終わらせるうえで、徳川家康の存在は大きく、その力に実質的には依存していた。特に関東一円を領国とする北条氏に対しては、娘督姫《とくひめ》を入嫁させている家康に、戦争の停止と秀吉への臣従の仲介を求めていた。天正十七年（一五八九）十一月、家康の説得に北条氏政・氏直も応じ、氏政が上洛しようとしていたその矢先、真田昌幸《さなだまさゆき》との抗争の対象になっていた上野国沼田城《こうづけのくにぬまたじょう》の支城名胡桃城《なぐるみじょう》（群馬県利根郡）を、北条氏邦《うじくに》の家臣猪俣邦《いのまたくに》憲《のり》が単独で攻略したことから、秀吉は大いに怒り、ついに小田原攻めを実施したのである。

上州松井田城攻撃

この天正十八年に始まる戦いで、秀吉軍は二つの経路から進軍・攻撃した。一つは東海道を東下する秀吉の本隊で、今一つは、前田利家・上杉景勝らが担当した北国口《ほっこくぐち》である。利長もこの北国口の一部将として参陣した。この部隊約三万五〇〇〇は、信州から上州に入り、最初に大道寺政繁《だいどうじまさしげ》の守る松井田城《まついだじょう》を攻撃した。三月二十八日に始まるこの戦いは、大道寺政繁の籠城戦で長引いたが、衆寡敵《しゅうかてき》せず、ついに政繁が四月二十日に降伏して終わった。

利家は、こののち秀吉のいる小田原に行き、戦況を報告し指揮を仰いだ。そして、武蔵川越城《かわごえじょう》や松山城《まつやまじょう》を落とし、岩槻《いわつき》・鉢形《はちがた》・八王子《はちおうじ》などの各城を容易に落城しない堅城として、そのすみやかな誅戮《ちゅうりく》を掲げ、前田利家と上杉景勝《かげかつ》・真田昌幸は五月中ごろから鉢形城攻略にかかった。

鉢形城攻略

しかし、北条氏邦《ほうじょううじくに》が守る同城は、その北西方面が荒川《あらかわ》の河岸段丘《かがんだんきゅう》になっており、天険《てんけん》の要害であった。そのため、東方から前田軍、南方から上杉軍、北方から真田軍が攻撃を仕掛けたが、なかなか陥落させることはできなかった。ここに、岩槻城を陥落させた浅野長吉《あさのながよし》（長政《ながまさ》）が加わって攻撃したことから、氏邦もついに降伏した（岩沢愿彦『人物叢書　前田利家』）。

この敗軍の将兵に、利家が比較的寛大な処置を執ったことに対して、秀吉が手厳しい措置を期待していたらしいことが噂に流れ、利家・利長らは、残る八王子城を手厳しく攻め、秀吉に首実検をしてもらおうと、勇んで八王子城攻略に向かったという（「袂草」）。

「三壺記《みつぼき》」によれば、前田軍は天正十八年六月二十三日朝、八王子城に攻めかかった。

八王子城攻め

当時八王子城は、北条氏照《うじてる》（氏政弟）が城主であったが、氏照は小田原城に籠城しており、城は城代横地監物《じょうだいよこちけんもつ》、二の丸に中山勘解由《なかやまかげゆ》・狩野一庵斎《かのういちあんさい》、惣曲輪《そうくるわ》に近藤出羽《こんどうでわ》が守備していた。城方はここを最後と激しく戦ったことから、厳しい戦いが展開された。前田方は、八王子城が小田原に直接通じる城として、徹底攻略を目指して猛攻した。大手は利家、搦《から》め手《て》は利長が受け持ち、激しく攻め立てたところ、近藤出羽が城中から総攻撃をかけて突き出した。これに大音藤蔵《おとうとうぞう》が一番鑓《いちばんやり》を合わせて出羽を倒した。前田方はこれを境にどっと攻め寄せたところ、城方は総崩れとなり、多数のものが討ち死にした。翌二十四日、利長が家臣の有賀《あるが》有賀斎直政《ゆうかさいなおまさ》に送った書状によれば、本丸まで攻め落とし、首数三〇〇〇を上げたという（「寸錦雑編《すんきんざつぺん》」）。

帰陣

このあと利家・利長は、前田慶次郎《まえだけいじろう》（利家長兄利久《としひさ》の養子）を伴って奥州で検地を実施するよう秀吉に命ぜられ、碇《いかり》ヶ関《がせき》（青森県）まで赴いた。検地の方法は、利家が境目の山々に登り、辺りを見渡して石高を決めるという実に大雑把なものであったという（「三壺記」）。利家・利長は、八月に京都に帰陣したと「前田家雑録」や「三壺記」は伝えるが、十月二十三日付の不破彦三《ふわひこぞう》宛利長書状に、利家は二十四日に仁賀保《にかほ》に陣替えする予定であることを伝えており、十月下旬にはまだ出羽国にいたことがわかる。利家・利長は、十一月に帰陣したと思われる。

五　朝鮮出兵と利長

文禄の役

関東の陣からの凱旋後、利家は参議昇進の栄に浴したが、利長には格別の官位昇進はなかった。逆に、秀吉の明《みん》征服計画（文禄の役）が明らかにされ、利長には、その出陣の準備を調える仕事が課された。利長がこの明征服計画をどのように見ていたのかについては、史料がなく、知るすべはない。

高山右近の来仕

このころ前田氏には高山右近《たかやまうこん》が来仕しており、イエズス会宣教師を通して相応に広い世界認識をもっていたとすれば、その知見は利長にも及び、征明が簡単な戦いではないことは認識していたのではないか。利家が自ら渡海する可能性は十分あり、利長の心境は複雑であったと思われる。

北国警固と大安宅丸建造

利長は、天正二十年（一五九二）正月七日、家臣の近藤掃部助《こんどうかもんのすけ》・菊池十六郎《きくちじゆうろくろう》に書状を与え、利家の軍勢に利長の軍勢を差し添えて出陣するよう秀吉の命が下り、出陣予定の利長家臣の一覧を利家に見せたこと、兵粮は利家が準備すること、利長も出陣を申請したが、北国《ほっこく》の警護にあたるように秀吉から命ぜられたことを伝えた。

利長には、北国の警固以外に今一つ大きな課題が課せられた。大安宅丸《おおあたけまる》の建造である（十月十四日付三輪吉宗宛利長書状）。

追って太閤様より大あたけ丸仰せ付けられ候、然《しか》れば船木のこと、奥能登において相尋ね、下し置かるべく候、定めて隠し申すべく候間、その御心得をなし、念を入れ馳走尤《もっと》もに候、以上在洛見舞いとして書状、殊に菱喰い壱、鱈五到来候、遠路入情の段、別して喜悦このことに候、そこもと異儀なきの旨尤もに候、委細なお瓜生源右衛門申すべく候、謹言

十月十四日　　利長　在印

三輪藤兵衛殿

御座船の建造

この書状は天正二十年のものと見られる。秀吉が関白職を秀次に譲ったのは天正十九年十二月のことであり、その後に自らを「太閤《たいこう》」と呼ぶようになる。「肥前名護屋《ひぜんなごや》城《じょう》図屏風」には、楼閣を積み上げた大船が少なくとも三艘あり、そのうちの右端が秀吉の御《ご》座船《ざぶね》ではないかといわれている。秀吉が複数の大名に建造を命じたとすれば、御座船は何も一艘と限る必要はない。しかし、この書状からは、少なくとも前田利長が大あたけ丸の建造を命じられたことは間違いないところである。この船の材木は奥能登から確保し、百姓たちはたぶん隠すであろうから、その心得をもって臨め、と指示している。海を越えての戦争であり、秀吉自らが渡海するための御座船の建造が命ぜられたのである。

建造命令はいつ出されたか

天正二十年五月、朝鮮水軍李舜臣《イスンシン》《りしゅんしん》の攻撃によって日本の水軍は敗北し、朝鮮水軍によって対馬《つしま》海峡の制海権を握られた。秀吉は、母の大政所《おおまんどころ》の懇願もあって、渡海を一

年間延期する。その後、大政所の死によっていったん帰洛し、葬儀を済ませた後、再び渡海を表明する。利長に対する大あたけ丸建造の命は、このときに出されたものであろう。

おそらく七尾《ななお》の前田安勝《まえだやすかつ》宛のものと見られる（文禄二年〈一五九三〉正月二十九日付利長書状〈『加賀藩史料』は文禄元年とするが、前後の事実に齟齬する〉）には、次のように記されている。

船の金具に張り付ける金箔が不足している。利家から金箔について指示が来ており、能登の箔屋に申し付けたとのことだが、こちらは急の用であるから、製造し次第送ってほしい。船の金物の原材料を送る。こちらには銅はまったくないので、そちらで調達して送ってほしい。利長は、大略このように書き送った。

秀吉の御座船がどのようなものであったのかについては、右にも述べたが、大船三艘のうちの右端の朱塗りの大あたけ船が、それに該当するのではないかといわれている。右から二番目の船も高い楼閣を築き、大あたけ船というべきであるが、彩色していないので、ランクは下のように見える。この屏風に見える船を絶対視すべきではないが、秀吉が朝鮮出兵の前線基地として建造した名護屋城とともに描かれているところから、その蓋然性は高い。とすれば、この船が利長の建造した大あたけ丸である可能性も否定で

建造場所は越前敦賀か

きないのである。

ところで、利長は大あたけ丸をどこで建造したのであろうか。材木は奥能登で調達し、七尾の前田安勝に銅や金箔の調達を急がせているという事実をもとに推量すれば、この大あたけ丸は、越前敦賀《つるが》で建造されたのではないか。伏見城建造用材を秋田から伏見に運ばせた（「秋田家文書」）という例はあるから、まして能登から敦賀へ回送することは容易であったろう。利長は急いでおり、最も早く着工できる湊といえば、敦賀になるであろう。同地には、高島屋伝右衛門《たかしまやでんえもん》という懇意の蔵宿《くらやど》がおり、何かと便宜を計らったと思われる。推測の域は出ないが、ここでは敦賀で建造した可能性を指摘しておきたい。

金沢城高石垣の築城

また一方で、利長は天正二十年（一五九二）二月、利家の出陣中、金沢城の高石垣《たかいしがき》の築造を利家から命ぜられていた。金沢城本丸台の兼六園《けんろくえん》側の高石垣である。

九州出陣のため京都に赴いた利家は、出張中にこの高石垣の築造を利長に命じた。利長はその築造に努めたが、失敗が二度に及んだため、それが利家に報告された。利家は、篠原一孝《しのはらかずたか》に命じて築造しなおさせたところ、利長は篠原に任せて守山城に帰還してしまった。篠原は、石垣を八分通り築造すると、そこに段を設け、石垣を完成させた。それを聞いた利長は、高石垣に段を設けるのは沙汰の限りと痛く立腹したが、完成させたという事実の前に、いう言葉もなく、沙汰止みになったという。ここには、父の期待に応えようとする利長の几帳面な性格とともに、かなり気の短い性格とがよく表れている。

六　岩ヶ渕の喧嘩

利長家中の「喧華」

朝鮮出兵の取り沙汰がされている時期、利長の家中《かちゅう》の間に大喧嘩があった。天正二十年（一五九二）四月十四日の岩ヶ渕《いわがふち》（越中射水郡）の喧嘩と呼ばれる事件である。「三壺記」によれば、ことの発端は、向《むかい》弥八郎《やはちろう》という児小姓《こごしょう》があるとき、御城勤めを終えて帰宅する途中、闇討ちに遭い刀創を負ったことにある。以下、「三壺記」によって事件の経過を追っていこう。

この弥八郎を子供のように世話していた萩原八兵衛《はぎわらはちべえ》は、報せを受け、吉田三右衛門《よしださんえもん》とともに駆けつけ、弥八郎に相手を尋ねたが、弥八郎は後日自分で片をつけるべく、相手を明かさなかった。しかし、萩原にも体面があり、調査のうえ、心あたりをつけて尋ねた結果、弥八郎はついに相手を相弟子の山口庄九郎《やまぐちしょうくろう》であると明かした。山口庄九郎はちょうどこのころ、半四郎《はんしろう》なる若党とともに何かの科《とが》によって召し放たれ、上方《かみがた》へ向かうところであった。これを知った弥八郎は、萩原のもとへ行き、その家来伊藤次右衛門《いとうじえもん》を借りたいと申し出、次右衛門を伴って跡を追った。津幡《つばた》（石川県河北郡）の手前で待ち伏せしていたところ、庄九郎が馬に乗ってやってきた。弥八郎が馬上の庄九郎に斬りかかって傷を負わせ、庄九郎が反撃に転じたところを次右衛門が討ち留めた。半四郎に対しては遺恨がないということで、斬りかからなかったが、半四郎は庄九郎を討たれてこのままにはできないと弥八郎に斬ってかかり、弥八郎の刀を打ち落とした。しかし、弥八郎にふところへ飛び込まれ、脇差しで仕留められた。ほかに二人の家来がいたが、一人は討たれ、一人は逃げ去った。両人は津幡で湯漬けを食べ、弥八郎が切腹しようとしたところを、次右衛門が思いとどまらせ、守山に引き返した。

事件の拡大

この顛末を知らされた萩原八兵衛は、吉田三右衛門とともに駆けつけ、竹の橋（北国街道の宿駅、現河北郡津幡町）の東で弥八郎と出会った。八兵衛の予想では、浅井左馬助《あざいさまのすけ》が郎党を伴って駆けつけるであろう、ということであった。この浅井左馬助は、加越能文庫の由緒書類には名前が出てこないが、「高岡衆分限帳《ぶげんちょう》」および「慶長十年富山侍帳《さむらいちょう》」には九〇〇〇石の大身《たいしん》として名が出てくる。おそらく浅井長政《ながまさ》滅亡後、その一族のものが前田氏に召し出され、家臣の列に加わったものであろう。浅井左馬助はこの山口庄九郎を、「庄九郎事我等遁れざる儀は諸人存じたることに候」としており、その庇護下にあった者のようである。ちがいもなく、この浅井左馬助が侍一五人を召し連れて守山を出、岩ヶ渕まで出向いた。そこへさらに浅井が普段目をかけていた者たち一〇〇人ほどが駆けつけ、事件は拡大の様相を呈した。

斬り合いの決着

この岩ヶ渕に、向弥八郎らを伴った萩原八兵衛らが差し掛かり、ついに両者は斬り合うことになった。萩原らは浅井方の矢襖《やぶすま》をかいくぐって低所に身を潜めた。浅井は、萩原らが臆したとみて斬りかかったところを、弥八郎らが突っ込み、次右衛門ともども討ち死にした。また、八兵衛も浅井とさんざんに切り結び、ついに串刺しにされて討ち取られた。吉田三右衛門も深手を負い、討ち死にした。

その後、双方から仲裁が入り、一応の落着をみた。この一件は利家に報告され、利家は浅井に切腹を命じたが、利長が種々取り成し、利家の一代中は追放となり、能登に蟄《ちっ》居《きょ》した。こののち浅井は、慶長末年の侍帳にその名が見えなくなる。おそらく蟄居後、そのまま前田領を去ったものであろう。

一枚岩でなかった利長直臣

では、この岩ヶ渕の喧嘩は、何を物語っているのであろうか。第一に、利長の直臣《じきしん》は決して一枚岩の結束をもっていたわけではないことである。これは、この時期の大名家

最終決定権は父利家

臣に共通していえることであろうが、前田氏の場合、急速な領地の拡大に対応した急速な家臣団の形成があり、各家臣は、もとの所属ごとに派を形成していたものと見られる。また、戦場における協力・非協力の関係により派が形成され、反目も形成されたであろう。さらには、一類関係や寄親《よりおや》・寄子《よりこ》関係によっても派が形成されたと思われる。このような、さまざまな機縁によって生まれる派閥は、相互に競い合い、ときには何かの成果を生み、ときには相争うことにもなるのであり、利長家中もまた、そうしたこの時期の大名家臣団の属性をもっていたということであろう。

第二に、この喧嘩の最終決裁は、利長ではなく、利家が行っていることである。利長は、このころすでに越中西三郡の独立した大名であり、独自の決裁を行っても不思議ではないが、それを利家が行っているということは、利家が前田氏全体の動向を指揮する権限をもっていたことを意味する。まさに前田氏家長として、利家は加越能三ヵ国の前田領に君臨し、最終決裁権を保持していたのであり、利長はまだ、その分肢としてしか権限をもちえなかったのである。このことは、見方を換えていえば、利家の隠居は、たんに利家の隠居領を継承するだけではなく、軍事指揮権をも含めた最終決裁権を利長が継承することを意味する。これに見合った力量を利長が備えていたかが、このあと問われてくる。

七　富山城へ引越

守山城から富山城へ

利長は、慶長二年（一五九七）十月、それまでの居城守山城から、佐々成政が居城としていた富山城に移った。この移徙《いし》に関する文書は管見には見えないが、後年の記録では、享保十七年（一七三二）、今枝直方《いまえだなおかた》の書いた「壬寅妄志《じんいんもうし》」には、「森山《（守山）》は高き山城にて御不自由」という理由で富山に移ったと記され、富田景周《とみたかげちか》の「越登賀三州志《えつとがさんしゅうし》」にも「これ守山高く聳《そび》え，風威猛烈なるを避けるなり」と同主旨のことが記されている。高岡の西郊二上山《ふたがみやま》の中腹にあった守山城では、上り下りが大変であること、冬期の季節風に吹きさらされることが大きな理由であったと見られる。ただ、それだけと見るのも、いささか不足の感を否めない。

慶長二年には、新川郡《にいかわぐん》は前田利家の所領になっていた。利長が家督を相続する前の段階であり、前田家の所領は、越中砺波《となみ》・射水《いみず》・婦負《ねい》三郡が利長領、能登一国が利政領、残りの越中新川郡、加賀石川・河北《かほく》両郡が利家領になっていた。富山は新川郡に属して

前田家の家督継承

富山城大手門櫓（富山市）

いたことから、利長の富山城移徙は、利家の何らかの意思が反映していた可能性がある。

慶長三年（一五九八）四月二十日、利家は利長に家督を譲る。そして利長は、参議から権中納言に昇進するのである。こうした家督継承が慶長二年にはすでに予定され、越中のほぼ中央に位置する富山が、越中支配の拠点として構想されていたことが背景にあったのではないか。それは、いずれ訪れる利長隠居の際の隠居城の意味ももっていたものと思われる。

第五　利長の妻子と兄弟姉妹

一　永姫（玉泉院）と子

正室永姫

利長の正室が、織田信長《のぶなが》の娘永姫《えいひめ》であることは先述した。本能寺の変のとき、岳父信長の招待により、京都に向けて近江《おうみ》瀬田《せた》付近を通行中であったが、事変の報を受け、利長は、永姫を居城の越前府中《ふちゅう》に帰すのではなく、安土城《あづちじょう》のある近江路を避けて、前田氏の本貫《ほんがん》（出身地）である尾張荒子《おわりあらこ》に送った。その後、永姫がいつ府中城に帰ったのかはわからないが、賤ヶ岳《しずがたけ》の戦いのころには、帰っていたであろう。

利長が天正《てんしょう》十三年（一五八五）八月、越中守山城主になったとき、永姫はまだ十二歳で、まだ養育されている年齢であった。その後、利長は秀吉に出仕して、京都に詰めることもしばしばであったが、そのとき、永姫がどこにいたのかは明確ではない。

永姫の発給した書状は、今日、岩峅寺《いわくらじ》文書、埴生護国八幡宮《はにゅうごこくはちまんぐう》文書、宮腰《みやのこし》中山家文書などに残っており、また写《うつし》では、越前府中の町人大文字屋《だいもんじや》のものがいくらか残っている。いずれも、永姫付の侍女小太夫《こだゆう》、千福《せんぷく》、宰相《さいしょう》がしたためた奉書《ほうしょ》に、永姫（玉泉院《ぎょくせんいん》）が決裁の印を据えたものであり、永姫自らがしたためたものは見られない。その多くは、祈祷《きとう》の御札送付に対する礼状であり、また永姫が寄進したことに対して届けられた礼物に対する礼状である。町人に対しては、贈与に対する礼状である。

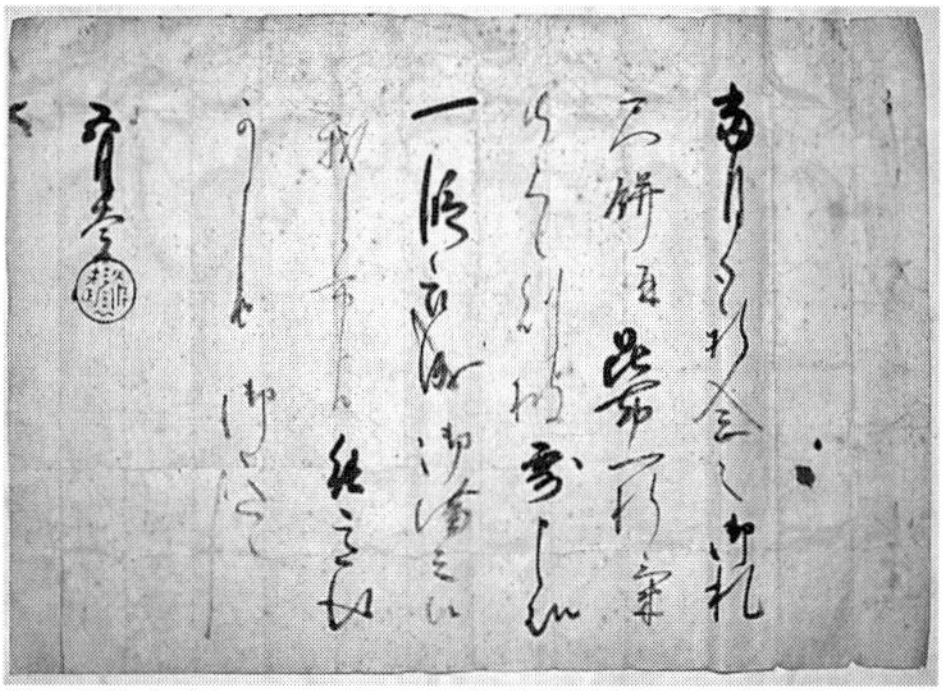

永姫書状（埴生護国八幡宮文書，埴生護国八幡宮所蔵）

子を願う永姫

その祈祷の内容が問題であるが、それを明確に語る史料はあまり残っていない。わずかに手がかりとなるのが、「三壺記《みつぼき》」の「玉泉院殿御遠行の事」と題する一節である。それによれば、永姫（玉泉院）は元和《げんな》九年（一六二三）に亡くなったが（享年五十）、利長との間についに子をもうけることはなかった。実子が誕生すれば、信長の孫ということになり、前田家が利家の主君信長の孫を嫡男にするはずであるが、それは実現しなかった。夫婦ともにこのことを気にかけ、利長は多数の女中を召し抱え、永姫はこれらすべての女中たちに丁重に接したという。「すえつむ花のたねもがな」と記されており、源氏物語で不美人の代名詞的な存在である「末摘花《すえつむはな》」のような女性との間の子でもよい、利長の子を得たいということであろう。その後に「神や仏に祈願なされ」とあり、永姫の祈祷の内容が、利長に実子が誕生するように、というものであったのではないかと思われるのである。

しかし、その霊験《れいげん》はなく、「いつの程よりか御前様も御中御うと〳〵しくましませば」とあり、夫婦仲は冷めていったと見られる。「ひさげの水は湯となりけれども」とあり、ひさげ（提子、酒や水を温める、把手と注ぎ口のある鍋状の金属器）の水が湯となるとは、永姫の心中は沸騰しているけれども、という意であろう。しかし、貴人の習いとして、表情には顕さなかったと著者は推量する。利長が実子をもうけるために、女中たちと関係をもつことを、じっと耐えていた永姫の姿が目に浮かぶようである。

利長没後の永姫

のちのことになるが、慶長《けいちょう》十九年（一六一四）五月、利長が高岡で生涯を閉じてのち、その生母の芳春院《ほうしゅんいん》が江戸から帰還し、玉泉院も金沢城《かなざわじょう》に移り、宇喜多秀家《うきたひでいえ》の室豪姫《ごうひめ》が金沢に帰還し、さらには、細川忠隆《ほそかわただたか》の室であった千世《ちよ》が離縁されてのち金沢に帰還し、三代当主利常《としつね》の室珠姫《たまひめ》（徳川秀忠《ひでただ》の次女）がいて、金沢城内は前田氏一族女性たちの花ざかりといっていい光景が展開した。

利常はことに芳春院に気を遣い、歌舞音曲《かぶおんぎよく》の者を城内に招き、山海の珍味を取り寄せて振る舞ったと伝えられる（「三壺記」）。永姫は利長存命中の鬱積した思いを一気に晴らしたにちがいない。また、姑芳春院とともに、立山中堂姥堂《たてやまちゆうどううばどう》に参詣したという（「本藩歴譜」）。

今日、金沢城内にある玉泉院丸《ぎよくせんいんまる》は、金沢に移徙《いし》した玉泉院の住居が置かれた場所であった。玉泉院の死後しばらくして、寛永《かんえい》十一年（一六三四）に利常が作庭《さくてい》を始め、以後五代当主綱紀《つなのり》らによって整備されて庭園となった。

養子・養女の養育

利長には、永姫以外の女性との間に満が生まれたが（慶長十六年没）、永姫との間には、実子を得ることができず、夫妻はその満たされない思いを埋めるかのように、養子・養女を養育した。男子については、後述するように、利家の遺誡《ゆいかい》の中で、十七歳離れた弟利政《としまさ》を子とも弟とも思って養育せよとあったことから、利政（孫四郎）を嫡男に迎えたと見られる。しかし、関ケ原《せきがはら》の戦いのとき、利長の出陣命令に背き、廃嫡となった（後述）。それに代わって異母弟猿千代《さるちよ》（のちの利常、後述）を嫡男に迎え、合戦後、徳川秀忠の次女子々姫《ねねひめ》をその夫人に迎え、猿千代を前田氏嫡男の幼名犬千代《いぬちよ》に改めた。男子はこれのみであったが、女子については、知られる限りで五名の養女を迎えている。

その内の一人は、宇喜多秀家と豪との間の娘で、秀家が八丈島に流罪となり、豪が金沢に帰還してのち養女に迎えたものであろう。前田氏家臣山崎長郷《やまざきながさと》に嫁し、死別後は富《と》田重家《みたしげいえ》に再嫁したが、元和元年（一六一五）に亡くなった。一人は、寺西九兵衛《てらにしきゅうべえ》と利家《としいえ》の妹との間の娘で、家臣青山吉次《あおやまよしつぐ》に嫁し、寛永六年（一六二九）に亡くなった。一人は、長連龍《ちょうつらたつ》の妹（あるいは娘）竹島殿で、家臣前田直知《まえだなおとも》に嫁し、元禄四年（一六九一）に亡くなった。一人は、利長死後、玉泉院が養女とした松で父母不詳であり、家臣高畠定方《たかばたけさだかた》に嫁し、寛永二年に亡くなっている。最後に、織田信雄《のぶかつ》の娘を玉泉院が養女とした者である。玉泉院の姪にあたる。家臣生駒直義《いこまただよし》に嫁し、正保《しょうほう》元年（一六四四）に亡くなった。

その嫁ぎ先は、いずれも前田氏の上級家臣であり、良縁を求めた結果であろうが、反面、家臣団統制の一翼を担った婚姻でもあったであろう。

二　利長の異母弟たち

利長には、利政のほかに四人の異母弟がいた。利家の三男知好《ともよし》、四男利常《としつね》、五男利孝《としたか》、六男利貞《としさだ》である。それぞれに母がちがい、兄弟とはいいながら、相互の関係は希薄であったと思われる（以下、主に『本藩歴譜』による）。

前田知好

知好は天正十八年（一五九〇）、山城国愛宕郡《おたぎぐん》北野に生まれ、慶長元年（一五九六）、七歳のときに能登に移った。八歳のとき、利長の命により、出家して石動山天平寺《せきどうさんてんぴょうじ》に入った。鼻中に痛みがあり、声が悪かったため、利長が遠ざけたためと伝えられる。

慶長九年（一六〇四）、弟の利孝が江戸に赴き、芳春院のもとで養育されることになると、知好は慶長十年、十六歳のとき、一念発起して武家を立てるべく越前北庄《きたのしょう》に赴き、前田氏家臣田辺茂右衛門《たなべもえもん》の檀那寺経王寺《だんなでらきょうおうじ》に止宿したという。これを聞いた利長は、領国に呼び返し、高岡で三〇〇〇石の知行を与え、家臣の列に加えたのである。

知好を七尾城代に

慶長十五年、能登一国を監国していた前田利好《としよし》（利家の兄安勝《やすかつ》の息、利長の従兄）が亡くなると、利長は知好に、利好の知行一万三七五〇石を継承させ、七尾城代《ななおじょうだい》として能登一国の監国にあたらせた（『新修七尾市史15　通史編近世』）。知好は、利好の政策をほぼ踏襲し、能登島太間《たいま》にかき取役を利好同様に安堵《あんど》した。また所口町《ところのくちまち》・府中惣町に対し、金銀の売買を従来通りに厳しく改めるよう指示した。慶長十五年九月に、所口檜物屋《ひものや》の商権を保護するため、他国産の檜物道具を規制するために発した達書《たつしがき》は、利好のものとほぼ同文である。

逆に、藩が利好時代に設定した府中町の引櫂《ひきかい》（湊に入船した時、川を遡って荷揚げ場まで船を引き上げること、またその営業権のことか）を廃止する旨を打ち出したとき、知好は昂然とこれに反対したのである。しかし、引櫂は廃止されたため、知好は利常の年寄《としより》である横山長知《よこやまながちか》・奥村栄明《おくむらながあきら》・篠原一孝《しのはらかずたか》に利好時代の事情を書き上げ、その存続を強く求めた。知好の能登一国支配に対する利常の介入と映ったのかもしれない。

七尾城廃城と出奔

知好は、利長が隠居したのちも、利長を「殿様」と呼び、利常に対しては「筑前様《ちくぜんさま》」と呼んだ。これは、知好が利長を主君と心得ていたことを示している。まして藩主が母違いの弟であれば、反発心もあったであろう。ここにも不協和音の一つがあった。

知好には、五〇名前後の家臣がいた。知好の知行高が一万三七五〇石あり、利常直臣の子弟が召し抱えられて形成されたものと見られる。この家臣団は大坂の陣に出陣した。武家を立てるという意気込み、能登一国を監国する権限の大きさから、知好はこの戦いで、自分が相応に光のあたる位置に立てると考えていたようである。その装備は、元和《げんな》軍役令《ぐんやくれい》よりもそれを倍する備《そなえ》であったが、知好は後詰《ごづめ》を任され、活躍する機会はほとんどなかったようである。夏の陣でも同様であったため、知好は不満をかこったのである。

その上、戦後、一国一城令《いっこくいちじょうれい》が出され、七尾城が廃城となったため、知好の政治基盤は崩れてしまった。

明確な史料はないが、利長が能登一国を知好に与えるようなことを約したものであろうか。利常の待遇は利長の遺言とちがうと主張して、知行一万三七五〇石を返上し、七尾を出奔《しゅっぽん》した。初めは京都の町家で六年間暮らしたあと、京都鞍馬山真勝院《くらまやましんしょういん》に隠棲《いんせい》し、剃髪《ていはつ》して有庵《ゆうあん》と名乗った。

こうした状態を不憫に思った利常生母の寿福院《じゅふくいん》は利常に、知好に加賀帰還を勧めるよう促した。これによって利常は、今津《いまづ》の菱屋源次《ひしやげんじ》を介して二〇〇人扶持《ぶち》と入用銀《にゅうようぎん》を支給した。知好も折れて加賀に帰還する途中、京都で瘧疾《ぎゃくしつ》(間歇熱疾患)を煩い、療養むなしく同地で亡くなったのである。知好には、あわせて一〇人の子女がいたが、こののちみな金沢に帰還して、女子は家中《かちゅう》に嫁ぎ、また男子は利常の家臣に取り立てられた。

前田利常

四男利常については、こののち折に触れて述べるので、簡略に述べておこう。

利常の母は、利家が肥前名護屋《ひぜんなごや》に出陣しているときに随伴した侍女千世(寿福院)で、もとは利家夫人まつの侍女であった。その間に懐胎し、文禄《ぶんろく》二年(一五九三)に、金沢に帰還して生まれたのが利常である。幼名は猿千代といい、守山城を預かる前田長種《ながたね》・幸《こう》

前田利孝

前田利常像（小松市・那谷寺所蔵）

（利家長女）夫妻に養育された。関ヶ原《せきがはら》の戦いのとき、利長が小松（現石川県小松市）の丹羽《にわ》長重《ながしげ》と和議を結んだ際に人質になり、小松城に赴いた。戦後、利長の嫡男になり、徳川秀忠の次女子々《ねね》姫（珠）を夫人に迎え、利長の隠居後は前田氏の家督を継承して前田氏の三代目になった。

　次に、五男の利孝について見ると、利孝は比較的順調に人生を歩んだようである。文禄三年（一五九四）に金沢で生まれ、慶長九年（一六〇四）、利長の命により江戸へ行き、養母芳春院に従った。この利孝の江戸下向を、幕府への人質と捉える向きがあるが、利長はすでに母芳春院と重臣の子弟を人質に出しており、さらに新たに人質を出す理由は特に見当たらない。ここは、家康《いえやす》の将軍任官にあわせて、弟利孝の将来を慮《おもんぱか》った措置であったと見るべきであろう。利孝は秀忠の小姓《こしょう》になり、慶長十八年、従五位下大和守に叙任されたことにより、幕臣の道を歩むことになった。大坂の陣に出陣し、前衛を務めた功により、元和二年（一六一六）十二月二十六日、上野国《こうづけのくに》甘楽郡《かんらぐん》内に一万一四石を賜って、七日市《なのかいち》（現富岡市）に陣屋を設け、諸侯の列に並んだのである。寛永十四年（一六三七）六月四日、四十四歳で没した。

六男利貞は、以上の兄弟の中で最も悲惨な最期を遂げる。慶長三年（一五九八）三月に伏見で生まれた利貞は、初め家臣の神谷守孝《かみやもりたか》に養育され、神谷姓を名乗っていたが、慶長十六年に利常に召し出され、五〇〇石を給され、前田姓に復した。慶長十九年十月、十七歳のとき、大坂冬の陣では大津で五〇〇石に加増され、金子《きんす》一〇枚を拝領して、兄知好と同様、後詰で出陣した。しかし、家臣団を急造するのに、京都で一七人に判金一枚ずつを与えて召し抱え、また小姓二七人を召し抱え、さらに鉄炮の者や小者《こもの》（雑役従事者）多数を召抱えたことにより手持ちでは不足し、浅野将監《あさのしょうげん》から借銀して

前田利貞（江月院）石廟（野田山前田家墓所）

越前式石龕および越前式石廟といわれる，笏谷石を使用して寺院建築様式をとりいれつつ，各所に荘厳な装飾を施す覆屋．左右に不動明王と毘沙門天が彫られている．

賄った。夏の陣でも出費が嵩《かさ》み、そのうえ、元和六年（一六二〇）の大坂城再築普請への出費が重なり、すり切れてしまったのである。そして元和六年三月、知行返上を申し出、能登妙成寺《みようじようじ》辺での居住を願い出た。元和二年の前田知好出奔に続き、同様の知行返上を行おうとする自分を頻《しき》りに責めているが、若い利貞にはもはや世を捨てる以外に方法が見つからなかったのであろう。そして元和六年八月二日、利貞は享年二十三という若さでこの世を去ったのである。その死因について記録は何も語らない。

このように、利長の兄弟たちはその進運において、あまりにもはっきりした明暗を分けたのである。

三　利長の姉妹

利長には多彩な姉妹がいた。利長の姉は一人で、幸《こう》という女性であった。母は芳春院で、永禄《えいろく》二年（一五五九）六月七日に尾張荒子で生まれた。幸の果たした役割は大きい。

利家の長女幸は、利家の重臣前田長種《ながたね》に嫁し、長種は、利家・利長・利常三代に仕え、前田氏を支えてきた重臣の一人であった。この長種は、越中守山城代を任され、文禄二年（一五九三）以降、妻幸とともに利家の子猿千代（利常）を養育した。幸は元和二年（一六一六）四月、享年五十八で亡くなった。芳春院が慶長十九年（一六一四）に金沢に帰還したことから、母と再会することができた。

妹の蕭

次女蕭《しょう》は、永禄六年（一五六三）に生まれ、家臣中川光重《なかがわみつしげ》に嫁した。中川光重は織田信長に仕え、蕭を娶ったのちに本能寺の変で主君が亡くなったため、前田利家の下に来仕し、七尾城や越中増山城《ますやまじょう》などを守備した。茶事にふけり、普請役を怠ったことから利長の怒りを買い、罰せられたが、利家の取り成しで許された。蕭は、増山殿と呼ばれ、慶長八年（一六〇三）十一月、四十一歳で亡くなった。

摩阿

三女の摩阿《まあ》は、元亀《げんき》三年（一五七二）に生まれた。利家が柴田勝家《しばたかついえ》の与力《よりき》として越前に赴いたのち、柴田方に人質に出されていたが、賤ヶ岳《しずがたけ》の戦いの直後、秀吉の越前攻略のとき、北庄城《きたのしょうじょう》から救出された。のち秀吉の側室となり、加賀殿と呼ばれた。その後、萬《ま》里小路《でのこうじ》充房《みつふさ》に嫁し、慶長十年十月、三十四歳で亡くなった。

豪

四女は豪で、天正二年（一五七四）尾張荒子に生まれ、まもなく秀吉の求めにより、秀吉の養女となり、のち、宇喜多秀家に嫁した。宇喜多秀家は関ヶ原の戦いに敗れ、薩摩《さつま》に逃れ、のち慶長十一年、八丈島に流罪となったが、豪はそれまでの間に岡山から金沢に移徙し、化粧料として一五〇〇石を給され、金沢西丁《にしちょう》に居住した。豪は金沢に来てからであろうか、受洗してキリシタンとなり、洗礼名マリアと称した。そして寛永十一年（一六三四）、六十一歳の生涯を閉じた。墓所は金沢の西郊野田山《のだやま》にあるが、その位置は前田家墓所の最上段にあり、中央が利長夫人玉泉院、その左端が利家の長兄利久《としひさ》、右端が豪姫の墳墓となっている。秀吉の養女となったことがその位置に反映したものと見られる。

与免と菊

五女は与免《よめ》で、天正五年（一五七七）に生まれ、浅野長政《ながまさ》の嫡男幸長《よしなが》と婚約したが、入輿《じゅよ》することなく、文禄二年（一五九三）、十七歳で亡くなった。

六女は菊《きく》といい、天正六年（一五七八）に生まれた。母は隆興院《りゅうこういん》（笠間《かさま》氏）であった。はじめ豊臣秀吉のもとにおり、のち、大津の町人西川重元《にしかわしげもと》のもとで養われていたが、天正十二年（一五八四）、七歳で亡くなった。

千世

七女千世（千代）は、芳春院の子で、天正八年（一五八〇）に生まれた。細川忠興《ただおき》の嫡男忠《ただ》隆《たか》に嫁したが、関ヶ原の戦いの直前の時期、石田三成《いしだみつなり》が諸大名の妻子を人質として大坂城に抑留しようとしたとき、姑のガラシャ夫人（珠《たま》、明智光秀《あけちみつひで》の三女）が拒絶し、家臣に命じて介錯させ死を選んだ。その際、ガラシャの指示により、千世は隣の宇喜多屋敷の豪のところに身を寄せた。ところが、これを聞いた忠興は、姑を見捨てて逃れたことに激しく立腹し、忠隆に千世との離縁を命じた。忠隆がこれに抗弁したことから、忠隆は廃嫡され、江戸に人質として赴いていた忠利《ただとし》が嫡男になった。千世は芳春院の生存中に金沢に帰り、のち村井長次《むらいながつぐ》に嫁し、化粧料一五〇〇石を給された。寛永十八年（一六四一）、享年六十二で亡くなった。

福

八女の福《ふく》は、天正十五年（一五八七）、金晴院《こんせいいん》を母として生まれた（知好と同母）。長連龍《ちょうつらたつ》嫡男長十左衛門好連《じゅうざえもんよしつら》に嫁したが、慶長十五年（一六一〇）、好連が亡くなってのち、中川光忠《みつただ》（光重長子）に再嫁した。化粧料二五〇石を給された。慶長十八年、光忠が知行二万一〇〇〇石を辞して京都で牢人となったが、福は金沢に留まった。薙髪《ちはつ》して高源院《こうげんいん》と称し、今枝直恒《いまえだなおつね》の宅に寄寓したが、元和六年（一六二〇）、享年三十四で亡くなった。

模智

九女模智《もち》（保知《ほち》ともいう）は、隆興院を母として、文禄四年（一五九五）九月に生まれた。徳川家康の五男で、武田氏の名跡を継いだ松平信吉《まつだいらのぶよし》と婚約したと『本藩歴譜』は伝えるが、『徳川諸家系譜』にはその記述はなく、逆に高台院《こうだいいん》の甥木下勝俊《きのしたかつとし》の娘（天祥院《てんしょういん》）と結婚していることは確かなようである。両方の記事を整合的に理解しようとすれば、天祥院が早世し、その後に模智が再婚相手として婚約したが、松平信吉が慶長八年（一六〇三）に早世したため、婚姻に至らなかったということになるであろう。信吉は、武田氏を再興した人物であり、その信吉と実際に婚約が成立していたとすれば、何らかの政治的背景を考えなければならない。慶長八年は、徳川家康が征夷大将軍《せいいたいしょうぐん》になった年であり、利長が徳川氏との関係をより強くする意図をもっていた可能性もある。模智は、実際には篠原一孝《しのはらかずたか》の息篠原主膳貞秀《しゅぜんさだひで》に嫁ぎ、化粧料一五〇〇石が給されたが、慶長十九年八月に亡くなった。『本藩歴譜』によれば、主膳は酔狂がひどく、懐妊している模知を打擲《ちょうちゃく》したことから、出産することができずに亡くなったという。利常はこのことに怒り、主膳を能登へ流刑に処したという。享年二十であった。

この外に、芳春院の子として喜意《きい》と斎《さい》がいたが、詳しいことはわからない。

このように、利長の姉妹には実に多彩な人たちがおり、前田利家・利長が豊臣政権の中で大きな位置を占めるうえで重要な役割を担ったといえる。ただ、歴史の波動に人生を左右された者も少なくない。父や兄がその政治的重要性を増せば増すほど、歴史の波動を受ける契機もまた多くなったといえよう。

第六　家督相続

一　家督相続と中納言任官

従三位権中納言に叙任

利長は慶長《けいちょう》三年（一五九八）四月二十日、前田氏の家督を継承し、参議《さんぎ》から従三位権中《じゅさんみごんちゅう》納言《なごん》に叙任された。三十七歳のときである。このとき、豊臣秀頼《とよとみひでより》も、左近衛権中将《さこのえのごんのちゅうじょう》から従二位権中納言に叙任されており、利長のこの叙任は、後の秀頼傅役《もりやく》の利家《としいえ》からの継承を考えれば、豊臣政権全体の中でも嘉事《かじ》と位置づけられるものであったと見られる。大老《たいろう》職は、家よりも個人に付いた職であり、利家がそのまま引き続いて就いていた。

秀吉の死と家康の独断専行

利長のこの栄進は、利長が新たな政治の渦に巻き込まれることをも意味した。和平交渉が決裂して、ふたたび朝鮮出兵（慶長の役）が行われているまっただ中、秀吉《ひでよし》は大坂城で病床にあり、戦争の帰趨《きすう》と、幼い秀頼の行く末に不安を抱いていたと思われる。

慶長三年八月十八日、秀吉は大坂城で六十二歳の生涯を閉じた。秀吉の死は伏せられ、

金沢城尾坂門（大手門）（金沢市）

西丁口にあった大手門を，前田利家が入城した後に尾坂口に改めた．大きな枡形である．

大老徳川家康《いえやす》を中心に、慶長の役で半島南部に釘付けにされていた諸将の帰国工作が進められ、十一月には帰国がほぼ完了した。これにより豊臣政権内での家康の声望は高まり、それとともに家康の独断専行（置目《おきめ》〈掟〉に反した大名間の婚姻など）が激しくなっていく。

　秀吉から、遺児秀頼の傅役を命ぜられていた利家・利長は、その立場から家康の独断専行を制する役割を担い、慶長四年（一五九九）二月、利長は、家康に自制を求めるため、伏見城に赴いた。しかし、利長が考えるほどに、この問題は簡単ではなく、家康の動きを制することはできなかった。その後、前田利家がわずかな供回りで伏見城に赴き、両者一応の和解が成立し、一触即発の危機は回避されたのである。利長の行動は、政権の統一性を守り、秀頼傅役を全うすることを主眼とするものであり、その後の利家の交渉の前提を形作ったものであった。こののち三月、家康が答礼のため大坂城の利家を訪ね、一件は落着した。

二　父利家の遺誡と死

父利家の遺誡

この家康の答礼の直後、利家は自身の最期の近いことを察したと見え、慶長四年三月二十一日、枕辺に妻まつと利長を呼び、まつに書き取らせて、利長に遺誡《ゆいかい》を授けた。

第一に、自分が死んだら、亡骸《なきがら》と妻女を金沢に移し、亡骸を野田山《のだやま》に塚を作って葬るべきこと、

第二に、利政《としまさ》を金沢に返し、一万六〇〇〇の兵の半分を利政にまかせ、上方《かみがた》に急変があれば利政が上洛して兵を結集し、事にあたるべきこと、

第三に、利長には男子がなく、弟利政に利長を父とも兄とも思うように起請文《きしようもん》を書かせたので、利政を子とも弟とも思って育てるべきこと、

第四に、利家の隠居領のうち、石川・河北《かほく》・氷見《ひみ》郡は利長に、能登口郡《のとくちごおり》（能登半島南部の鹿島・羽咋両郡のこと）一万五〇〇〇石は利政に与えるべきこと、

第五に、金沢にある金銀諸道具は利長に与えるので、三年間金沢に帰還してはならな

いこと、

などを言い残した。そこには、秀頼の傅役を最重要課題と捉え、また、家の存続を今一つの重要課題としていたことが読み取れる。さらに、

・合戦時には、自国に踏み込まれてはならないこと、
・家中の中で新座者は本座者を超えることはないこと、
・文武二道を嗜むことが必要であること、
・文武二道にすぐれた家臣は、新座者でも情けをかけるべきこと、
・重臣の評価として、長連龍《ちょうつらたつ》と高山右近《たかやまうこん》は律儀であり、目をかけるべきこと、
・片山延高《かたやまのぶたか》は身上以上のことを考える者であり、いずれ謀反を起こすであろうこと、
・徳山則秀《とくやまのりひで》は他の大名へ利家の陰口をきき、時期を見て表裏を企てるであろうこと、
・山崎長徳《やまさきながのり》は人物はいいが、頑《かたく》なな者であり、三、四〇人の頭が適当であること、

などを述べている。

弟利政を嫡男に

この中で、利政を子として扱うべきであるとしたことは重要である。利家は、嫡男のいない利長と前田氏の存続を考え、十七歳年下の同母弟利政を嫡男とするように指示したのである。また、利政に前田軍の半分を受け持たせて国許《くにもと》に待機させ、秀頼に謀反を

起こす者が出た場合には、利政が上方にのぼり、前田軍が一体となって対処すべきことを指示したが、利家は、上方での問題発生を本気で考えていたと思われる。また、利長に対して三年間は加賀に帰国することを禁じたのも、上方での争乱を予想したからにほかならない。

遺誡をしたため一〇日ほどのちの閏三月三日に、利家は死を迎える。六十三歳の生涯であった。遺骸は遺言通り棺に入れ、翌四日、金沢に送られた。御供《おとも》には、近習《きんじゅ》の神《かみ》谷《や》信濃《しなの》守孝《もりたか》、橋本宗右衛門が務めた。たまたま大坂にご機嫌伺いに来ていた篠原《しのはら》出羽《でわ》一《かず》孝《たか》も御供に加わった。岡田長右衛門・村井勘十郎は一〇日遅れて下り、さらに五日遅れて脇田主水・今井左太夫が下った。村井勘十郎は村井《むらい》長頼《ながより》の名代《みょうだい》、利長の名代は前田長種、利政の名代は脇田善左衛門、位牌は篠原一孝が携えた。棺に懸ける天蓋《てんがい》が重いことから、担当の神谷守孝は家臣を動員していたが、篠原一孝が天蓋は自分で持つものと主張したため口論となり、宝円寺《ほうえんじ》が仲裁して解決したという。葬送には、宝円寺名雲和尚が導師《どうし》を務め、国々諸宗の僧侶が出そろい、家臣たちはみな、烏帽子《えぼし》・白張《しらはり》（糊を強《こわ》く張った白布）・布衣《ほい》（儀礼用狩衣）を着したという（「三壺記《みつぼき》」）。

なお、「三壺記」には、その際、山崎種善坊が暇乞いをするため利家の棺を開けたと

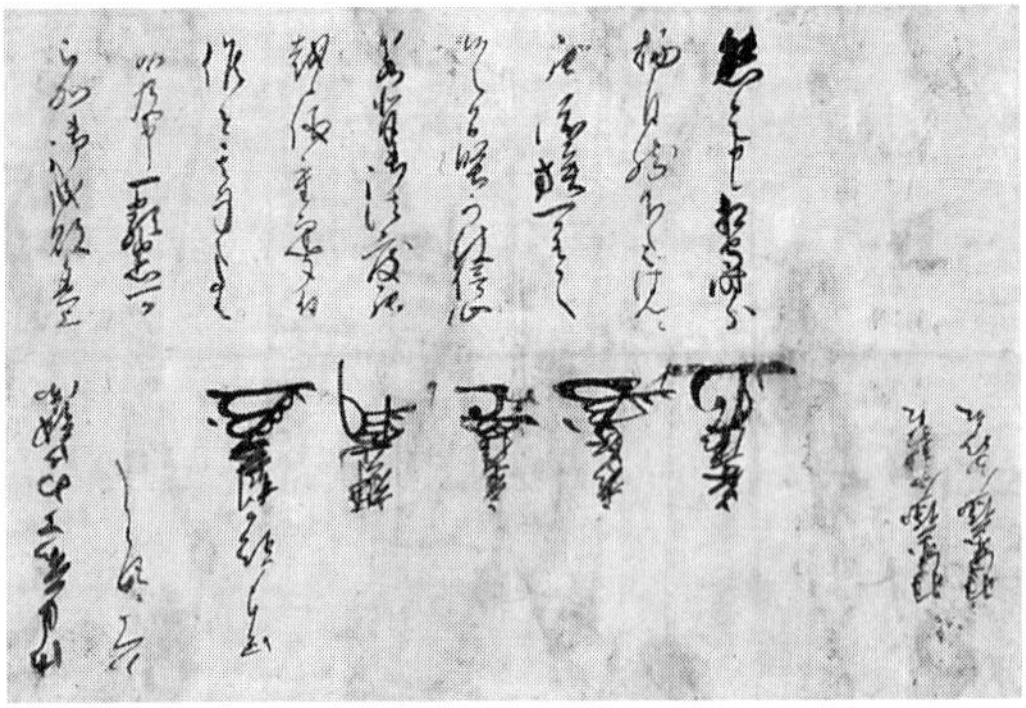

（慶長4年）四月朔日付　豊臣氏五大老連署状
（島津家文書，「御文書［義弘公・家久公］七通」，東京大学史料編纂所所蔵）

ころ、籠もっていた臭気が鼻に入って卒倒し、煩《わずら》ったうえに、ついに亡くなったとしているが、日置謙は、種善坊は葬送以前に亡くなっているとして、この説を否定している。利長は、利家遺骸の加賀帰還には同道せず、大坂に留まった。

大老職を継承

利長は、その日のうちから大老として文書に署名し、父の豊臣政権内での職務を継承した。利長はこのとき三十七歳で、義弟宇喜多秀家《うきたひでいえ》よりは十歳年長であったが、徳川家康《とくがわいえやす》よりも二十歳、毛利輝元《もうりてるもと》よりも九歳、上杉景勝《うえすぎかげかつ》よりも七歳年少であり、最も経歴が浅いことからか、署名の順序は最初であった。慶長四年の四月朔日付五大老連署状を見ると、利長は日下で署名し、その花押《かおう》は、これまでになく画数の多いものである。大老署名用の花押を新たに設けたものであろう。そして、そこに新大老としての利長の気負いが現れていると見てよいであろう。

この利長の大老職は、慶長四年八月まで、種々の文書に他の大老と連署するという形で執り行われていた。しかし、この大老職に就いたことが、こののち利長の命運を大きく左右する要因になっていく。

片山延高を討つ

少し遡るが、利長は慶長四年閏三月十日、利家の遺言にあった警戒すべき人物の一人である片山延高を討ち果たした。この一ヵ月前、家康が利家を大坂城に答礼したとき、利家が家康を討つように片山に指示したところ、片山は思いとどまるように意見したという。この事実を片山が返《かえ》り忠《ちゅう》した場合、前田氏の命運が危うくなると見て、利長は、石川《いしかわ》左源太《さげんた》、松田《まつだ》四郎右衛門《しろうえもん》を大坂城内の片山宿所に派遣して討ち取ったのである（「三壺記」）。同じように危険人物として挙げられていた徳山則秀は、身の危険を察知し、早々に出奔して家康の下に駆け込んだ。この片山誅殺は、この段階で、利長が家康に敵対する意思のなかったことを示している。利長は、秀吉亡き後、家康が政権の実質を掌握することを是認していたようである。

三　家康の加賀征伐と利長の対応

家康暗殺計画の嫌疑

慶長四年（一五九九）七月、上杉景勝が、国替え後の領国経営のために国許に赴いた。利長にはこのころ、家康から家督相続後の領国経営のために帰国してはどうかという誘いがあり、利長は母芳春院《ほうしゆんいん》と相談した結果、国元に帰ることにした。利家の三ヵ年帰国禁止の遺言はあったが、家康の誘いであり、事実、利長は家督相続後、一度も国許に帰還していなかったことから、利長は帰国を選んだのであろう。

ところが利長が帰国した翌九月、大坂城西の丸に移った徳川家康のもとに、五奉行の中の増田長盛《ましたながもり》・長束正家《なつかまさいえ》の両名がきて、家康暗殺計画の存在を讒言《ざんげん》した（「天寛日記《てんかんにつき》」）。すなわち九月九日の重陽《ちようよう》の節句の賀儀で、家康が豊臣秀頼に謁見するため大坂城を訪れた際、浅野長政《ながまさ》（秀吉死去以前は長吉《ながよし》）が家康の手を取り、大野治長《おおのはるなが》・土方雄久《ひじかたかつひさ》が進み出て家康を刺殺する計画であったという。そしてその首謀者が前田利長だというのである。

家康、加賀征伐を決定

家康はこれに対して、九月九日には厳戒態勢を取りながら大坂城の玉造口《たまつくりぐち》より登城して賀儀を済ませたのち、大野治長・土方雄久を常陸《ひたち》へ、浅野長政を領国甲斐《かい》に蟄居《ちつきよ》させた（黒田和子『浅野長政とその時代』）。その後、加賀征伐を諸大名に命じ、さらに最も近接した小松城《こまつじょう》主丹羽《にわ》長重《ながしげ》に先陣を命じたのである。

堀秀治宛書状

この上方の政治情勢の急変は、堀秀治《ほりひではる》から利長に知らされた。

已上《いじょう》

御状畏《かしこ》み入り存じ候、貴意の如く我等も此の砌《みぎり》罷《まか》り上るべく存じ候処《ところ》、路次所々兵士居え置き、往還の族相改むるの由、其の聞え候、然《しか》れば、我等へ対し如何様《いかよう》の申し成しもこれ有り、内府（徳川家康）御不審の子細も候故《ゆえ》か、兎角《とかく》御心元無き仕合《しあわ》せに候、御存じの如く連々内府へ対し毛頭疎心《そしん》に存ぜざる儀に候間、幾重《いくえ》も御理《ことわ》り申し達すべしと存じ、上方へ使者指し上せ、始末申し窺い候事に候、様子に於いては、御心安《や》すかるべく候、猶《な》お追て申し談ずべく候、恐々謹言

羽肥前

九月廿七日　利長（花押）

羽久太様（堀秀治）

御返報

この堀秀治宛書状（「北陸中日新聞」二〇〇八年八月一八日付）によれば、利長は自分も上洛

すべきであるが、途中の道中に兵士がいて往還を改めているので行けず、心許ない。家康に対して毛頭疎心（おろそかに思うこと）はなく、上方に使者を派遣して説明しているので、安心してほしい、と書き送っている。利長は、重臣を集め、対応を協議したが、和戦両様の体制を構築しながら、横山長知《よこやまながちか》を伏見の家康のもとに派遣し、謀反の意思などないことの弁明に努めた。

母芳春院を人質に和議成立

横山は三度にわたって金沢と伏見を往返して、交渉に努めた。「古士談話」によれば、このときに横山が出した提案（利長の了解を得たものであろう）は、利長の母芳春院を江戸に指し出し、さらに家康の子を一人養子に迎え、二〇万石を分与し、金沢城を渡すというものであったという。このことは「当代記」にも記事があるが、「象賢紀略《しょうけんきりやく》」には、このときの家康の子は「おまん」こと、万千代丸《まんちよまる》（のちの武田信吉《たけだのぶよし》）であったとしており、領地としては加賀二郡が対象であったようである。

このことによって家康の了解が得られ、一応疑念は晴れた。領地の分与は免じられたが、利長の実母芳春院の江戸下向を条件とされた。利長はこれを受け入れ、ようやく和議が成立したのである。これによって、五大老の一人利長は、徳川家康の麾下《きか》に下ることになった。

第七　関ヶ原の戦い

一　上杉征伐計画と北陸の総大将

会津征伐

慶長《けいちょう》五年（一六〇〇）正月、年頭の慶賀使《けいがし》の役目で、上杉家から藤田信吉《ふじたのぶよし》が上洛した。この上杉氏に対して、慶長三年の領知替えで新たに越後春日山城《かすがやまじょう》に入った堀秀治《ほりひではる》が、慶長三年分の年貢を越後に返すよう上杉景勝《かげかつ》に要求したが、拒否された。そのことから、堀秀治は徳川家康《いえやす》に、景勝が領内の道橋修理や新城構築を進めていた事実を告げた。家康は即座に、上杉景勝に上洛して事態を説明するよう求めたが、家老直江兼続《なおえかねつぐ》は、領内の整備をするのは大名の務めであり、それに難癖をつける家康の方が悪事を企んでいるのではないか、と反論し（「直江状《なおえじょう》」）、上洛を拒否した。そして、藤田信吉ら非戦派は、家康に取り込まれた逆臣として扱われたため、会津を去らざるをえなかった。

景勝のこうした対応に対し、家康は景勝に政権への叛意ありとして、大坂城西の丸に諸大名を集め、会津出陣を命ずるとともに、自らも出陣することを宣言した。

利長は北陸の総大将

このとき、前田利長は在国していたが、北陸の総大将として、周辺諸大名とともに会津西部の津川口《つがわぐち》から攻撃するように命ぜられた。このときの利長の軍事指揮権が、どの範囲に及んだのかを明示する史料は見えないが、越前・加賀・能登・越中・越後に及んだのではないかと思われる。家康が指揮するこの戦争は、豊臣政権が発動する公戦であり、大老の一人前田利長の占める政治的位置からして、この五ヵ国と見てよいであろう。

「丹羽家譜伝」によれば、利長はこのとき、小松の丹羽長重《にわながしげ》に出陣を命じたところ、長重は、少し前に北国《ほっこく》征伐の先陣を家康から命じられ、吉光の短刀を下賜されていたことから、利長の出陣命令を、自分を誘い出して亡きものにしようと企んだものと見て、病気と偽り、それに応えなかったという。この話は、長重が家康方で参陣せず、はては家康方の利長と戦ったことを正当化するための方便であった可能性が大きい。

三成の挙兵

利長が丹羽長重の出陣催促に手こずっている間に、家康は会津攻めに自ら出陣し、上方《かみがた》を空けた家康の間隙《かんげき》を突いて、七月十二日には石田三成《いしだみつなり》が挙兵した。増田長盛《ましたながもり》・長束正家《なつかまさいえ》・前田玄以《まえだげんい》の三奉行は、同日、大坂の仕置《しおき》で相談すべき儀があるので、早急に上国してほしいと毛利輝元《もうりてるもと》に書状を発したが、石田挙兵への対応が焦点であったと見られる

（中野等『石田三成伝』）。

　三成は大谷吉継《おおたによしつぐ》とともに大坂城に入り、三奉行を説得して、七月十七日付で「内府（徳川家康）ちかい（違）之条々」を作成し、三奉行名で西国を中心とした諸大名に、家康打倒を呼びかけた。『歴代古案』第五には、石田三成・増田長盛連署の一一ヵ条のものが収められており、一三ヵ条のものばかりではなかった可能性もある。その宛所《あてどころ》には、北国大名として、青木《あおき》一矩《かずのり》・山口正弘《やまぐちまさひろ》・丹羽長重の名はあるが、前田利長の名はない。

　七月十七日付「内府ちかひ之条々」で正式に始まる三成の行動は、家康や利長のもとにもさほどの日を置かず報告されたと思われる。三成の挙兵に対する態度如何を問うた小山《おやま》評定《ひょうじょう》の翌日の七月二十六日、家康が越後の堀秀治に宛てた書状に「肥前（前田利長）衆も此時に候間、随分精を出さるべきの由に候、心安かるべく候」とあり、この時点ですでに利長は情報に接し、家康に自己の意思を披陳していたと見られる。書状の往復の時間を考えると、七月二十日過ぎには三成挙兵の報が利長のもとに届いていたのではないか。

　七月二十七日付秋田《あきた》実季《さねすえ》宛榊原康政《さかきばらやすまさ》書状の「石治少（石田三成）・大刑少（大谷吉継）、別心仕《つかまつ》るに付て、大坂より御袋様（淀殿）并《なら》びに三人の奉行衆、北国羽肥州（前田利長）なと、早々内府上洛致され尤《もっと》もの由《よし》申し来り候間」（「秋田家文書」）という一節から、理由の不明な三成の出陣に対し、当初、利長だけでなく、淀殿や増田長盛・長束正家・前田玄以の三奉行はそろって、大坂の仕置のために、家康の早期上洛を望んでいたことがわかる。その意味で、三成の政治工作は、極めて迅速に行われたことがわかる。三成は、三奉行を取り込み、総師として毛利輝元《もうりてるもと》、副師として宇喜多秀家《うきたひでいえ》を擁立し、急速に家康打倒の体制を整えていった。

二　利長の出陣

利長・利政の出陣

利長は弟利政《としまさ》とともに、七月二十六日出陣した。「山口記」には、利長・利政両軍を併せて二万五〇〇〇と記されている。この日は、下野小山《しもつけおやま》で石田討つべしの評定を終えて、上方衆《かみがたしゅう》が一斉に西上を始めた日と重なる。たんなる偶然なのか、あるいは家康の何らかの指示があったのか、現時点ではわからないが、事実として下野小山からの上方衆の西上と、家康方の大老前田利長が、ほぼ同日に出陣したことには注目しておきたい。

この利長・利政の出陣については、『石川縣史』は、会津出陣の後背を守備するために出陣したとしているが、誤りとするほかない。利長はすでに三成挙兵の報を得ており、家康と情報を交換して、明らかに三成の企てを阻止すべく出陣したのである。

利長は、七月二十五日付で、石川郡福増村《ふくますむら》に禁制《きんぜい》を発し、兵士たちの濫妨狼藉《らんぼうろうぜき》や放火・苅田《かりた》行為の抑止を約した（「北村家文書」、『旭郷土誌』旭郷土誌編纂委員会編、旭公民館、一九七九年）。また、同日付で能美郡《のみぐん》湊村《みなとむら》にもほぼ同文の禁制を発した（「呉竹文庫文書」）。これらはいずれも丹羽長重領の村々で、福増村は松任《まっとう》町（現白山市）の北東に隣接し、北国街道の本道が近くを通る。湊村は、手取川の河口左岸にある村で、浜街道の渡《わたし》が置かれていた。おそらく、なにがしかの軍資金や兵粮ばかりでなく、兵士や物資の移送にも相応の協力をしたと見られる。

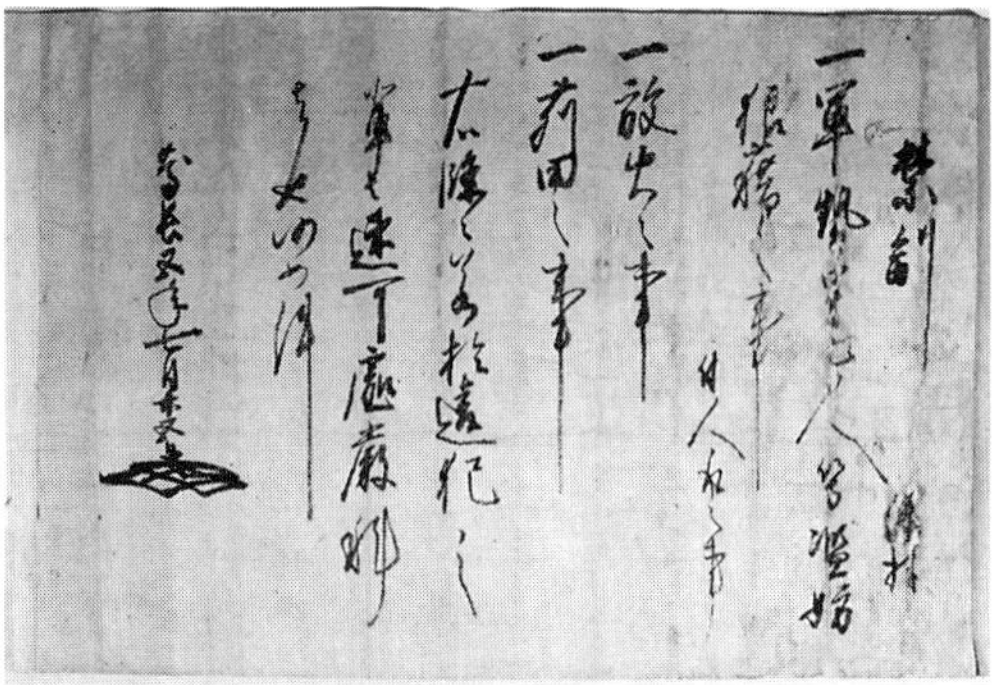

慶長５年７月25日付　湊村宛前田利長禁制
（白山市・呉竹文庫所蔵）

このように禁制は七月二十五日に発せられたが、実際の出陣は七月二十六日であったらしい。七月二十五日付高畠《たかばたけ》定吉《さだよし》宛前田利政書状（高畠家文書）によれば、二十五日は雨が降り、出勢が延びたとあり、実際の出陣は二十六日であった。七月二十六日付高畠定吉宛前田利長書状によれば、その日は石川郡福留《ふくどめ》まで進軍し、翌日三道山《さんどうやま》まで進軍する予定であるという（「高畠家文書」）。

松任に布陣した利長は、さらに南下するにあたり、丹羽長重の小松城を攻撃するかどうかを奥村栄明《おくむらながあきら》・高山右近《たかやまうこん》・篠原一孝《しのはらかずたか》・太田長知《おおたながとも》・山崎長鏡《やまさきながあきら》・横山長知《よこやまながちか》・長連龍《ちょうつらたつ》などの重臣らと評議した。その結果、小松城は周囲を低湿地に囲まれ、攻略しにくい名城であり、丹羽長重は戦巧者《いくさこうしゃ》であって、たとえ攻略しても数日を要し、家康と手合わせする日限に相違するという理由で、小松城を差し置いて南進することにした。この中で重要なのは、家康との手合わせの日限に相違するとしているところで、上方衆の西上とほぼ同日に出陣していることとも併せて、利長は家康と合流する時期を定めていた可能性が大きいのである。

松山に布陣

利長・利政軍は七月晦日、能美郡三道山に布陣し、さらに翌八月一日、大聖寺《だいしょうじ》（現加賀市）北方の松山に布陣した。途中、丹羽長重の部隊から挑発的な攻撃を何度も受けたが、それを少勢をもってあしらっての行軍であった。

翌二日、九里九郎兵衛《くのりくろべえ》・村井久左衛門《むらいきゅうざえもん》を使者として、大聖寺城主山口修弘《ながひろ》とその父宗永《そうえい》（正弘）に、石田方に与《くみ》するか、利長の先陣を務めるかの意思を確認した（「山口記」、以下大聖寺城の戦い、浅井畷《あさいなわて》の戦いに関する叙述は同書を基礎にしている）。山口宗永はもと秀吉の家

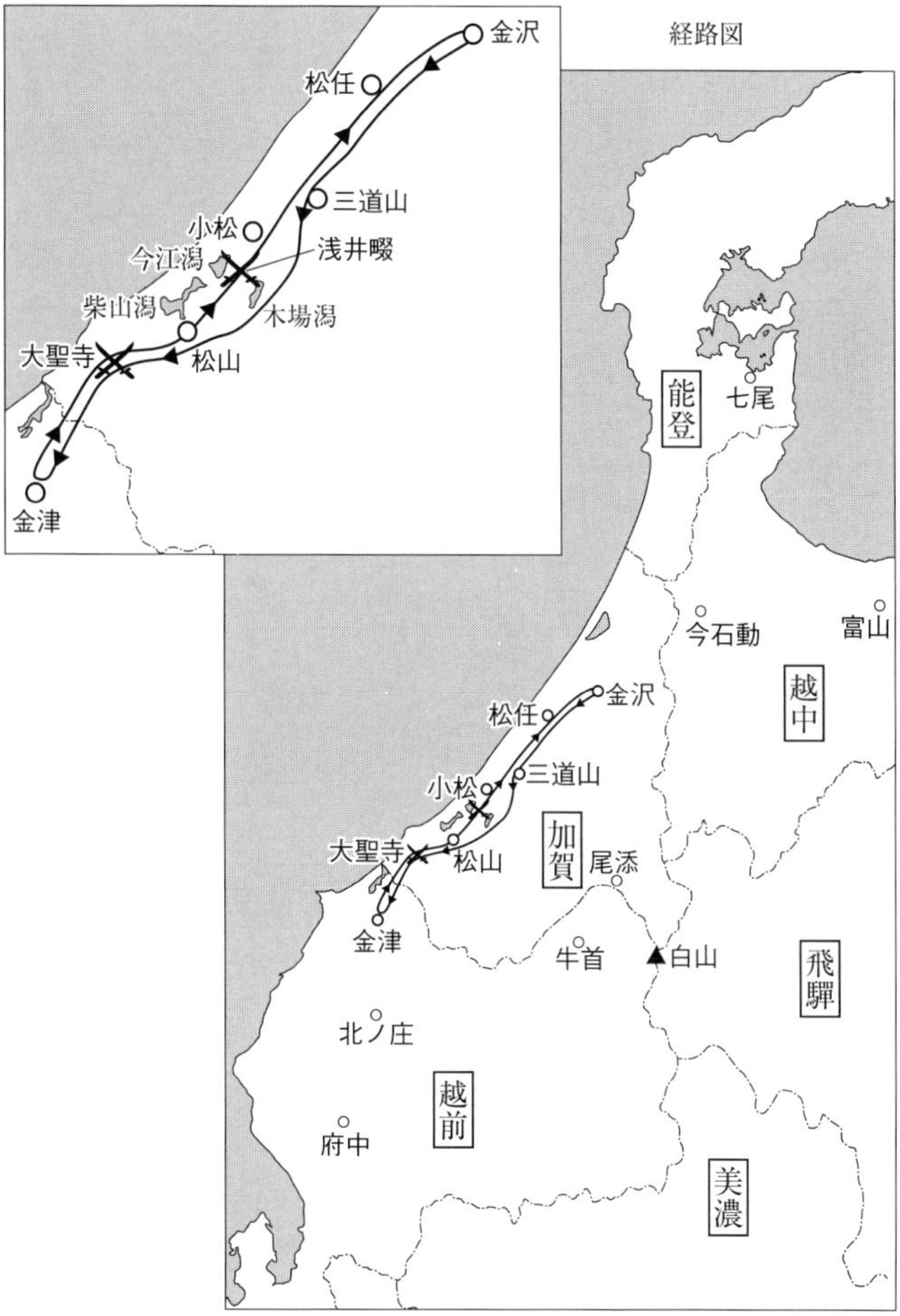

前田利長軍行軍経路図（見瀬和雄『利家・利長・利常―前田三代の人と政治―』）

臣であり、文禄二年（一五九三）、豊臣秀吉の養子秀俊《ひでとし》が小早川隆景《こばやかわたかかげ》の養子となって小早川家を継承した際（慶長二年、秀秋と改称）、付家老《つけがろう》として小早川家に入った家臣であった。しかし、秀秋との折り合いが悪く、秀秋が朝鮮から帰国したのちに越前転封を命ぜられたとき、大聖寺六万石を与えられ、秀秋の九州帰参がかなったのちも、宗永はそのまま大聖寺に居付き、独立した大名になったのである。

三　大聖寺城の戦い

大聖寺方、山口宗永・修弘

利長から受けた問いに対して、山口修弘・宗永父子はしばらくして、あくまでも利長軍を引き受けて戦う旨を応えた。これに対して利長は、諸将を集め軍評定を行ったが、太田長知《おおたながとも》が進み出て、大聖寺城をそのままに進軍すれば必ず殿《しんがり》を襲撃してくるであろうから、同城を攻略してから越前に進軍し、丸岡・北庄《きたのしょう》を攻略して近江国《おうみのくに》に進むべきであると主張して容れられ、翌八月三日に攻撃することとして、陣触《じんぶれ》を発した。

八月三日早朝、利長らは松山を発し、大聖寺城に迫った。このときの陣立《じんだて》は、利長軍の先手《さきて》（先陣）山崎長門長鏡の二男勝兵衛長徳《かつべえながのり》、二陣は太田長知と横山長知、三陣は奥

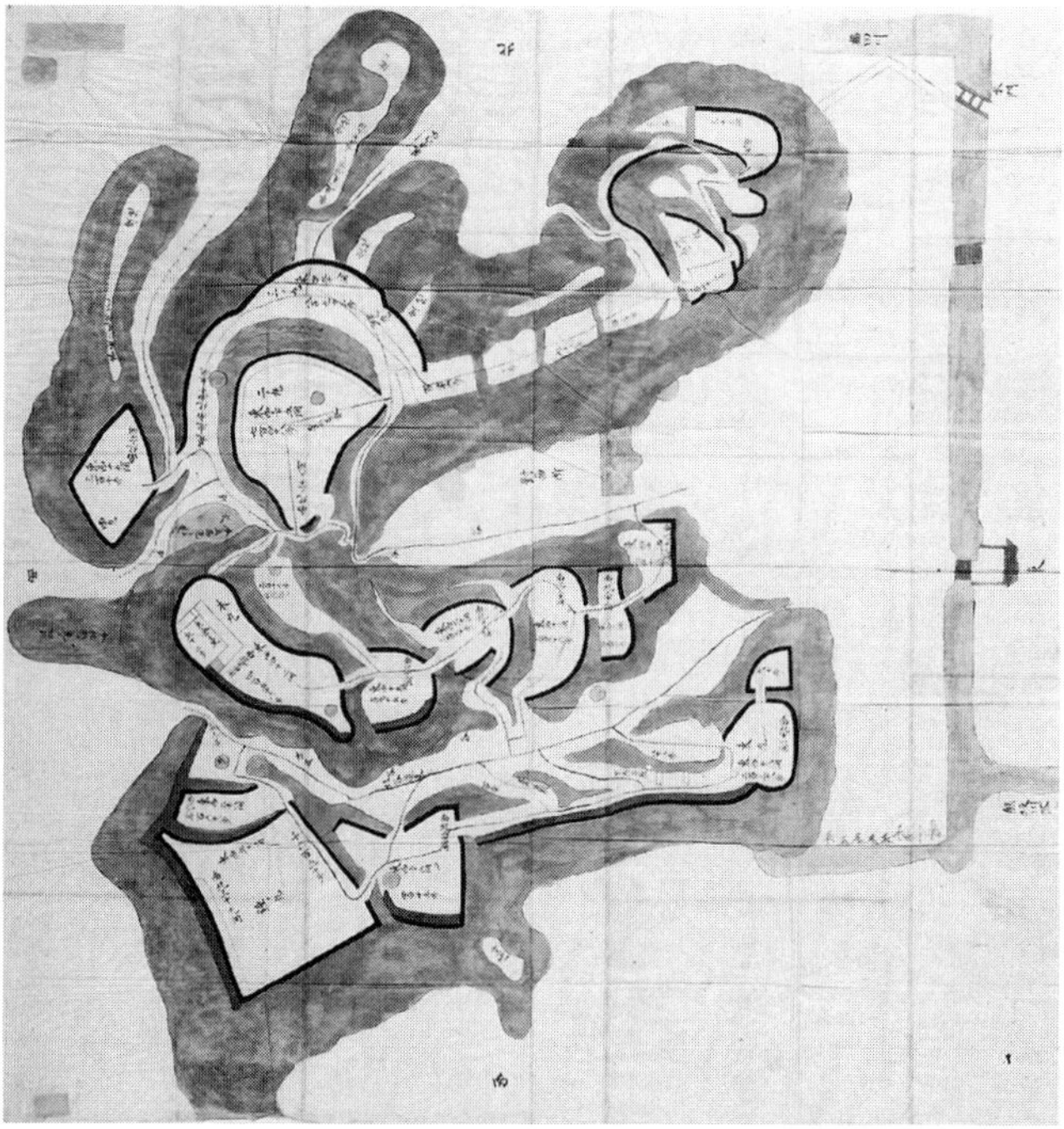

大聖寺古城図（加越能文庫，金沢市立玉川図書館所蔵）

大聖寺城は，大聖寺町の西方にある独立峰錦城山の山上にある平山城である．この絵図の成立年代は不詳．山口氏時代の城跡を描いている．南東端に東丸，南西端に最大の激戦地となった鐘ヶ丸，中央西端の最も高いところに本丸がある．本丸には「矢倉台」が設けられていた．その北には二の丸，さらにその北には北丸，北西端に西丸がある．一国一城令後は使用されなくなり，大聖寺藩では山麓の堀の内の平地に設けられた陣屋で政務が執り行われた．

村河内守《かわちのかみ》舎弟の奥村因幡《いなば》易英《やすひで》と青山豊後《あおやまぶんご》長次《ながつぐ》、利政軍の先陣は長連龍息の安芸《あき》好連《よしつら》、二陣は高山右近大輔《たかやまうこんのだいぶ》長房《ながふさ》入道南坊《みなみのぼう》、富田下総《とみたしもうさ》などの諸将によって構成されていた。

大聖寺城を包囲

戦闘は、前田方の先陣の山崎長鏡が作見《さくみ》を進軍するとき、城の東方南郷《なんごう》（大聖寺川左岸）の桑畑まで進み出た山口方の成田勝左衛門《なりたかつざえもん》らが鉄砲を撃ちかけた。戦闘の火ぶたが切られたのである。山崎長鏡は、山口方が思ったよりも城の外に進んでいることから、第二陣の横山長知に伝令を送り、付け入り（敵を迎え撃ってそのまま城へなだれ込むこと）で城を乗っ取るべき作戦を伝えた。

山口方が、前田方の軍勢が続々と続いて進んでくることから、撤退しようとしたところを、前田利政の軍勢が攻め立てたため、撤退を余儀なくされ、鯰橋《なまずばし》でとって返して鑓《やり》を合わせた。ここでの戦闘では、利政方の大道寺玄蕃《だいどうじげんば》や丹羽織部《にわおりべ》らが力戦し、利長方の兵も山口方を攻め立てたことから、さらに撤退を余儀なくされ、前田方はついに城を包囲した。このとき、大聖寺城主山口修弘は、鉄砲の上手であったことから、鯰尾形《なまずおなり》の甲《かぶと》を着けた利長の狙撃をもくろんだが、結局果たすことができなかった。

落　城

利長の侍大将富田蔵人《とみたくらんど》（元豊臣秀次家臣）が二〇〇人余の手勢を率いて城の南端鐘ヶ丸《かねがまる》に突入し、一気に鐘ヶ丸を落とすと、前田勢は城内に乱入した。なお、富田蔵人は討ち死にした。山口方も必死に抗戦したが、前田方の激しい勢いに押され、山口宗永は塀の上から大声で降参の申し出をした。しかし前田方はこの声を無視して攻め込み、ついに三日の夕方には本丸を落とした。山口修弘は、前田方の木崎長左衛門《きざきちょうざえもん》に首を討ち取らせ、宗永は自害した。家臣も数百人が討ち死に、数百人は自害して果てた。

利長は、大聖寺城の東麓に置かれていた「対面所」にて首実検を行い、その数は七〇〇余級にのぼったという。前田方も、侍大将・物頭《ものがしら》・平士《ひらざむらい》・雑兵《ぞうひょう》以下、討ち死に・手負いが数百人にのぼった。利長は、手負いの家臣を個々に見舞い、また活躍した将士に恩賞を与えた。この大聖寺城の戦いは、ある意味で、利長が単独で戦った最初の戦争であった。

四　越前進軍と金沢帰還

八月五日、利長軍は大聖寺城の本丸に篠原一孝、二の丸に加藤朝重《かとうともしげ》を置き、越前にめがけて進軍した。そして越前金津《かなづ》の北方細呂木《ほそろぎ》にいたったとき、二通の書状が利長のもとにもたらされた。一通は、毛利輝元・宇喜多秀家連署の七月二十七日付書状、今一通

毛利輝元・宇喜多秀家の書状

は、利長の妹蕭《しょう》の聟中川宗半光重《なかがわそうはんみつしげ》の書状であった。

輝元・秀家連署状（「北徴遺文」）には次のように記されていた。

態《わざ》と申し入れ候、去年已来《いらい》内府御置目に背かれ、上巻誓紙これを違えられ、悉（恣）の働き条々、年寄衆より申し入れらるべく候、殊更《ことさら》奉行・年寄一人ずつ相果てられ候いては、秀頼様事取り立てらるべく候や、その段連々存じ詰め、今度各申し談じ鉾《む》楯《じゅん》に及び候、御手前も定めて御同前たるべく候、この節秀頼様へ御馳走あるべき段、申すに及ばず候か、御返事待ち入り候、恐々謹言

七月廿七日　　安芸中納言　輝元（花押影）

備前中納言　秀家（花押影）

羽柴肥前守殿
御宿所

すなわち、徳川家康の秀吉置目違反は、すでに年寄衆（三奉行）から報告がいっているであろう。特に上杉景勝・石田三成が失脚させられては、秀頼様をどのようにして取り立てることができようか。この点をよく考え、戦争を構えた次第だ。あなたもおそらく同じであろう。今、秀頼様に対し馳走（奔走）することは言うまでもないことだ。返事

を待つ、というものである。

利長の怒り

利長はこの書状を読んで怒りをあらわにし、即座に破り捨てたという。怒りの理由は何か。利長にとって秀頼《ひでより》に忠節をつくすことは当然のことであるが、彼らが謀反を起こした石田三成を支持し、家康討滅の戦争に突き進んだことに怒ったのである。

利長は、自分の母が江戸に抑留されており、石田方とは行動を共にできないことを、すでに三成に知らせていた。増田長盛・長束正家・前田玄以の三奉行連署の七月二十九日付真田昌幸《さなだまさゆき》宛書状に「羽肥州（前田利長）は老母人質に出し候間、先ず引き切り候事迷惑の由、内儀の理に候」（「真田家文書」）とあり、その立場を鮮明にしていた。そのことは、石田三成の七月晦日付真田昌幸宛書状にも述べられている（「真田家文書」）。これは毛利輝元・宇喜多秀家も了解していたはずであり、にもかかわらず、利長を慫慂《しょうよう》するこの書状は、利長を苦しめる効果しかもたなかったのである。輝元・秀家にとっては、大老利長を味方に引き入れることは、家康方の勢力を削ぎ、戦争を有利に展開するうえで重要な課題であったにちがいない。

中川宗半の書状

今一通の、八月三日付前田利長宛中川宗半書状については、原本は残っておらず、写本が数通あり、どれが善本であるのか、判断が難しいところである。しかし、内容には大きな違いがないので、ここでは「丹羽家譜伝」に収録されたもので大意を見ると、北《ほっ》国筋《こくすじ》を大谷吉継《おおたによしつぐ》が引き受け、四万余の軍勢で攻撃する。そのうち一万七〇〇〇は陸路を北庄口から、残る三万は海路から金沢を攻撃する予定であるので、油断なさるな、というものであった。多くの書では、中川宗半が、石田三成の謀反という非常事態で、加賀に帰還しようとしたところを大谷吉継に捕らえられ、偽の情報を無理矢理書かされたのだとする。この真偽のほどはわからないが、中川宗半は能書家《のうしょか》で知られた人物であり、利長がこの書を見て、宗半の手跡にまちがいないと判断し、金沢防衛のために兵を翻《ひるがえ》し、金沢に向かったのである。

大谷吉継の計略

四万余という数字がどの程度に現実的であったのか、明確にはできないが、利長にとっては現実味があったのであり、大谷吉継にとっては計略は的中し、利長の軍勢二万五〇〇〇を、とりあえず足止めさせることに成功したのである。

金沢へ引き返した利長

利長のこの金沢帰還について、「山口記」は、家康がまだ江戸を出ていないこと、大聖寺城攻めで旗指物《はたさしもの》に損傷があり、その修理が必要であることを理由に記している。また九月五日付の村井長頼《むらいながより》宛利長書状にも、伏見城が落城したため急ぐ理由がなくなったこと、越後で一揆《いっき》が起こったことが堀秀治から報告されたことを理由に挙げており（「尊経閣所蔵文書」)、大谷吉継の計略に嵌《は》まったことについて触れていない。しかし、養父利長の恩を、実父利家の恩にまさる格別のものとしていた(後述)利常《としつね》が、後年に側近の品川左門《しながわさもん》・中村久越《なかむらきゆうえつ》に語った言によれば、利長が上方に攻め上るべきところ、臆病者がいて大谷吉継にだまされ、利長が上方に進軍すれば海路から金沢を攻撃する手はずになっているという書状を書き、そのために利長が兵を翻し、金沢に帰還したとあり(「微妙公御直言」)、この話には真実味がある。

このとき、利長が諸将を集め、軍評定を行ったとき、太田長知が上方進軍を強く主張したのに対して、利長はことの真否を確かめず、総軍を進軍させるのは危険であると退け、金沢帰還を指揮したのであった。このように見れば、単純に大谷の計略に嵌まったとだけ見るべきではなく、利長は総軍の大将として比較的慎重な態度であった点を見ておく必要があろう。八月七日、利長は総軍を大聖寺城に進めたのである。

五　浅井畷の戦い

八月八日、利長は総軍を小松南郊の御幸塚《みゆきづか》まで進め、利長と利政は、木場潟《きばがた》の東の道を通って三道山に陣を敷いた。このとき、横山長知・青山吉次《あおやまよしつぐ》などは、利長に随伴して先に三道山に進んだ。御幸塚に集結した諸将は、どのような経路で三道山に至るかを評議した。松平康定《まつだいらやすさだ》が、今江《いまえ》を通る道を辿れば、丹羽長重が追撃してくることは確実で、危険であることを指摘し、木場潟の東の道を進むべきであると主張した。これに対して、山崎長鏡が、長重に追撃の意思あれば、南進のときにしているはずであると指摘し、今江を通ることを主張した。康定は冷静に危険回避の道を主張し、長鏡は、それを臆病者と罵倒して、両者は一触即発の激しい対立状態になったのである。結局、知行高一万五〇〇〇石の長鏡に対して、二〇〇〇石の康定が妥協する形となり、落着した。

さらに殿《しんがり》（最後尾を担当する部隊）を誰が務めるかをめぐって議論があったが、長連龍が、南進の際の先陣を務めた利政軍を率いる自分が、金沢帰陣の殿を務めるべきであると主張し、衆議一決した。

帰陣の陣立は、一番に山崎長鏡、二番高山右近、三番奥村栄明、四番富田直吉《なおよし》、五番今枝直恒《いまえだなおつね》、六番太田長知、七番長連龍という陣容であった。八月九日夜明け前、前田勢は今江を過ぎ、大領《だいりよう》から浅井《あさい》へと掛かった。田が広がるなか、細い道を辿って、前田勢が通過し、七番の長勢が三分の二ほど過ぎたところを、夜半から潜んでいた丹羽長重の家臣江口三郎右衛門《えぐちさぶろうえもん》が率いる手勢が伏兵を発し、鉄砲を撃ちかけた。

殿部隊の苦戦

折しも雨が降り、火縄の火が消えて、長勢は鉄砲を撃つことができず、動揺した。そこへ丹羽方の松村孫三郎《まつむらまごさぶろう》・荒田民部《あらたみんぶ》が鑓を振って長勢の備えを破った。苦戦を強いられた長連龍の息好連《よしつら》は、将士に下馬して戦うよう指示した。ここで長勢は、八田三助《はったさんすけ》・沖《おき》角左衛門《かどざえもん》・小林平左衛門《こばやしへいざえもん》・長中務《ちょうなかつかさ》・鈴木権兵衛《すずきごんべえ》・鹿島路六左衛門《かしまじろくざえもん》らが討ち取られ、陣形が大きく乱れた。この様子を聞いた丹羽長重は小松城を出て、手勢を多く失って供回り二〇人ほどになった長連龍・好連父子に、四、五〇間（約八〇メートル）と肉薄した。しかし、間に溝があって長重は攻撃できず、長父子は北へ撤退した。長重は、なおも追撃しようとする江口三郎右衛門を留めた。

しかし、江口がなおも追撃していったところ、六番の太田長知が後方の戦いの様子を知り、とって返した。そして井上勘左衛門《いのうえかんざえもん》・岩田伝左衛門《いわたでんざえもん》・大野甚丞《おおのじんじょう》・上坂主馬《うえさかしゅめ》・中《なか》野小左衛門《のしょうざえもん》・上坂次郎助《うえさかじろすけ》などの家臣が一、二を争って進撃した。山代橋辺りで攻防があり、太田長知の奮戦により、丹羽長重方に大きな数の死傷者が出たことから、小松方は撤退した。

このころ、利長は三道山で朝食をとっていたが、鉄砲の音を聞き、小松方が利長軍を追撃してきた報に接すると、読みが的中したとして、丹羽長重勢を追撃して付け入りで小松城を攻略すべく、稲葉《いなば》左近《さこん》を伝令に立て、在々に放火し、できるだけ長重勢を引きとどめるよう指揮した。利長は立ったまま湯漬けを食べ、渡黒《わたりぐろ》という愛馬にまたがって出陣した。

丹羽長重軍の撤退

長重は、火の手を見て驚き、利長の付け入りを予測して急遽城に撤退した。こうして戦いは終わった。この戦いはその戦場となった地名から「浅井《あさい》畷《なわて》の戦い」と呼ばれている。この戦いを、よく「北陸の関ヶ原」ということがある。確かに、関ヶ原の戦いの、石田方と徳川方の前哨戦的な位置を占めているが、丹羽方と前田方が相対峙して、満を持して戦闘に入ったというようなものではない。それをいうのであれば、大聖寺城の戦いの方がふさわしい。

この戦いを振り返ると、丹羽長重が利長と戦った理由が、必ずしも石田方の大名だったからというようには見えないのである。関ヶ原の戦いに関する諸書には、丹羽長重を石田方の大名としている。しかし、徳川方の前田利長との対立は、徳川家康から加賀征伐の先陣を命ぜられて間も置かず、利長から出陣命令が出て、疑心暗鬼に陥ったことに原因があり、政治情勢の急激な変転に対応しきれなかったためであった。

和議交渉

「丹羽家譜伝二」に収められた「小松軍談」によると、前田利長が、再度出陣を目指し、小松城を水攻めにする準備を進めたことに対して、丹羽長重が和睦を決意した際、「此頃の為躰《ていたらく》天下の大義にても候はず、父祖の宿敵にてもなし、僅《わず》かの恨《うらみ》を一家の御中に結《むす》ばれて公儀を御違背《ごいはい》あらんこと自他の御為《おんため》よからす」と述べたという。長重にとっては、浅井畷の戦いは「僅かの恨」による戦争であり、大義はなく、「公儀」に違背するものだったのである。

丹羽長重は、おそくとも八月二十二日、家康のもとに、利長との和議を申請する書状を書き送った。それに対し、九月十三日付で家康から了解の意が伝えられ、かつて家康暗殺計画の実行犯として流罪に処せられていた土方雄久《ひじかたかつひさ》が、家康の命を受けて、利長と長重の和議をとりまとめることになった（後述）。

六　利長の再出陣

利長は、いつの時点かはわからないが、家康のもとに大聖寺城の戦いでの戦勝を知らせた。これに対して家康は、江戸の芳春院《ほうしゅんいん》に随従している村井長頼宛に八月二十六日付で戦勝を賀する書状を送っている。

この少し前、金沢に帰った利長は、小松城に石田方の軍勢が来ているという情報を得て、能登七尾に帰陣していた弟利政に、八月十三日付で再出陣を求めた。そして、先手を松任まで出しており、利政と能登の軍勢は、小松城に来ている石田方に対して、周縁部で働いてほしい旨を知らせた（「尊経閣所蔵文書」）。

家康の再出陣要請

この数日後には、八月十三日付で家康から、利長の動きを知らせてほしい、家康方は美濃口に出陣する旨を伝えてきた（「加能越古文叢」四七）。また、さらに八月二十四日付で、大聖寺城の戦いでの戦勝を賀し、いったん金沢に帰陣したことを了とする書状が来た（「前田家雑録」）。これは、利長に対する事実上の再出陣要請に等しい。こうした状況のなかで、先の十三日付利政宛書状での出陣催促に対して、利政は出陣に応じなかった。利長は、出陣命令に応じない弟利政に業を煮やした。

まして、日付は不明であるが、福島正則《ふくしままさのり》・細川忠興《ほそかわただおき》・加藤嘉明《かとうよしあき》から、八月二十四日に岐阜城の織田秀信《おだひでのぶ》を攻略した旨の報せが届き、決戦が間近いことが告げられると、利長は九月三日付で黒田長政《くろだながまさ》・藤堂高虎《とうどうたかとら》に、「それに就きすぐ佐和山表《さわやまおもて》押し寄せらるべき儀、いよいよその分に候や、様子承りたく候、この表の儀、一両日中に小松表《こまつおもて》きっと相働

弟利政の再出陣拒否

くべき覚悟に候」と焦《あせ》りの色を露わにした書状を送っている（「黒田家文書」、口絵参照）。

利政の出陣拒否については、利政が反家康の姿勢をもつ大名であったためとする見方がある。また一方では、その室籍《せき》（蒲生氏郷《がもううじさと》の娘）が上方におり、石田方に捕縛される危険性があったため、再出陣を拒否したとする見方もある。実際、慶長五年（一六〇〇）六月十六日付で利政は、敦賀の商人田中清六《たなかせいろく》に、籍を上方から国許《くにもと》に移すよう依頼している。しかし、田中はこの依頼を果たすことができなかったらしく、「象賢紀略《しょうけんきりゃく》」によれば、大谷吉継が、京都の商人常《とき》わなる者を使って籍を抑留する、それを厭《いと》うなら利長に対して謀叛せよ、と脅迫してきたという。そのため、利政は忍びの技に長けた四位主馬《よついしゅめ》（前田家家臣）を派遣して籍を救出しようとし、救出の報を得てから出陣しようとしていたところ、それが成功する前に再出陣の命が下ったため、やむなく病気と偽って再出陣を拒否したという。ことの真否はわからないが、九月五日付で、利長が江戸の村井長頼宛に送った書状（「尊経閣所蔵文書」）には、

孫四郎（前田利政）おんな（女）とも、上方にい（居）申すについて、孫四郎色々の申し分候てのとい（能登居）申し、人じゅ（人数）をだし候まじきよし申し候間、此の中もしゅえことわり（断り）申し候、なかばにさかいめ（境目）へやがても出で度《たく》候所に、かやうの事にてはかゆかす候事、てんどう（天道）つき

利政を見限った利長

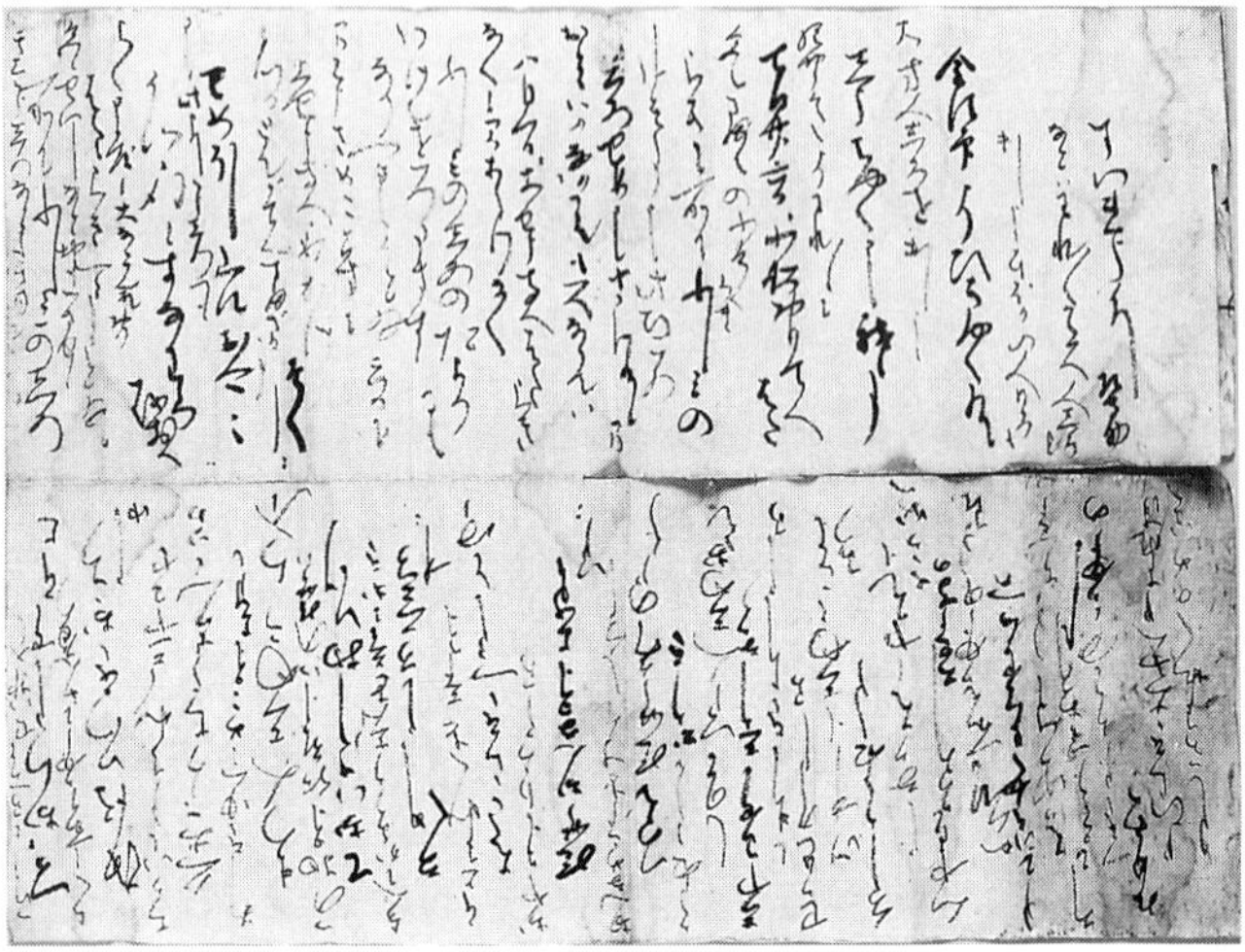

（慶長５年）９月５日付 村井長頼宛前田利長書状
（公益財団法人 前田育徳会尊経閣文庫所蔵）

申すかと存じ候、かやうの申しひらき、大ふ（内府）へ申されす候事に候間、われ〳〵のめいわく（迷惑）すいれう（推量）候べく候、

と、利政が妻女の安否を気遣い再出陣できないため、九月半ばには加越国境まで進軍するつもりが狂い、家康に申し開きができないこと、利政が人質となった母を慮《おもんぱか》るよりも妻女を優先し、出陣を拒否したこと、天に見放されたと感じたことを口説いている。ここまで感情を吐露した書状も珍しいが、利長の性格の一面を物語って興味深い。

以上のように見れば、利政は石田方に与《くみ》したわけではなく、妻女の救出が滞りなく果たされれば再出陣したであろうと見られる。「天寛日記《てんかんにっき》」（『加賀藩史料』第一編）によれば、利長の怒りは尋常ではなく、関ヶ原合戦後、家康と諸将が大坂城に集結した際に利長は、利政が石田方に通じたと訴えたという。おそらく利長のこの腹いせともいえる言葉が、利政の評価を混乱させることにつながったと見られる。

利政を見限った利長は、再出陣に向けて準備を進めた。その一つは、丹羽長重との和議である。先の長重の家康に対する和議申請に基づき、九月七日付の書状が小松の家老江口三郎右衛門から金沢の岡島一吉《おかじまかずよし》に送られ、岡島は八日付で、九日に石川郡水島《みずしま》の南に使者二名で赴くことを申し入れた（以下「丹羽家文書」による）。十日に小松方から返書が到来し、最終的には、十一日に水島の南端で会見することになった。この十一日が利長の再出陣であった。

丹羽長重との起請文取り交わし

先に見たように、徳川家康から丹羽長重、土方雄久に和議の指示が出されたのは、九月十三日のことであったから、前田利長のもとにはそれよりやや前に指示が出され、利長によって具体化されていたことがわかる。この和議は、九月十八日の起請文取り交わしによって実現した（「丹羽家文書」）。

敬白天罰起請文前書の事

一、今度申し合わす上は、内府公御前の儀、親疎無く馳走申すべき事、付けたり、
手前に於いて表裏別心抜け公事《くじ》これ有る間敷《まじ》く候事

一、何様の出入《でいり》これ有る共、互いに見放ち申す間敷く候事

一、弟猿（前田利常）を遣し候上は、万事残らず心底孫四郎（前田利政）同前に存ずべく候事

一、自然中絶中意これ有るに於いては、直談を以て申し済ますべく候事

一、此の跡互いの出入の儀、打ち捨て前に出で間敷く候事

右の趣もし偽り申す儀これ有るに於いては、忝《かたじけな》くも日本国大小神祇《だいしょうのじんぎ》、殊には愛宕大権現《あたごだいごんげん》・正八幡大菩薩《しょうはちまんだいぼさつ》・富士大権現《ふじだいごんげん》・白山妙理権現《はくさんみょうりごんげん》・熊野三所権現《くまのさんしょごんげん》・北野天満天神《きたのてんまんてんじん》・山王七社権現《さんのうしちしゃごんげん》・加茂下上大明神《かもしもかみだいみょうじん》・祇園稲荷大明神《ぎおんいなりだいみょうじん》・多賀大明神《たがだいみょうじん》・伊豆筥根大明神《いずはこねだいみょうじん》・鹿島大明神《かしまだいみょうじん》、別而《べっして》氏神の御罰罷《まか》り蒙《こうむ》り、此の世は白癩《びゃくらい》・黒癩《こくらい》の重病を受け、末世に於いては阿鼻无間《あびむげん》に堕ち、浮ぶ期《ご》有るべからざるもの也、仍《よっ》て起請文件《くだん》の如し

羽柴肥前守

慶長五年九月十八日　利長（花押・血判）

羽柴加賀守殿

異母弟利常を事実上の嫡男に

この起請文では、家康の前で表裏別心がないこと、どのような出入（紛争）があっても互いを見放さないこと、利長は弟猿（利常）を人質に出し、孫四郎利政と同等の価値ある存在であるとしたこと、などを約した。丹羽長重の起請文では、長重は娘を利常の夫人として指し出すとした（「丹羽家文書」）。この利長起請文の内容からわかるように、利長は、人質として利政を出すことをやめ、代わりに異母弟利常を出すこととし、利常を前田氏の事実上の嫡男につけたことが確認できる。

長連龍への恩賞

今一つの準備は、利政の指揮下に入っている軍勢の掌握である。その要となるのは、長連龍《ちょうつらたつ》であった。長連龍は、金沢へ帰陣する際の殿《しんがり》を務め、先の浅井畷の戦いで多くの将士を失っていたことから、利長は八月十七日付で、連龍に加賀石川・河北二郡中に一〇〇〇〇石を与えた（「長家文書」）。長連龍の鹿島半郡《かしまはんごおり》知行は、織田信長《おだのぶなが》から与えられたものであり、このときの知行宛行状《ちぎょうあてがいじょう》に「加増」の語は含まれないが、実質は浅井畷での活躍に対する恩賞の加増であった。このことは、格別、能登の軍勢の掌握のためというわけではないが、九月九日付の利長の起請文（「長家文書」）は、明らかに、利政不参の欠を埋めるための工作と見てよい。

敬白天罰起請文前書之事

一、十左衛門尉（長好連）身上の事、其の方同前に行《てだ》て候迄、疎略有る間敷く候事
一、十左衛門尉此の方へ奉公の事并《ならび》びに以後能州《のうしゅう》にて知行分の事、孫四郎（前田利政）手前異儀無き様に理《ことわ》り申すべき事
一、其の方父子手前の義に付て、若し中説これ有るに於いては、穿鑿《せんさく》を遂げ、有り様の筋目《すじめ》相究わむべきの事
右之趣、若し少しも偽る儀これ有るに於いては、忝《かたじけな》くも正八幡大菩薩、春日大明神、山王七権現、北野天満天神、熱田大明神《あつただいみょうじん》、多賀大明神、熊野三所権現、富士大権現、白山妙理権現、総じて日本国大小神祇、殊には愛宕大権現の御罰罷り蒙るべきもの也、仍て起請文件の如し

羽柴肥前

慶長五年九月九日　利長（花押・血判）

長九郎左衛門尉（長連龍）殿

長連龍への誓約

この起請文で、利長は長連龍に何を誓約したのか。最初に、嫡男長十左衛門好連《よしつら》の身上を連龍同様に疎略にはしないこと、好連との主従の関係および能登鹿島半郡の知行については、能登国主利政に異儀のないように納得させること、長連龍・好連父子に対し

て中傷するものがいれば糺明すること、この三ヵ条であった。このなかで、特に第二条がこのときの情勢に深くかかわる。

利政の指揮下にある長連龍が、利政から離れて独自の動きをするとすれば、利政がその報復として鹿島半郡の長の知行地を接収する可能性があったからである。利長はそうならないように利政を説得すると誓約することで、長を利長方に動員しようとしたのである。利長の再出陣直前に出されていることが、何よりもそれを能弁に物語っている。

長連龍父子の再出陣

この結果、利長の再出陣にやや遅れて、長連龍父子が能登の軍勢を率いて再出陣した。その様子を「山口記」は次のように記している。

渺々《びょうびょう》たる平砂に数千人の備旌旗《そなえせいき》を秋風にひるかへし、軍伍の勢ひ尤盛《もっともさかん》なり、時に加州宮腰《みやのこし》・大野の国民驚騒ひていわく、已《すで》に利長公御出馬なり、察《さっし》おもふに、是ハ能登守利政公、石田三成に組して羽柴長重（丹羽長重）に相通して当軍を挟討《はさみうた》ん為《ため》なるへし、又当城を責（攻）めんためかとて軍備をさため、既に金沢を発し、さゝへとゝめんとて人数を進て宮腰に馳向んとす、然《しか》る所に、能州の先陣富田下総使を金沢にはせて告て曰、利政公自病軍士数千を利長公に属せしめんため、宮腰に軍をすゝむるよしを申、奥村永福《ながとみ》・青山吉次是を聞悦て兵を収て城を守る、内灘《うちなだ》砂丘《さきゅう》の上を旗を翻《ひるがえ》して進む軍勢を見て、金沢城では、利政が石田方に与《くみ》して利長軍を挟み討ちにすべく出陣したと解釈し、奥村永福・青山吉次が宮腰に軍勢を発したところ、能登軍の富田下総が使者を派遣し、利長軍に合流する進軍であることを告げたことにより、奥村らは軍を引いたという。

越前へ進軍

利長軍は、水島で丹羽方との和議を協議していたため、長連龍率いる能登軍は、このちすぐ利長軍に合流したであろう。こうして利長軍は、再び前田氏の全軍を一体にまとめ、丹羽長重を先陣に越前へ進軍した。九月十八日付高畠定吉《たかばたけさだよし》宛書状には、大聖寺から越前を一気に過ぎ、近江木ノ本《きのもと》（滋賀県長浜市）にまで進軍する考えを伝えている（「高畠家文書」）。越前では、すでに関ヶ原の戦いの勝敗が決していたことから、北庄の青木一矩をはじめとする諸将は、抵抗することなく利長軍を通した（「漸得雑記《ぜんとくざつき》」）。

七　家康の論功行賞と北陸の政治地図

家康との対面

利長は九月二十二日、北近江海津《かいづ》から舟で大津に行き、同地で家康に対面した（「象賢紀略」）。捕らえられていた石田三成、小西行長《こにしゆきなが》、安国寺恵瓊《あんこくじえけい》とも対面した。このとき、丹羽長重は、家康の意思に逆らった廉《かど》で、家康との対面が許されなかった。家康から成敗を申し付けられたが、嫡男秀忠が命乞いをし、一命を助けられた。長重はその後、密かに大徳寺《だいとくじ》へ行き、鳥羽《とば》辺に蟄居した（「丹羽家御年譜」）。この九月二十二日付で、家康から利長宛に書状が出された（「秋田家文書」）。

御書中の通りその意を得候、先書に申し入れ候如く、悉《ことごと》く討ち果たし一篇に申し付け候間、御満足なさるべしと推量せしめ候、大坂も一両日中に相済み申すべく候、則ち乗り懸け攻め崩すべく候と雖《いえど》も、秀頼様御座所にて候間、遠慮致し候、恐々謹言

九月廿二日　　家（徳川）康（花押）

加賀中納言（前田利長）殿

この書状は、大津での対面後に書かれたものであろうか。大坂城に対する措置について方針を示したものであるが、石田方の総帥毛利輝元がいる大坂城を、一挙に攻め崩す可能性を示唆しながら、秀頼御座所であることから遠慮するとして、秀頼の存在を尊重することで、家康の行動の正当性を示すとともに、利長に家康の軍事力の強大さを示し、戦後の権力の帰趨に関し、利長を牽制する狙いがあったものと見られる。

石田三成らの処刑

九月二十七日、毛利輝元は大坂城から退去し、十月一日、石田三成、小西行長、安国寺恵瓊が、京都六条河原で処刑された。

戦勝に貢献した諸将に対する論功行賞が行なわれ、逆に毛利輝元は周防国と長門国(現山口県)、すなわち防長二ヵ国三六万石のみとなり、上杉景勝は会津から米沢に移封され、三〇万石と大幅に減封された。

加越能一二〇万石の大名になる

利長は先に見たような事情により、関ヶ原には不参であったが、北陸において抵抗勢力を攻略する戦いに貢献し、山口宗永の大聖寺、丹羽長重の能美郡と松任四万石を伐り取りで与えられ、利長の出陣命令に背いた利政の能登国も没収されて利長に与えられた(「天寛日記」)。これにより利長は、加賀・能登・越中三ヵ国一二〇万石を一円的に領する大大名にのし上がったのである。

越前には、家康の次男結城秀康《ゆうきひでやす》が入り、越後は引き続き堀秀治が領したことから、北陸では、越前に結城秀康、加賀・能登・越中に前田利長、越後に堀秀治という新たな領有関係が生まれた。北陸の政治地図は大きく改まったといえよう。

芳春院の帰還は叶わず

利長にとっては、こうした恩賞もさることながら、江戸にいる母芳春院の帰還が強く待望されたが、その音沙汰はなかった。十一月十日付で江戸の村井長頼に宛てた書状で、

関ヶ原合戦における利長の二つの苦渋

利長は、加賀南二郡を「ほねおり分」として給されたことを述べ、また弟猿（犬千代、利常）に秀忠の次女子々姫《ねねひめ》を賜ったことに対して、長頼に礼物を「御うへ様《徳川家康》」へ進上するよう指示した。それに続けて「かうしつ殿《後室、芳春院》とうねん中《当年中》御下り候やうにと存じ候へ共、いまだ其のさた《沙汰》これなく、めいわく《迷惑》申し候」と述べ（「瑞龍公親翰」）、母芳春院の金沢帰還の期待を裏切られているさまを嘆いている。そもそも利長が家康方の大名として旗幟《きし》を鮮明にした端緒は、家康暗殺計画の首謀者容疑を晴らすために、母を江戸に人質に出したことにあった。その意味では、利長にとって石田三成との戦いは、母親奪回のための戦いであったといってもよいのである。

「当代記」によれば、慶長五年（一六〇〇）九月、関ヶ原の合戦後、家康嫡男秀忠の次女子々姫（のち嫁して珠姫《たまひめ》）を、利長の嫡男利常（このころ犬千代）に娶《めあわ》すことに決定した。「象賢紀略」には、大坂で決まり、榊原康政《さかきばらやすまさ》が使者となって伝えられたとする。利長は、このこと自体は喜んだが、芳春院が返されない現実に直面すれば、この婚姻が、芳春院との人質交換の意味をもっていたことを考えずにはいられないのである。

事実、芳春院は、慶長十九年五月二十日に利長が亡くなるまで、金沢に返されることはなかった。利長の占める政治的位置の重要性を考えれば、徳川氏が芳春院を返そうとしなかったことは、この時期の政治情勢においては自然のことであった。これは、利長が味わった第二の苦渋であったといえよう。第一の苦渋は、越前細呂木での兵の引き返しである。利長自身は、このことを苦渋を味わった事件としてはいないが、九月五日付の村井長頼宛書状に、細呂木での兵の引き返しの実態についてまったく触れていないのは、触れたくない事実であったからであると見るべきであろう。関ヶ原の戦いに結果的に不参となった一つの要因が、ここにあったからこそ触れたくなかったのである。

実弟利政の改易

関ヶ原合戦の二度目の出陣に応じず改易《かいえき》された利政は、京都に隠棲《いんせい》し、宗悦《そうえつ》と号した。本阿弥光悦《ほんあみこうえつ》と親交がある風流人であったが、寛永十年（一六三三）、五十六歳で亡くなった。

利長は合戦後、徳川氏覇権のもとで最大の知行高をもつ大名になったが、そのために支払った代償もまた大きかったのである。

第八　利長の戦後政策

一　子々姫の輿入れ

嫡男利常の婚姻

利長は、大津で徳川家康《とくがわいえやす》に会見したあと、大坂に向かう途上、九月二十六日付で当時能登支配にあたっていた三輪吉宗《みわよしむね》に、能登の塩と炭を宮腰《みやのこし》まで届けたことに礼を述べ、そののち関ヶ原の戦いが終結したことを報じて「天下太平か様《よう》の目出《めで》度事無之《たきことこれなく》候《そうろう》」と述べている（「三輪家伝書」）。この段階では、家康方の勝利により、利長も戦勝大名として、母芳春院《ほうしゅんいん》の金沢帰還を実現できるという期待感が強かった段階であり、その思いが率直に語られた言葉であったと見てよいであろう。結果的に芳春院は返されなかったが、その代わりに嫡男利常《としつね》に子々姫《ねねひめ》が輿入れすることになった。利長にとっては、これもまた「天下太平」の具体的表現であったにちがいない。

秀忠の娘は三歳で輿入れ

子々姫の金沢輿入れは、慶長《けいちょう》六年（一六〇一）九月のことであった。子々姫は、徳川秀忠《ひでただ》とその夫人江《ごう》の次女で、長女は豊臣秀頼《ひでより》の夫人千《せん》、弟竹千代《たけちよ》はのちに三代将軍家光《いえみつ》になる。子々姫はこのときまだ三歳の童女であった。江戸を何日に発したかはわからないが、金沢に輿入れしたのは九月晦日のことであった。

随伴者への下賜

榊原忠次《さかきばらただつぐ》によって編纂された幕府創業史である「御当家紀年録」には、このときの徳川方の使者は、大久保忠隣《おおくぼただちか》、青山忠成《あおやまただなり》、安藤重信《あんどうしげのぶ》、鵜殿兵庫助《うどのひようごのすけ》、伊丹喜之助《いたみきのすけ》、医師久志本左馬助《くしもとさまのすけ》で、加越国境の越前金津《かなづ》まで随伴し、同地で前田方の前田長種《ながたね》が輿を受け取り、長連龍《ちようつらたつ》が貝桶を受け取ったとある。利長は手取川《てどりがわ》まで出迎え、きらびやかに着飾った村井長明《むらいながあき》（長次、長頼《ながより》の長男）など二〇名の小姓《こしよう》がこれに随伴した（「象賢紀略《しようけんきりやく》」）。

そして、加越国境まで子々姫を送ってきた家臣たちに対しては、大久保忠隣に金子《きんす》五〇枚と小袖《こそで》二〇、刀・脇指《わきざし》、青山忠成には金子三〇枚と小袖一〇、刀・脇指、鵜殿兵庫助と青山善左衛門《あおやまぜんざえもん》に金子二〇枚に小袖五、刀がそれぞれ与えられた（「象賢紀略」）。いうまでもなく、金子は大判金《おおばんきん》であるから、利長はここで大判金一二〇枚以上の支出をしたことになる。「太平」の証である子々姫への思いと、徳川家への気遣いが現れた金額であったといえよう。

子々姫を迎えた利常は、このときまだ九歳の少年で、丹羽長重《にわながしげ》への人質になって以来、小松城にあり、慶長十年（一六〇五）に利長から家督を継承するまでは、小松城で前田長種夫妻（長種の妻幸《こう》は利常の異母姉）によって養育されていた。

二　利長の江戸出府

江戸出府

慶長《けいちょう》七年（一六〇二）正月八日、利長は、利常と子々姫の婚儀の挨拶のために、江戸へ赴いた。当初、村井長明もお供する予定であったが、父長頼が江戸にいることでもあり、長明は地ならしのため七日に先発した。長明の旅程はなかなか厳しいものであった。途中越後で猛吹雪に遭い、乗り物も難しく、春日山《かすがやま》からそりで信濃牟礼《むれ》宿まで行き、正月十五日に江戸に着いたという。相当の強行軍であった。村井長明は芳春院に挨拶したあと、徳川秀忠に拝謁した。秀忠の配慮で、利長の宿は、榊原康政《やすまさ》邸と決まった。

正月二十六日に江戸に着いた利長は、榊原康政邸に入った。冬の越後路は、雪深く、おそらく利長の旅程も、長明同様に厳しいものであったにちがいない。それを押しての東下であった。利長は翌二十七日に登城した。子々姫の義父として迎えられた利長は、秀忠の計らいにより、「御ふるまい、御さかもり（酒盛）、ぜん（膳）尽し美尽し」という饗応を受けた（「象賢紀略」）。家臣たちにも三の膳までのふるまいぶりであった。秀忠から利長に新《あら》実藤四郎《みとうしろう》の脇指《わきざし》が贈られ、利長からは、秀忠に金子一〇〇枚、御前様（江）に金子二〇〇枚、そのほか多くのものが献じられた。

芳春院と面会しなかった利長

この江戸行きのとき、かつて利長が芳春院と再会したかのように記したことがあったが、間違いのようである。村井長明が芳春院に挨拶したのであって、利長が芳春院に会ったとする史料は、今のところ見えない。子々姫輿入れの御礼のための東下であり、人質として抑留されている芳春院に会わせてほしいともいえなかったであろう。

利長を無視する家康

ともかく、「象賢紀略」は、このときのことは慶事としてのみ描いているが、「当代記」の記述は、やや趣を異にしている。それによれば、利長が江戸に逗留中、面謁を希望するであろうと見ていた家康は、上方衆の関東下向は無用とし、前もって報じられていた利長の江戸下向を無視して、伏見に赴いた。家康にとっては、この時点では、大坂城の豊臣秀頼を差し置いて、江戸が政治の中心のように現れることを懸念したためであろう。

一方、利長は、秀忠への礼もさることながら、芳春院の生殺与奪の権をにぎる家康にこそ面謁したかったのではないか。雪の越後路を押して東下しながら家康によってその素志をはぐらかされ、大いに体面を失したのであり、ここでもまた、利長は苦渋をなめさせられたのである。しかし、利長はそれに反発することなく、徳川氏の覇権のもと、ひたすらその苦渋に耐えて家の存続に努めたのである。それを示すように、利長は、秀忠への礼儀を一通り終えたのち、すぐに伏見へと旅だった。

伏見で家康に面謁

伏見では、家康にようやく面謁が叶い、金子一〇〇枚とそのほか種々のものを献じたが、のちに家康は斎藤《さいとう》刑部《ぎょうぶ》（宗忠《むねただ》カ）を呼び、一〇枚だけを取り、残りはすべて利長に返した（「象賢紀略」）。結局、利長の懸案であった芳春院帰還の話は出ずに終わったようである。

秀頼に拝謁

利長は、家康への面謁を終えると、その足で大坂に赴き、秀頼に拝謁した。その様子については史料がないため、具体的なことはわからない。さらに加賀に下向する途中、慶長六年（一六〇一）から越前国主となった結城秀康《ゆうきひでやす》を訪ねた。秀康は子々姫の伯父であり、また秀康が病にかかっていると知っていたからである。このように見るならば、このたびの江戸行きに始まる一連の旅は、徳川の世が到来したことに対する利長の対応と、その政治的位置の確保に重点が置かれていたものであったといえよう。

三　利長の豊国神社参詣

豊国神社に参詣

「舜旧記《しゅんきゅうき》」によれば、利長は慶長六年（一六〇一）八月十七日の早朝、豊国神社《とよくにじんじゃ》に参詣した。翌日が豊国神社の年二回の例祭日にあたることから、その前日の早朝に参詣したものであろう。利長は銭三〇貫文を奉納した。その次に神事湯立《ゆだ》てが大原上野弟の手によって執行され、さらにその次に、「政所《まんどころ》」が「御社参」したという。この場合「政所」とは誰を指すのか。

政所といえば、通常、秀吉夫人北政所《きたのまんどころ》（ねね）を指すと見られるが、利長と同日に北政所が豊国神社に参詣するとは考えにくい。ただ、十七日が豊国神社の例祭日前日にあたることから、参詣がないとは必ずしもいえない。しかし、それが予定されているならば、北政所の参詣を待たずに、先に参詣することも不自然である。一方で、貴人の正夫人を「政所」と呼ぶことが日記などではよく見られることであることから、ここでは、「政所」は利長夫人永姫《えいひめ》（利長の死後玉泉院《ぎょくせんいん》）を指したのではないか。永姫の行動の軌跡についてはほとんどわかっておらず、たんなる推測にすぎないが、ようやく訪れた社会の相対的安定状態の中で、永姫が利長とともに京都に赴き、豊国神社に参詣することがなかったとはいえないのである。その「政所」は、金子一枚を奉納した。

では、利長夫妻のこの参詣の事実にどのような意味があったのか。これを合理的に説明するのは難しいことであるが、本能寺の変以後、賤ヶ岳の戦いのとき、利長が父利家とともに滅ぼされてもおかしくない状況下で命を助けられ、その後、秀吉政権のもとで立身し、前田氏領国を維持してきたことからすれば、秀吉に対する恩義は格別なものであったであろう。とすれば、このときの参詣は、天下分け目の戦乱が終わり、前田氏一族と領国の維持・発展の道が固まったときを見計らった参詣であり、利長夫妻の秀吉に対する感謝の念が籠もった参詣と見てよいのではないか。

豊国神社神門（京都市）

真の主君は秀吉と秀頼

こうしたことから、利長は、政治的には徳川氏に従っているが、臣従したわけではないとの見方も出てくるのである（高澤裕一「前田利長の進退」）。母芳春院を人質として抑留され、主従の関係を強要されており、従わざるをえない状況に置かれていたが、利長が真に主君と考えていたのは、やはり豊臣秀吉であり、その遺児秀頼であったと思われる。

四　太田長知誅殺

なぜ太田長知を誅殺したのか

慶長七年（一六〇二）五月四日、利長は横山長知《よこやまながちか》に命じて、重臣太田長知《おおたながとも》を金沢城内で誅殺《ちゅうさつ》した。この事件は即座に各所に伝わったらしく、二十日付で堀秀治《ほりひではる》から横山長知宛に慰問の書状が届き、二十二日付で溝口秀勝《みぞぐちひでかつ》から利長宛に見舞状が届いた（「漸得雑記」）。

　この太田長知は芳春院の姉の子、すなわち利長の従兄にあたる人物で、天正《てんしょう》十五年（一五八七）の豊前岩石城《がんじやくじょう》の戦い、天正十八年の八王子城の戦い、慶長五年の大聖寺城《だいしょうじじょう》の戦い、浅井畷《あさいなわて》の戦いで活躍し、合戦後は知行一万五〇〇〇石を受け、さらに城領として五〇〇〇石を加え、二万石を知行して、大聖寺城主を担っていた。

　特に浅井畷の戦いでは、長連龍《ちょうつらたつ》・好連《よしつら》父子の軍が殿《しんがり》（最後尾の守り）を務めて丹羽方の攻撃を受け、苦境に立たされたところを救援し、功を成している。前田家の功労者の一人であった。この長知がなぜ誅殺されなければならなかったのか。

横山長知に太田長知誅殺の命が下ったのは、事件発生の一〇日ほど前だったという。同様に、山崎長鏡《やまさきながあきら》にも命が下っていたが、当日遅参したため、長鏡は功を挙げることができず、こののち山崎氏と横山氏は不通になったという。

拡大する「太田党」

「象賢紀略」には、この時期、前田家中《かちゅう》には太田党とも呼ぶべき一団がおり、中川光重《なかがわみつしげ》、篠原一孝《しのはらかずたか》、村井長明、奥村栄明《おくむらながあきら》、神尾之直《かみおゆきなお》、三輪長好《みわながよし》、富田直吉《とみたなおよし》、上坂又兵衛《うえさかまたべえ》、岡島一吉《おかじまかずよし》、松平康定《まつだいらやすさだ》、小塚権太夫《こづかごんだゆう》が主要な家臣たちで、このほかに三〇〇〇～五〇〇〇石の家臣が七、八人いたという。相当大きい勢力であったというべきであろう。一方、横山長知と昵懇《じっこん》の家臣として、長連龍、高山右近《たかやまうこん》、富田重家《とみたしげいえ》、山崎長鏡、浅井左馬助《あざいさまのすけ》、奥野与兵衛《おくのよへえ》、高畠定吉《たかばたけさだよし》、不破光昌《ふわみつまさ》、青山吉次《あおやまよしつぐ》、小幡駿河《おばたするが》などで、このほかに七、八人の昵懇がいたという。

太田と横山には、利長の進運に関して考え方に大きな開きがあったようである。慶長四年（一五九九）九月、家康が大坂城西の丸に入ったとき、利長が太田と横山を呼び、どのように対応すべきか協議した際、太田は軍勢を率いて上洛し、秀頼傅役《もりやく》の責を果たすべきであるとし、このようにすれば上方の大名の多くが味方するだろうとして対家康主戦

徳川への主戦論者太田長知

論を唱えたのに対し、横山はそれに反対して慎重論を唱えた。利長は横山の意見を入れ、事態を静観したのである。

こうした徳川との主戦論を唱える太田長知は、利長の手にあまる存在であったと考えられる。この太田は、先述したように武勇に秀でており、しかも芳春院の甥であって、それが大きな勢力をもっていたとあっては、利長の心中は穏やかでなかったと思われる。慶長七年四月十四日付で太田が近江高島郡今津《いまづ》甚六《じんろく》に宛てた書状では、芳春院の化粧料になっていた今津《いまづ》弘川《ひろかわ》領の年貢について催促している。それが芳春院の依頼であることは、「後室様より切々仰せ下され候」とあることから明らかであり、江戸にいる芳春院が領国において頼るべき存在の一人であったようである。

こうした状況の中で、江戸で家康に面謁をはぐらかされ、伏見でも金子一〇〇枚のうちの九〇枚を返され、体面を大きく損ねた利長は、家康への警戒心を高めたものであろう。親豊臣の太田が、前田家中の中で大きな影響力をもつことは、力を強めつつある徳川氏の支配下において、非常に危険な傾向であったにちがいないのである。伏見から帰還後、ほどなく横山に誅殺させたのは、このような流れから理解できるのではないか。

ただこのとき、何人かの家中や女中が処罰されていることからすると、利長は何らかの切っ掛けが生じるのを待っていたのではないか。すなわち、新座与力衆《しんざよりきしゅう》が扶持を放たれたといわれ、また「御手かけ衆」のおいまをはじめ、中使い五人の目が抜かれたとあり、新座与力は太田のもとに置かれた与力と見られる。また、「御手かけ」は利長が抱えていた女性たちであろうから、女性問題があったとも見られ、そこに直接的な契機があったと見てよいのではないか。

五　江戸幕府の成立と利長の隠居

家康への将軍宣下

慶長八年（一六〇三）二月、利長・利常父子は、伏見で徳川家康・秀忠に拝謁した。家康の将軍宣下《せんげ》を賀するためである。安積澹泊《あさかたんぱく》の「烈祖成績《れつそせいせき》」は、このとき、利常が黄金三〇〇枚、加賀絹三〇〇端、衣服五〇領を、利長が黄金五〇〇枚、加賀絹五〇〇端、衣服二〇〇領を献じ、家康・秀忠から太刀《たち》を下賜されたとするが、にわかには信じがたい金額である。

二年後の秀忠将軍宣下のときには、利常が前の将軍家康に金三〇枚と加賀羽二重《はぶたえ》三〇〇端・小袖五〇、新将軍秀忠に金五〇枚、加賀羽二重五〇〇端、小袖一〇〇を献じ、利長も新将軍に金三〇枚、加賀羽二重三〇〇端を献じたとあり（『当代記』）、いかに家康の将軍宣下であるからといっても、黄金三〇〇枚・五〇〇〇枚は大きすぎる金額である。手厚く献上行為を行ったことにちがいはないが、これは三〇枚・五〇枚の誤記であろう。

秀忠に婿利常を披露

利長が、家康将軍宣下の賀儀に、嫡男利常を伴ったのにはどのような意味があったのか。それは、関ヶ原の戦いののち、秀忠の次女を利常の夫人に迎えながら、まだ秀忠に婿利常を披露する機会がなく、このときを初めての機会として同行させたものであろう。

江戸普請

家康は将軍宣下を受けた翌三月、江戸を将軍の覇府にふさわしいものへと大改造する普請に取りかかった。神田山《かんだやま》を掘り崩して豊島《としま》の洲を埋め立てさせ、町場の造成を進めた（藤井譲治『江戸開幕』）。慶長九年（一六〇四）八月からは、江戸城普請の準備が開始され、石材の調達や、石垣普請が進められ、利長も参加した。本格的な城普請は慶長十一年からのことであった。

こうした江戸の大改造、将軍の政治的拠点の整備に並行して、徳川氏の世襲的権力継承が進められた。大坂城では、秀吉の遺子秀頼とその母淀殿《よどどの》は、秀頼成人の暁には関白に叙任され、天下人として豊臣政権を継承することに大きな期待をかけていた。秀頼は慶長八年四月、家康に次ぐ正二位内大臣に叙任されていた。しかし、関白に関しては、慶長八年十二月、摂関家の九条《くじょう》兼孝《かねたか》が叙任されており、豊臣氏が関白に就任するという先例は二代で絶えた（池上裕子『豊臣政権と江戸幕府』）。

このことに関して、利長がどのように考えたのかはわからないが、慶長十六年五月、利常に与えた遺誡《ゆいかい》の中に、「胸臆《きょうおく》を蔵《ぞう》し」という表現があり、自分の心中を胸にしまっておくように諭したところから見れば、秀頼が次の天下人になる可能性を打ち消す措置には、複雑な思いがあったと見られる。

秀忠への将軍宣下

家康の将軍宣下からおよそ二年後の慶長十年三月、徳川秀忠は将軍宣下を受けるために、東国の諸大名を率いて上洛し、伏見城に入った。これに併せて利長も四月上旬、嫡男利常を伴って伏見にいたり、家康・秀忠に謁見した（「当代記」）。このとき、利長はすでに隠居の意思を固めており（「加藩国初遺文《かはんこくしょいぶん》」）、利常の同伴は、前田家の新当主披露という意味があった。

嫡男利常の元服と叙任

この謁見のあと、四月八日、利常は元服し、従四位下侍従《じじゅう》に任ぜられ、筑前守《ちくぜんのかみ》を兼任し、松平姓を賜った。筑前守は、秀吉の越中平定のとき、父利家が下賜された受領《ずりょう》名《めい》で、前田家にとっては意味の深いものであった。この叙任のあと利長は、利常を残して帰国した。このとき利常は十三歳で、並み居る大名たちの中で、心細い思いをしたことであろうが、いずれは訪れる将軍家や諸大名との社交を、早期に経験させようとする利長の深慮があったものと思われる。

利長はこのとき四十四歳とまだ若かったが、隠居を決意した要因は何だろうか。これを明確に語る史料は見えないが、やはり家康の将軍職退任、秀忠の将軍職就任が大きかったと思われる。家康は、年齢こそちがうが、豊臣政権で大老職を務めた人であり、利長も家康と同時代の人間という意識があったと思われる。また、二代将軍秀忠は、嫡男利常の岳父であり、前田家を維持するうえでは、利常を当主に据えるのが得策と考えられたのであろう。

利長は、富山城を新たな居城と定め、三月二十九日付で、堀田《ほった》平右衛門《へいえもん》・宮川与左衛門《みやがわよざえもん》に命じて富山城の縄張りを作成させた。現在富山市の西部を流れる神通川《じんづうがわ》は、近世初期には現在の松川《まつかわ》が河道であり、その神通川の南の地域に壮大な城を築いたのである。

この利長の隠居後の政治のあり方については、あらためて見ることにして、先に隠居前の加越能三ヵ国統治の内容について見ておこう。

第九　領国統治と家臣団

一　新領地への政策

天秤職の任命

利長は、新たに獲得ないし掌握した加賀南二郡と能登一国に対し、即座に統治政策を実施した。その第一が、慶長《けいちょう》五年（一六〇〇）十一月五日、新領地である能美郡《のみぐん》における天《てん》秤職《びんしき》を、丹羽《にわ》時代と同じように小松大文字屋《こまつだいもんじや》に任命したことである。天秤職は両替業務などを扱うもので、金・銀・銭三貨の流通を基礎とする近世貨幣流通の最も基礎的な業務であり、公正さを求められる職であった。その際「前々の如く」とあることは重要で、利長は、貨幣流通において従来の業者を採用することで、無用な混乱を避けようとしたものと見られる。

これが前領主丹羽長重《ながしげ》の諸政策を踏襲する姿勢の表れと見ることができるかは、なお検討の余地があるが、少なくとも天秤職においてはそのように見てよいであろう。

寺社領安堵

次に見られるのが、慶長五年十二月十日の能登羽咋郡《はくいぐん》気多神社《けたじんじゃ》の社領二〇〇石の安堵《あんど》である。これは、利家《としいえ》が寄進していた社領に対する安堵で、これまでは、能登国は利家から利政《としまさ》が継承し統治していたことから、利長が直接手を下すことのない地域であった。「利家印判の如く」とあるところから、利政は寺社に対する手当を何もしていなかった可能性がある。その意味で、利長が能登の領民を掌握するうえで重要な意味をもった社領安堵であったと考えられる。

前田利好に能登国の統治権を付与

利長は能登監国の体制として、利家から能登一国を預けられ、文禄《ぶんろく》三年（一五九四）に亡くなった前田五郎兵衛安勝《やすかつ》の息利好《としよし》を、七尾城《ななおじょう》に入れて能登一国の統治権を付与した（『新修七尾市史』通史編Ⅱ近世　第一章第三節一「利好の能登監国」）。しかし、寺社の保護は守護の権限に属することであり、利長が指示して社領安堵が行われたのである。

翌慶長六年五月には、羽咋郡妙成寺《みょうじょうじ》（日蓮宗）に「利家公墨付之旨」に任せ、寺領一三俵を安堵している。また九月九日、江沼郡《えぬまぐん》敷地《しきち》天神社《てんじんしゃ》に対し、社領として田地二町を寄進しているのも、新領地江沼郡の中心的神社を保護し、地域民衆把握の一助としたものであろう（「旧藩遺文」）。

新田開発

新田開発においても同様であった。新たに前田氏の所領となった能美郡今湊村《いまみなとむら》（現白山市）や橘《たちばな》新村《しんむら》（現能美郡川北町）が、慶長六年正月、新領主利長に対し、手取川《てどりがわ》下流域荒蕪地《こうぶち》の開墾を願い出た。手取川は加賀一の大河であり、その治水は充分に行われていなかったと考えられ、流域には大雨のたびに冠水する荒蕪地が広がっていたものであろう。昭和九年（一九三四）にも大洪水を起こし、下流域一帯が被災していることから見て、この時代には、流水の制御はほとんどできていなかったことであろう。こうした手取川下流域の村々の新田開発願いに対し、利長は新領主としてその願いを認め、二年間は年貢を新田高の三分の一とし、また諸役を免除するという優遇策を示した。

二　法度支配の成立

一九ヵ条の「定」

利長はこうした新領地での政策と並行して、慶長六年五月、一九ヵ条にわたる「定《さだめ》」を交付した。これは、前田利家の代には定められなかった領内統治の体系的な法を打ち立てようとしたものである。第一義的には領内の家中《かちゅう》相互や領主対百姓、百姓相互の争いを抑えることが大きな目的であった。

第一条　喧嘩は両方を成敗する。何人《なんびと》もその場に近づいてはならない。相手を殺害

第二条　してその場を遁《のが》れたものは、親兄弟などが捕らえよ。
第三条　徒党《ととう》を立てたものは、上下によらず処罰する。
第四条　剣術の勝負は一切禁止する。
第五条　狼藉《ろうぜき》人が駆け込んだ場合は、亭主が成敗して差し出せ。見逃したり、抱え置いたりした場合は処罰する。
第六条　往還の旅人が殺害されたならば、近くの村を糺明せよ。
第七条　盗人や悪党を隠し置いてはならない。
第八条　謀書するものは厳罰に処す。
武家と小者《こもの》（奉公人）の争いについては、天下御法度《ごはっと》の通り三度届け出、それでも返さないならば奉行所に訴え出よ。そのとき理非を判断する。もし不当に路頭で捕らえたならば、その小者は現在の主人に属する。先の主人が小者の居場所を知らず、捕らえた場合は、当主人の名前を聞き出し、そこに渡してから訴え出よ。小者が当主人の名前をいわない場合は、小者を奉行所に渡せ。
第九条　在々百姓で申し分の有るものは奉行所に申し出よ。もし個人的に解決しようとした場合は成敗する。
第一〇条　逃散《ちょうさん》（逃亡）した百姓を匿った場合は、宿主を成敗し、村に対して、百姓一軒ごとに米一石を徴収する。
第一一条　百姓が奉公に出る場合は、雇用期間を契約書で明記せよ。契約書がないならば主人に非がある。
第一二条　給人《きゅうにん》や代官が、現在の知行地の百姓を召し使っている場合、知行替のときは、三ヵ年未満の百姓は知行地に残せ。
第一三条　用水が不通になっているときは、誰の知行所であっても、現在の給人に断り、必要な井料を払って、用水路を掘削せよ。
第一四条　相続に際しては、長兄はもちろん、弟や他人が相続する場合は、必ず証文を作成せよ。
第一五条　田畠の境目は、検地の際に定めた境目に従え。山野の境目は、加賀・能登は利家、越中は利長の入国時に定めた境目に従え。
第一六条　訴訟人は、奉行が定めた日限までに出頭しない場合、非分とする。
第一七条　訴訟の判決は、多数決によれ。

第一八条　偽って訴訟を起こしたものを奉行人が贔屓《ひいき》して勝訴させた場合には、奉行人を処罰する。

第一九条　訴訟を起こす場合は、原告・被告とも銭三百疋を持参せよ。勝訴したものには返還する。

以上の一九ヵ条で利長が求めたものは、前田家領内における種々の身分・階層間で考えられる争い事を抑止し、利長の考える支配秩序を打ち立てることであり、そのための基礎的条件を整備することであった。特に、給人・代官の百姓に対する理不尽な要求を抑え、百姓の訴訟権を容認し、百姓の逃散を抑止しようとする意図を明確に示している。

追加九ヵ条

さらに利長は、翌七年三月に追加九ヵ条を定めた。

第一条　他の村に居ついた百姓については、これまでのものについては改めないが、今後は、給人・代官の了解を得て縁辺の契約をせよ。もし勝手に他村に赴いたならば、出した村、受けた村双方とも処罰する。

第二条　加賀国能美郡・江沼郡の走り百姓については、慶長五年の入国以後について百姓相互に改めさせせよ。

第三条　走り百姓を抱え置いた村については、百姓一軒ごとに収穫米の三分の一を走り百姓の給人が収納せよ。三分の二は蔵納めとする。ただし未進が三分の一を過ぎていれば、残る三分の二の中から給人に支給する。

第四条　この法が出る以前に逃散した百姓を召し返すには及ばない。また、一軒ごと収穫米三分の一の徴収も必要ない。

第五条　今後逃散百姓が発覚した場合は、遁れ出た村に預けておき、給人に届けて召し返せ。

第六条　一年限りの奉公人の契約は、奉公に出た月から一二ヵ月の間有効である。ただし、この法が出る以前は、相互の約束に従う。

第七条　侍（上位の武家奉公人）や小者（下位の武家奉公人）、百姓は、佐渡金山へ赴いてはならない。

第八条　一年限りの奉公人の給料は、米一二俵にせよ。ただし春に五俵、暮に七俵とする。

第九条　走り百姓が隠れていた村で結婚した場合、給人の報告によって元の村に帰るときは、妻子をともに召し連れよ。

この追加九ヵ条は、主に走り百姓の規制を目的としており、その抑止のために厳しい罰則規定を設けた。また、先の一九ヵ条にも共通するが、給人と奉公人の関係を契約とし、人格的な支配隷属の関係を否定していることは重要である。また、労働の対価として、一年に米一二俵としているのは、比較的よい待遇であると見られる。このころ、一人扶持は、一日米五合で、これを三六五日分とすると、米一石八斗二升五合に相当するが、米一二俵は、六石に相当し、三人扶持余に相当するからである。さらに、走り百姓が逃亡先で結婚している場合、元の給人のもとに連れ戻すときは妻子も伴うよう指示しているのは、そうしなければ再び逃亡する可能性があったことによるが、一面では、利長の百姓に寄り添った姿勢をも表していると見てよいであろう。

法度支配の始まり

以上の諸規定は、現実的な必要があってのことであり、いたずらに法体系を自己目的的に作ったわけではない。それまでの慣習的な争い事の調停には、依怙贔屓などが横行し、争いの調停が新たな争いの種になることがしばしばあったのであろう。利長はそうした種々の争い事を未然に抑止し，領内の法秩序を打ち立てるための法体系を必要としていたのである。これをもって前田家領の法度支配の始まりとして大過ないであろう。

三　十村制度創始

利長の領国統治において特筆すべきなのは、十村制度《とむらせいど》の創始である。右に見たように、この時期の前田家領では、走り百姓の抑制は焦眉《しょうび》の課題であった。特に百姓の佐渡金山への渡航は、利長の腐心する問題であった。

十村制度の前提

この十村制度には前提がある。父利家は天正《てんしょう》九年（一五八一）、能登に入部した直後に、在地の有力百姓に扶持《ふち》を与え、村々の秩序維持や年貢徴収にあたらせたが（初期扶持《ふち》百姓《びやくしょう》）、利長はそうした有力百姓を再編成し、在地支配の尖兵《せんぺい》としたのである。それは、これら有力百姓にその周辺一〇ヵ村ほどを管轄させ、在地秩序の維持や年貢徴収などにあたらせたのであり、その支配する村数から、彼らに十村《とむら》という職名を与えたのである。各村には肝煎《きもいり》と呼ばれる村役人が置かれていたことから、当初は十村組頭肝煎《とむらぐみかしらきもいり》と呼んだが、のちに簡略化し、たんに十村と呼ぶようになったとするのが、今日の一般的理解である（若林喜三郎『加賀藩農政史の研究』上巻）。

しかし、この十村の濫觴《らんしょう》について語る一次史料は管見には見えず、確かなことをいえないのが現状である。「御定書」や「河合録」は、慶長九年（一六〇四）に本保与次右衛門《ほんぼよじえもん》が能登奥郡に下り、在地の大百姓を十村と呼ぶことにしたとあるが、後年の記録であり、鵜呑みにはできない。慶長期には十村の呼称はまだ見られず、元和《げんな》二年（一六一六）に鹿島郡の文書で十村の呼称が現れる（和嶋俊二『奥能登の研究』）。

十村制度は慶長九年から

こうした諸史料から見て、利長が慶長九年に、奥能登珠洲《すず》・鳳至《ふげし》両郡に何らかの有力百姓の再編成を行ったこと、それらは後年、十村と呼ばれるようになったことは否定しえないところであろう。慶長五年まで、能登国は弟利政《としまさ》の所領であり、利長が直接手を下すことはなかった。しかし、関ヶ原の戦い後、能登を領するに及んで、佐渡へ渡航したり、廻船の水主《かこ》として他国に赴く百姓が多く、諸生産の労働力確保に腐心した利長は、改めて村々の支配秩序を再編するために、天正期（一五七三―九二）以来の有力百姓を再編成し、彼らに農村支配の役を与え、農村秩序の維持と年貢徴収にあたらせたものであろう。

この十村制度は、三代利常《としつね》が隠居後に取り組んだ改作法の施行過程で大組《おおぐみ》化し、十村は加賀藩権力の末端官僚として、加賀藩領国統治に大きな役割を果たすのである。

四　越中惣検地

越中三郡惣検地

一反＝三六〇歩制を採用

慶長十年（一六〇五）、利長は越中砺波《となみ》・射水《いみず》・婦負《ねい》三郡で惣検地《そうけんち》を実施した（木越隆三『織豊期検地と石高の研究』、新川郡は慶長九年実施）。この年、江戸幕府では、徳川家康《とくがわいえやす》が将軍職を嫡男秀忠《ひでただ》に譲るが、そのことは、すでに秀忠が慶長八年四月十六日、右近衛大将《うこのえのたいしょう》に叙任されたときから既定のことであったと見られる。利長は幕府におけるこうした政権の委譲を見据え、時を合わせて隠居する意を固め、その際、隠居先に予定していた越中の石高《こくだか》を詳細に把握することを考えたものと思われる。

利長が実施した越中三郡惣検地の大きな特徴は、慶長十年九月「城端町《じょうはなまち》検地目録」の面積表示に大・半・小制を採用していることから、一反の歩数を三六〇歩としているところである。また、これは前田領の検地に通有のことであるが、畑は「折《おり》」、すなわち田の二分の一の評価で実際の面積の半分を表示するものである。太閤検地《たいこうけんち》の原則は、一間＝六尺三寸（約一九一セン《チ》）で、その平方を一歩、三〇〇歩を一反とするものであった。加賀藩領域でこの原則を適用して行われた検地は、天正二十年（一五九二）、長連龍《ちょうつらたつ》が長家領

石盛は一反あたり一石五斗

鹿島半郡《かしまはんごおり》で実施した検地と、元和二―六年（一六一六―二〇）に利常が加賀・能登で実施した惣検地であり、利長の検地は独自の原則によるものであった。

また石盛《こくもり》は田・屋敷ともに一反当たり一石五斗で、畑は実際の面積の半分に対して一反当たり一石五斗の石盛であった。実際の検地の作業については、まず一筆《いっぴつ》当たりの面積を実測し、それに一石五斗の石盛を乗じた分米《ぶまい》を算出して検地目録を作成し、最終的にはそれを村全体で合算した村高《むらだか》のみを記した検地打渡《うちわたしじょう》状を村に交付するという手順であった（慶長十年十一月「埴生八幡宮神田《はにゅうはちまんぐうしんでん》検地目録」）。

一反＝三六〇歩制を採用した理由は明らかではないが、一反三〇〇歩制と比較すると、土地の把握の仕方が緩やかであり、百姓にとって相対的に有利であることは確かであろう。この点、関ヶ原の戦いの後に前田領となった能美郡で、一反の石盛を、丹羽時代同様に一石七斗としたこととは対照的である。利長は、隠居地と目していた越中での土地把握を緩やかにすることで、その祝儀の態度を示したのではないか。

ただ、新川郡うれ（有峰）村の逃散事件があり、単純ではない。この事件は、うれ村百姓が年貢定納《じょうのう》に行き詰まって一度逃散したあと、慶長十二年（一六〇七）に環住《かんじゅう》を果たしたが、翌慶長十三年の検地で、先高一二〇俵（六〇石）のところを一四二俵を打ち出され、合わせて二六二俵となった。このときの検地奉行は神戸清右衛門《かんべせいえもん》で、神戸は利家の弟秀継《ひでつぐ》、その子利秀《としひで》に仕えた後、利長の側近くに仕えた家臣である。そこから、利長の政策的意思を直接的に受けた検地結果であると見ることもできるが、先の走り百姓抑止の追加九ヵ条の内容からすれば、そうではなく、神戸清右衛門の個別的判断によるものと見ることもできるであろう。環住したばかりの百姓に、倍の高・年貢を課せば再び逃亡する可能性があることは明白であり、先の法の精神とそぐわないのである。

では、どうして利長は、太閤検地の原則に従わないで検地を実施したのか、と問うとき、それに対する明解な史料はなく、また従来の研究でもそれに触れたものは見えない。これはあくまでも推測の域を出ないが、利長は越中百姓に対して、土地の把握を緩やかにしたのではないか。

年貢は緩やかに設定

越中新川郡は、世界的な豪雪地帯である立山連峰の雪解け水が急な勢いで流れ下る地域のため、稲の生育が他の郡に比較して悪く、生産性の低い地域であった。また、西の砺波郡も庄川《しょうがわ》や小矢部川《おやべがわ》といった大河川による洪水が頻発し、農業生産に大きな影響が及ぶ地域であった。こうした新川郡や砺波郡を抱える越中で、利長は一反当たり三六〇歩として土地把握を行い、石盛を一石五斗として年貢を緩やかに設定したのではないかと思われる。他の射水・婦負二郡も同様の扱いをしたのは、一国内での統一性を保つためであろう。

五　慶長十年国絵図・御前帳

御前帳・国絵図の作成

この越中惣検地は、将軍の代替わりをにらんだもので、利長は慶長十年（一六〇五）年三月、越中国《えっちゅうのくに》絵図《えず》の作成を命じている（「山崎家文書」）。

尚々帳の表紙も紺にさせ候、念の入れたく候、絵図をも急ぎたく候、絵図四ツを一枚に申し付け、郡《こおり》を分けたく候、大道をもちと本より小さくさせ申すべく候、

態《わざ》と申し入れ候、仍《よ》って越中国中《えっちゅうのくにじゅう》上《あ》げ帳《ちょう》并《なら》びに一国の絵図出来《しゅったい》申し候、絵図の義下書き見候間、これを経《きょう》書き申し付けたく候、四郡を絵図四つ致し候間、これを絵図一ツに申し付けたく候、村等をもこれゟ小さくさせ、此の絵図に載らん分多く候、早々よく申し付けたく候、かしく

三月二十六日

長門（山崎長徳）
左馬助（村井長次）
清四郎
しまのかミ（三輪長好）
はうき（松平康定）
あわち（小塚秀正）

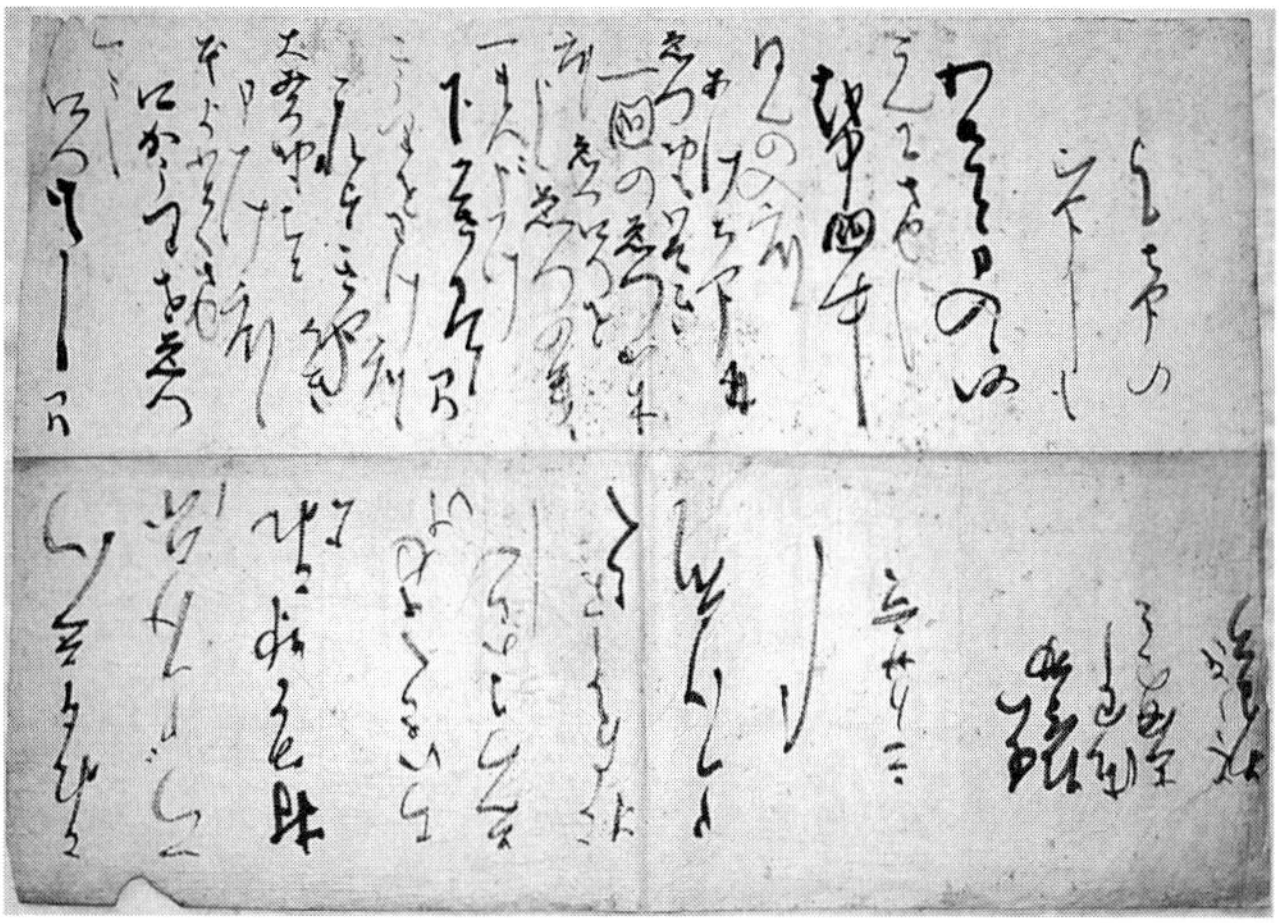

（慶長10年）３月26日付　前田利長書状（山崎家文書，加賀市所蔵）

ここにいう「越中国中の上げ帳」は越中国御前帳《ごぜんちょう》であり、「一国の絵図」は越中国絵図のことであろう。利長は、国絵図の下書きを見て、これを「経書き」すなわち清書し、四郡を一枚の絵図にまとめるよう指示している。また、村名をより小さく表記して、より多くの村名が記載されるようにも指示している。この御前帳と国絵図の作成に、利長が細心の注意を払っている様子がうかがえる（大野充彦「国絵図・御前帳に関する一史料」）。

第八に見たように、利長は慶長十年四月、秀忠の将軍宣下《せんげ》に合わせて、嫡男利常を伴って伏見に赴き、家康・秀忠に謁見した。おそらくこのときに、加越能三ヵ国の御前帳と国絵図を提出したものと見られるが、利長が隠居後に拠点とする越中国絵図の作成に細心の注意を払ったのであろう。

六　利長の家臣たち

「高岡衆分限帳」

ここで利長の家臣たちについて見ておこう。利長の家臣に関して包括的に語ってくれる史料は、管見には見えない。ただ、いくらか情報を与えてくれるのが「高岡衆分限《ぶげん》帳《ちょう》」（以下「高岡帳」と呼ぶ）である。この「高岡帳」は、「利長公慶長二年（一五九七）越中森山（守山）より富山へ御移りなされ、同四年金沢御越しなされ、同十年富山へ御隠居の時分召し連れられ候人数の覚」とする内題が付いており、利長家臣団のある時点での断面を表したものではない。早くから仕えていた家臣とのちに召し出された家臣が包括的に書かれており、同時期には存在しなかった家臣が併存しているかのように記されている可能性がある。

この点については、家臣個々の研究がさらに精緻に行なわれた時点で明確になるであろうが、現時点ではそこまでには及んでいないことをお断りしておきたい。

「富山帳」と「高岡帳」

この「高岡衆分限帳」を見るうえで注意が必要なのは、ほぼ同様の記録に「慶長十年富山侍帳《さむらいちょう》」（以下「富山帳」と呼ぶ）と題するものがあることである。このことと「高岡帳」の最初の断り書きを併せると、基本的には「高岡帳」は、慶長十年（一六〇五）に利長が富山に移転するときに作成された侍帳であったことになろう。しかし、この「高岡帳」には、最初に記された六八名に関する説明として「右の分高岡よりお返しならせられ候」とし、その他の家臣を「高岡に残り申す衆」としている。この記載は「富山帳」には見られない。

このことから大胆に推測すれば、まず最初に「富山帳」が利長の隠居時に作成され、その後、富山城火災で利長が高岡城に移り、さらに慶長十六年に家臣の一部を金沢に返した際に作成されたのが「高岡帳」であったといえるのではないか。その際、「但し御《お》折檻人《せっかんにん》並びに相果て候衆ともに」と追記しており、高岡から金沢に家臣の一部が返されるまでの間に勘当され、もしくは亡くなった者も含まれるということになる。とすれば、「高岡帳」はかなりの時間の幅で、利長の家臣を記載していることになる。こうした問題を含んだものとして、この「富山帳」と「高岡帳」を見る必要があるが、それでも利長の家臣を知るうえでは、参考になるものである。

「富山帳」の構成

まず、「慶長十年富山侍帳」の構成を表示しよう。左の表では、まず、利長の重臣クラス六八名が書き上げられている。この六八名の中には、知行高の大きい重臣が名を連ねる一方で、知行高の小さい家臣も含まれ、どのような基準で選別されたのか判然としない。富山に召し連れた家臣とあることからすれば、いずれも利長の家政の重鎮であったり、利長お気に入りの家臣であったりしたのではないか。「諸士系譜」によって、この中に利長召出しの家臣がどのくらい含まれるかを見ると、今枝宗二重直《いまえだそうじしげなお》・大音主馬《おとおしゅめ》・松田四郎左衛門・栂大学《とがだいがく》・富永勘解由《とみながかげゆ》・稲葉左近《いなばさこん》・津田刑部《つだぎょうぶ》・井上勘左衛門《いのうえかんざえもん》・吉田伊《よしだい》織《おり》・国府新助《こくふしんすけ》・今村左太夫《いまむらさだゆう》・前田刑部知勝《まえだぎょうぶともかつ》などをはじめとする、少なくとも一二名がそれに該当する。

また、この六八名の中には、九〇〇〇石を筆頭に、一〇〇〇石以上の知行を給された家臣が半分弱の三〇名おり、利長家臣団の最も中心的な存在であったことがうかがわれる。その中でも、『加能郷土辞彙』や「諸士系譜」などを参考にして、その人となりが判明するものを何人か挙げておこう。

「慶長十年富山侍帳」の構成

組　　　織	人数	知行高合計
慶長十年利長様富山江被召連候人々	68	(石) 105,990
馬廻衆・大小姓衆	103	45,731.70
児小姓衆	38	8,650
詰小姓衆	7	2,592.80
廊下番	9	650
御台所衆・同番衆	11	810
組外衆	20	1,535
新座衆、但当年知行被下衆	17	2,960
御鷹師	32	3,554.40
歩衆	32	1,320
中村弥五左衛門組歩衆	10	*(2)
宮崎蔵人組歩衆	10	*(2)
今井左太夫組歩衆	10	1,031
稲垣与右衛門組鉄炮者	31	600
水越縫殿助組鉄炮者	20	600
高岡御残衆	17	2,570
小鉄炮衆	50	*(3)
御切米取衆	12	180
御掃除坊主衆	5	18
御小人	36	144
草履取	6	18
御餌指	12	77
御台所魚洗い	3	9
御坊様衆	6	113
岩松様衆	2	30
御小人	5	*(3)
御切米金銀被下衆	7	金10両銀10枚
諸職人	10	銀16枚300目
合　　　計	589	179,204

注(1)合計値の小数点以下は四捨五入してある．(2)今井左太夫組歩衆の知行高は，中村・宮崎両組との合計値である．(3)小鉄炮衆・岩松様衆御小人の知行高は記されていない．(4)俵数で支給されているものは石高に換算した数値を記載した．(5)知行高合計値に金銀の石高換算値は含んでいない．

前田直知

前田美作《みまさか》直知《なおとも》（五〇〇〇石）は、前田氏の最も古くからの家臣前田長種《ながたね》の嫡男で、天正十六年（一五八八）に生まれ、利長から五〇〇〇石を給され、のちに五〇〇〇石を加えて一万石を領していた。慶長十六年（一六一一）の利長遺誡《ゆいかい》には、高岡衆の一人として宛所に名前を連ねているが、のちに病を得て致仕《ちし》した。

松平康定

松平《まつだいら》伯耆《ほうき》康定《やすさだ》は、通称久兵衛といい、のちに伯耆と改めた。父は三河国《みかわのくに》伊保《いぼ》城主《じょうしゅ》松平紀伊守《きいのかみ》康元《やすもと》で、はじめ柴田《しばた》勝家《かついえ》に仕えていたが、次いで佐々《さっさ》成政《なりまさ》に仕え、天正十三年に利長が越中守山に移ったとき、利長に仕えて五〇〇〇石を給された。のちさらに一〇〇〇石を加え、天正十五年、豊前岩石城攻撃に出陣し功を挙げた。慶長五年の浅井《あさい》畷《なわて》の戦いでは、水越《みずこし》縫殿助《ぬいのすけ》と一番鎗を争い、恩賞として短刀一鞘《さや》・黄金三枚を賜り、一五〇〇石を加増された。翌年さらに二〇〇〇石を加増され、のちさらに二〇〇〇石を加増され、利長の高岡移徙《いし》に従い、同地で家老となった。利長死後、利常に仕え、大坂の陣では武者奉行として従軍した。その後、二〇〇〇石を加えたが、元和六年（一六二〇）に亡くなった。

富田直吉

富田《とみた》下総《しもうさ》直吉《なおよし》は、尾張《おわり》荒子《あらこ》以来、利家に仕えて八〇〇〇石を領した半田半兵衛の弟で、八〇〇〇石余を領した。慶長五年の大聖寺《だいしょうじ》城《じょう》の戦いのとき、利政の先鋒として活躍し、また大坂の陣にも従軍した。利長遺誡にも高岡衆の一人として名を連ねている。その嫡男右衛門は、寛永《かんえい》十六年（一六三九）より富山藩主前田利次《まえだとしつぐ》に仕えた。

小塚秀正

小塚淡路秀正《こづかあわじひでまさ》は、利家に荒子以来仕えた小塚仁左衛門の嫡男で、利家の兄五郎兵衛安《やす》勝《かつ》に付けられていたが、慶長七年、利長に仕えていた弟小塚権太夫《こづかごんだゆう》の死に際し、利長が秀正の荒山合戦《あらやまかっせん》における活躍を思い、その遺知九〇〇〇石を秀正に継がせた。以後、秀正は利長に従い、のち大坂冬の陣に従軍し、夏の陣では金沢城代を務めた。元和四年（一六一八）に亡くなった。

今枝重直

今枝宗二重直は、通称弥八郎といった。父八郎左衛門は美濃に生まれ、内藤伊賀守《いがのかみ》に仕え、のち斎藤道三《さいとうどうさん》に仕えて軍功があった。重直は織田信長《おだのぶなが》に仕え、元亀《げんき》元年（一五七〇）の姉川《あねがわ》の戦いで稲葉良通《いなばよしみち》に属して功があり、さらに織田信雄《のぶかつ》、豊臣秀吉、同秀次《ひでつぐ》に仕え、文禄三年（一五九四）、従五位下内記《ないき》に叙任された。秀次の死後、浪人《ろうにん》となったが、慶長四年（一五九九）、利長の招きに応じて守山《もりやま》に赴き、三〇〇〇石を給された。さらに慶長五年までに三〇〇〇石を加増され、計六〇〇〇石を領した。のち大坂の陣に従軍し、元和五年、致仕して宗二と号した。その嫡男直恒《なおつね》は重直の妹の子で、四代藩主光高《みつたか》の傅役《もりやく》となった。

今枝直重を「宗二」と記しているところから、「富山帳」は元和五年以後の諸事実をも含み込んだものである可能性がある。

生駒直勝

生駒内膳直勝《いこまないぜんなおかつ》は、京師《けいし》の生まれで、吉田又左衛門直元《よしだまたざえもんなおもと》の子である。織田信長の小姓として近侍し、天正四年（一五七六）の石山本願寺《いしやまほんがんじ》攻めにしたがって功を挙げた。のち豊臣秀次に仕え、二〇〇〇石を領し、従五位下内膳正《ないぜんのしょう》に叙任された。秀次の死後は、織田信雄に仕えて四一〇〇〇石余を領したが、慶長五年に致仕し、加藤嘉明《かとうよしあきら》に仕えた。慶長八年（一六〇三）、利長の招きに応じて仕え、五〇〇〇石を領した。利長遺誡にも名を連ねている。のち利常に仕えて江戸の芳春院《ほうしゅんいん》に侍し、慶長十九年五月十三日、江戸で亡くなった。

安見隠岐

安見隠岐《やすみおき》については、元豊臣氏に仕えた隠岐勝之《おきかつゆき》が利長に召し出されて六〇〇〇石を領したが、慶長五年に致仕し、嫡男元勝《もとかつ》がその跡を受けて六〇〇〇石を給された。「富山帳」に記された「安見隠岐」はこの元勝であると考えられる。元勝は大坂両陣に従軍し、その功によって一万四〇〇〇石を領するまでになったが、寛永十三年（一六三六）、大坂の陣における味方討ち問題（黒田家中への味方討ち）について詮議を申し出たことに対して、利常が不届として能登島への配流を命じたことにより、父勝之ともども能登島に流され、同地で亡くなった。

大音厚用

大音主馬《おとおしゅめ》厚用《あつもち》は、越前府中で利家に召し出された大井久兵衛直泰《おおいきゅうべえなおやす》の子で、何かの事情で姓を大音氏に改めた。幼少から利長に仕え、八王子城の戦いや大聖寺城の戦いに従軍して功を挙げた。父の隠居後、その跡を受けて四〇〇〇石を領した。大坂の陣にも出陣し、寛永十三年に亡くなった。

松田四郎左衛門

松田四郎左衛門は、北条氏直《ほうじょううじなお》の家臣であったが、氏直の死後、天正十九年（一五九一）、前田利長の招きに応じて四〇〇〇石を給された。しかし、その嫡統は、子の憲里《のりさと》の代にいたって絶えた。

栂大学

栂《とが》大学は、もと朝倉義景《あさくらよしかげ》の家臣であったが、天正期（一五七三―九二）に利長に召し出され、二五〇〇石を領した。大坂の陣に馬廻頭《うままわりがしら》として従軍し、元和三年（一六一七）に亡くなった。

駒井中務

駒井中務《こまいなかつかさ》は、『加能郷土辞彙』には「守勝」と記されている。これは「諸士系譜」にある名前であるが、「駒井日記」の著者駒井中務少輔《なかつかさのしょう》重勝《しげかつ》が前田利長に召し抱えられたと伝えられることから見て、重勝が利長の家臣になった折、守勝と改めたものであろう。駒井中務は最初、近江六角氏《ろっかくし》に仕え、六角氏滅亡後は羽柴秀吉に召し出された。その能力が買われて豊臣秀次に付けられた。その後、秀吉の直臣となり、豊後国《ぶんごのくに》に二万五〇〇〇石を領する大名になった。関ヶ原の戦いでは、西軍に属して伏見城攻撃に参加したが、戦後は浪人となった。慶長六年に前田利長に招かれ、一〇〇〇石を給され、大坂の陣で首級一を挙げて一〇〇〇石を加増され、二〇〇〇〇石を領した。寛永十三年（一六三六）に亡くなった。

富永勘解由

富永《とみなが》勘解由《かげゆ》は、通称勘解由左衛門といい、諱《いみな》を助信《すけのぶ》といった。兄は猪俣《いのまた》能登守《のとのかみ》邦憲《くにのり》である。猪俣邦憲は北条氏邦《うじくに》の家臣で、上野《こうづけ》沼田《ぬまた》城《じょう》を預かっていたが、北条氏政《うじまさ》・氏直《うじなお》父子が豊臣秀吉に従う直前の天正十七年（一五八九）に上野名胡桃城《なぐるみじょう》を奪取したことが秀吉の勘気に触れ、秀吉の小田原攻めを呼び込む契機になった。その際、弟助信が一緒に行動していた可能性も十分考えられる。助信は文禄二年（一五九三）、利長に召し出され、最初切米《きりまい》二〇〇〇俵を給され、さらに慶長四年（一五九九）に切米二〇〇〇俵を加増されたうえに、同年、知行二〇〇〇石に引き直された。助信は、その半分を邦憲の嫡子平六に分け与え、その後また五〇〇〇石の加増を受け、元和五年（一六一九）に亡くなった。

菊池大学

菊池大学は、佐々成政に属して氷見阿尾城《ひみあおじょう》主であった菊池武勝《きくちたけかつ》の孫にあたる人物である。武勝は天正十三年七月、利家と講和を結んで利家方に就いた人物で、利家の越中攻略に協力した。その後、阿尾城は嫡男安信《やすのぶ》が継承したが、安信は慶長元年に亡くなったため、武勝は斉藤小次郎の子の大学を養子に迎え、その跡を継がせた。大学は新知一五〇〇石を与えられ、大聖寺の戦いや大坂の陣に出陣した。しかし、夏の陣で中風《ちゅうふう》（脳卒中）を患い、帰陣してのち元和三年に亡くなった。

井上勘左衛門

井上勘左衛門は諱は長政《ながまさ》といい、最初利家に仕えたが、のち利家家臣の太田但馬《おおたたじま》長知《ながとも》の家臣となり、浅井畷の戦いで一番鎗の功を立て、利長から感状《かんじょう》を受けている。慶長六年、利長に改めて召し出され、一三〇〇石を領した。

成田半右衛門

成田半右衛門は諱を三政《みつまさ》といい、最初は長束正家《なつかまさいえ》、次に丹羽長重《にわながしげ》に仕え、二〇〇〇石を給されていた。浅井畷の戦いで前田軍と戦って功を挙げ、四〇〇〇石を給されていたが、長重が改易《かいえき》されたため、出雲《いずも》の堀尾忠氏《ほりおただうじ》に仕え、七〇〇石を給された。しかし、またそこから出奔して若狭《わかさ》に隠棲していたが、慶長十一年に利長のもとを訪れ、一〇〇〇石を給された。その後、利常に仕え、大坂の陣に出陣し加増されてついに三〇〇〇石を給され、人持組《ひともちぐみ》（前田氏軍団の中で、最重臣数家が組織する軍団。知行高・家格の高い家臣が所属）に属し、慶安《けいあん》四年（一六五一）に亡くなった。

以上、知行高の比較的高い家臣を何人か見てきたが、その多くは、統一政権の確立過程で主君が戦争に敗れ、浪々の身を余儀なくされていた武将であり、一廉《ひとかど》の者たちであった。こうした武士は他の大名家にも多くいたと思われるが、前田氏の領地が増加した分だけ、前田家中には多かったと見られる。天保《てんぽう》三年（一八三二）に書かれた「諸士系譜」

によれば、利家・利長によって召し出されたとする由緒をもつ家臣は、前者が一九二家、後者が一七五家であった。天保三年までに廃絶した家も相当数あったであろうが、おおむね前田氏家中は、利家によって基礎が形成され、その後の戦争と領地の拡大によって、それと同等ほどの家中が利長によって召し抱えられたと見られる。こうした家臣たちは、利長に強い恩義を抱いたと思われ、その利長が求める利常扶翼の体制作りにも協力したであろう。慶長十六年（一六一一）、利長がその重臣たちを金沢に送ったのは、利長の意を体した家臣たちの働きに期待したからであろう。

第十　隠居と加越能三ヵ国監国

一　富山への隠居と富山城

将軍の代替りと利長の隠居

第八・第九で述べたように、利長は慶長《けいちょう》十年（一六〇五）四月、嫡男利光《としみつ》（のち利常《としつね》）を伴って伏見に赴き、家康《いえやす》、秀忠《ひでただ》に謁見した。すでに隠居を決しての上洛であり、まだ次の家督として披露していない嫡男利常を家康、秀忠に披露することが大きな課題であった。その課題を果たしたあと、利常を残して利長は領国に帰還し、準備を進めていた富山城に移徙《いし》したものと見られる（古川知明『富山城の縄張と城下町の構造』）。

利長は、家康の秀忠への将軍職移譲の方針が明らかになった時点で、同時隠居の意を固め、富山城修築の準備を進めていたものと見られる。慶長十年のものと見られる三月二十九日付の堀田平右衛門《ほったへいえもん》・宮川与左衛門《みやがわよざえもん》宛書状では、普請縄張の間数《けんすう》と必要な石材の見積の報告を受け、その労をねぎらっている（「加藩国初遺文《かはんこくしょいぶん》」）。

三ヵ条の起請文

伏見からの帰還後は、退老に向けて諸事の整備に努めた。六月十六日付で、家老衆から三ヵ条の起請文《きしょうもん》を提出させている（同前）。

第一条には、御法度《ごはっと》を疎略にしてはいけないこと、第二条には、もし御法度に背く者がいたならば、たとえ主人であっても訴え出るべきこと、第三条は、喧嘩・口論・公事《くじ》において贔屓《ひいき》・偏頗《へんぱ》・非分《ひぶん》を申し立ててはならないこと、以上三ヵ条である。これは、利長といえども、利家《としいえ》以来の譜代の家中《かちゅう》の統制はままならず、しかもそれを嫡男利常に移譲することから、家中統制の懸念を払拭するための措置であったといえよう。

治安維持の高札

今一つは同十七日付で、城下町の治安維持のため、辻斬《つじぎ》りなどを禁じる高札《こうさつ》を立てたことである。最初に辻斬りの禁止、誰かを標的とした札を立てたり、落とし文をしたりすること（挑戦目的）、最後に暗闇に紛れて路上で女性を拉致《らち》することを禁止する内容、である。こうした行為を訴え出たものには、褒賞として金二〇枚を与え、さらにその悪党の知行をあてがうとしており、犯罪者に家中が想定されており、褒賞金額の大きさに課題の重要性が表現されている。

庶民への七ヵ条の法度

以上は、家中を対象とした措置であったが、十九日には、主に庶民を対象とした七ヵ条の法度も触れている。夜歩きや辻立ち、辻歌い・ほそり節（江戸初期の流行歌）歌い、辻尺八、辻相撲、辻踊りを禁止している。これらは、町の辻で群衆が生じ、不測の事態が発生することを抑えるためで、最後のほおかぶりの禁止は、密かに犯罪行為を行う者を取り締まるためのものであった。

こうした法整備による利常政権安定の措置を執ったあと、利長は公式に家督の利常への譲渡と隠居を表明したものと見られる。隠居する富山城は、慶長二年（一五九七）十月から、翌年四月に父利家より家督を譲られて金沢に移徙するまで、短い期間ではあったが居城としていた城であった。

富山城の石垣調達

富山城の石垣の石材は安山岩《あんざんがん》と花崗岩《かこうがん》によって構成され、安山岩については常願寺《じょうがんじ》川《がわ》の河原から、花崗岩については早月川《はやつきがわ》や黒部川《くろべがわ》の河原から採取したと考えられる（『富山城ものがたり』）。また、板材は飛騨や能登羽咋《はくい》の山中から調達した。実際に作事が終わったのは、慶長十年の暮れではないかと推測されている。

こうして利長の富山への隠居・移徙は進められたが、たんに隠居城とはとてもいえない広大さを誇る富山城では、作事は、はやくともその年の暮れまでかかったと推測されている（古川知明『富山城の縄張と城下町の構造』）。

二　隠居利長の監国

実質的に藩政を指揮

富山城に移ってからの利長は、まだ十三歳の嫡男利常では、藩政を十全に指揮できないと見られたことから、その後見となり、実質的に藩政全体を指揮した（萩原大輔「前田利長隠居政治の構造と展開」）。慶長十一年（一六〇六）四月には、利長の名で、金沢の郊外泉野《いずみの》で放鷹《ほうよう》を禁ずる法度を出した。また同年五月には、能登羽咋郡の宝達金山《ほうだつきんざん》に制札《せいさつ》を出し、掘子《ほりこ》（採掘作業従事者）や商人以外の者の出入りや喧嘩・口論を規制し、掘子には親方への運上《うんじょう》を怠らないよう指示した。これらはいずれも法の公布であり、統治行為であって、利長が隠居後も統治権を行使しているさまを表している。

以後の法令は、奥村家富《おくむらいえとみ》・横山長知《よこやまながちか》・篠原一孝《しのはらかずたか》といった金沢の年寄たちが連署して公布しているが、これとても、慶長十三年二月の走り百姓を規制する五ヵ条の定書《さだめがき》（『加賀藩史料』第二編）の末尾に「右定め置かるる趣、若し相違の輩これあるにおいては、誰々手前たりといえども、御横目衆（目付、監視役）として富山様《（前田利長）》へ言上あるべき者也」とあるように、最終的に富山城の利長のもとに報告が行き、決裁を受けることになっていた。

利長は隠居したが、その後も領国統治の指揮を執り続けた。これを利長の権力欲と見る向きもあるかもしれないが、そうした見方は、この時期の前田氏の治世に関する評価を見誤ることになるであろう。利長は、年若い利常の統治能力を不安視し、代替わり後も統治に辣腕《らつわん》をふるったのである。それは、慶長十六年（一六一一）五月十五日付の利長の遺誡《ゆいかい》によく表れている（後述）。

三　駿府城手伝い普請

駿府城の普請

慶長十二年（一六〇七）に幕府から命じられた駿府《すんぷ》城《じょう》普請課役については、利長は周到な準備をもって臨んだ。そうであるがゆえに、その課役を軽視し、出役《しゅつやく》を怠った家臣に対する処分は厳格だったのである。その準備とは、一七ヵ条に及ぶ法度の公布である。

利長はすでに慶長八年、家康が将軍宣下《せんげ》を受けた後、天下の覇府としての江戸の建設に動員された。幕府は、伊達政宗《だてまさむね》、加藤清正《かとうきよまさ》、細川忠興《ほそかわただおき》、浅野長吉《あさのながよし》らの外様《とざま》大名ばかりでなく、結城秀康《ゆうきひでやす》、松平忠吉《まつだいらただよし》、本多忠勝《ほんだただかつ》ら一門譜代をも合わせて東西七〇人余の大名に命じて、神田山《かんだやま》を掘り崩し、豊島《としま》の洲（江戸前島《えどまえじま》）を埋め立て、町場の造成を行った。

さらに慶長十一年（一六〇六）に、西国大名を中心に本格的な普請が行われ、本丸・二の丸・三の丸が完成し、翌十二年には天守閣も完成した（藤井譲治『江戸開幕』）。この普請に前田家も動員されたが、利常には幕府御手伝い普請役を推進するだけの政治的能力は備わっていないと見られ、実質は利長が指揮したものと考えられる。

駿府城東門（静岡市）

　こうした江戸城普請の直後に企画された駿府城普請は、諸大名にとって財政的に大きな負担になっていたと見られ、それを知行高に応じて分担する家中にとっては、いっそう大きな負担であったにちがいない。普請法度一七ヵ条は、天下人の居城築造という一般的な政治的重要性だけでなく、何かの事件に触発されて家中の不満が爆発することを事前に抑止するための予防的措置という意味合いをもっていたと考えられる。

普請法度一七ヵ条

　第一条では、他家衆との喧嘩口論を禁止し、違犯したものは理非にかかわらず成敗と定めた。「此度の儀に於いては、如何様の義も可令堪忍《かんにんせしむべき》心得《こころえ》専一《せんいつ》に候」と、この普請が特別の普請であることを強調する。第二条では、家中同士の喧嘩口論は、理非にかかわらず両成敗と規定した。この普請を「公儀大事の御普請」と位置づけ、堪忍を求めた。第三条では、宿泊は町宿を利用せず、小屋での宿泊を命じた。

　第四条では、普請に従事する侍・小者《こもの》に至るまで、辻歌《つじうた》、辻立《つじだち》、夜歩き、辻相撲などを禁止した。第五条では、他家衆との参会を禁止した。第六条で、路次で将軍家昵懇《じっこん》衆《しゅう》に対する慮外の行為を厳しく制した。先のこの普請の位置づけとも合わせて、利長が将軍家に対してことさらに神経を使っている様子をよく示している。第七条では、駿府城周りや城下町における乗馬の禁止、第八条では、たとえ親類・縁者・知音《ちいん》の者であっても、他家の者とのかかわり禁止、第九条では、町や在郷《ざいごう》における押買い（強引に安値にさせて購入する）行為をした者には一銭切《いっせんぎ》り（斬首）の刑罰を与えるとし、第一〇条では、普請業務に油断のある者の穿鑿《せんさく》を命じている。

　第一一条では、普請丁場《ちょうば》割《わ》りは、普請奉行の決定に従うべきこと、第一二条は、普請丁場の振舞《ふるまい》を一汁二菜に引菜一つ、酒は京盃三つとすべきこと、第一三条では、一切の賭け事禁止、第一四条では、普請中の女狂い・若衆狂い禁止を命じている。第一五条は、普請場・小屋掛けでの火事出来《しゅったい》禁止、第一六条は、出奔して他家にいる武家奉公人の捕縛禁止、第一七条は、普請中の勤務成績を利常・利長両方に報告すべきことを命じた（「加藩国初遺文」）。

「公儀大事の御普請」

以上、一七ヵ条の規定に通底して見られる特徴は、「公儀大事の御普請」という位置づけと、争いを避け、普請成就をめざす基本姿勢である。

関ヶ原合戦後、利長は多くの苦渋をなめさせられた。母芳春院《ほうしゅんいん》の江戸抑留は継続され、珠姫《たまひめ》入嫁の礼を家康からはぐらかされた。こうした状況のもとで、普請に失態があれば、幕府からどのような譴責《けんせき》があるかわからない。こうした警戒心が利長に慎重さを促したのであろう。自己主張を極力避ける姿勢で一貫し、「たとへ恥辱の様に相成り候共、其の段苦しからず候」としているのは、その表れであり、隠忍によって家の存続を果たそうとする利長の必死の思いの表れであった。

四　かぶき者対策

犯人摘発の意欲

利長は、領国の秩序維持に対しては厳しかった。慶長九年（一六〇四）九月十日、上方《かみがた》から来ていた商人が殺害され、その死骸が堀に遺棄された事件に対して、利長は、見聞きした者に訴え出るよう高札《こうさつ》を立て、同類の者であっても「かえり忠」（一度は背いた者が再び忠義を尽くす）と認め、賞金二〇枚を与えるとした（「万治以前定書」）。犯人摘発に、並々ならぬ意欲を示したといえよう。

服装・刀装の規制

また利長は、家中の華美な服装や派手な刀装などをも規制した。慶長九年十一月には、家中の正月出仕の際の服装はありあわせの小袖《こそで》でよいとし、小身衆や若党の綾《あや》の小袖着用を禁止した（「加藩国初遺文」）。家中が華美に流れ、困窮するのを防止するためであろう。また、派手な衣服は、後述する「かぶき者」の属性であり、その抑止の意味もあったと思われる。

翌慶長十年六月十六日には、先にも触れたが、隠居するに際して、家中に法の遵守と、喧嘩・口論、公事における依怙贔屓《えこひいき》の禁止などの起請文を指し出させ、その翌十七日に高札を立て、辻斬り、札立て・落とし文、夜中の女性拉致を禁止した。これについても訴え出た者には賞金二〇枚を与えるとしている（「加藩国初遺文」）。その二日後の十九日には、夜歩き、辻立ち、辻歌い・ほそり、辻尺八、辻相撲、辻踊り、ほうかぶりといった往来における秩序紊乱《びんらん》につながる行為を禁止し、そうした行為に及んだ本人は成敗、その主人には過銀を課すとした（「金城定書」）。これらは、かぶき者そのものに直接かかわるものではないが、その温床を断ち切るねらいがあったといえよう。

こうした禁止法令にもかかわらず、犯罪行為はなくならなかったようで、慶長十年（一六〇五）九月には、金沢才川実成寺《さいがわじつじょうじ》に盗賊が入り、僧侶を殺害した。また、八月には田井口で闇討ちがあり、前年には辻斬りも起こっていた。利長は、犯人を訴え出るように触れており、その褒賞として金子五枚を与えるとしている（「万治以前定書」）。

長田牛之助一件

利長のかぶき者取締りで有名なのは、小姓長田牛之助《ながたうしのすけ》（七〇〇石）の一件である。「菅家見聞集《かんけけんぶんしゅう》」によれば、慶長十五年、利長は金沢・高岡で、かぶき者六三人を捕らえ、斬罪に処したという。このかぶき者の棟梁と目されたのが、小姓の長田牛之助および長田乙部《ながたおとべ》であったという。この牛之助は神尾之直《かみおゆきなお》邸で西尾隼人《にしおはやと》の介錯で切腹、、乙部は水原左衛門《みはらさえもん》邸で宮崎蔵人《みやざきくらんど》の介錯で切腹したという。さらに石原鉄次《いしはらてつじ》という牢人者が上方へ逃亡する途中、大聖寺関所《だいしょうじせきしょ》で捕らえられたという。

この石原鉄次は、「三壺記《みつぼき》」には石原手筋之助《てすじのすけ》という名で出てくる。こちらの方がかぶき者らしい名であり、以下「手筋之助」と呼び、その記述をもとに取締りの様子を見ておこう。

秩序重視

この手筋之助は長田牛之助のもとにいた尾張の牢人で、長田のもとに手筋之助を指し出すよう命が来た。長田はその存在を否定し、また仮にいたとしても、それを捕らえて指し出すものはいないと拒否して、密かに路銀をもたせ、上方に逃亡させた。捕り方は、「早道《はやみち》之者」堀作兵衛《ほりさくべえ》に手筋之助の人相書をもたせて、大聖寺の近藤大和《こんどうやまと》方へ遣わした。作兵衛は高岡を四ツ（午後十時頃）に発って、大聖寺に八ツ過ぎ（午前二時半頃）に着いたという。近藤大和は足軽一四人を選抜して潜ませ、手筋之助を待っていたところ、明け方に手筋之助が関所に差し掛かった。関所ではすぐに門を閉ざし、捕縛にかかった。手筋之助は永正祐定《えいしょうすけさだ》（長船《おさふね》祐定）の刀を抜いて抵抗したが、ついに首を取られたのである。

こうした一連の取締法令と実際の取締り・処刑のあり方に、利長の、秩序を重んじる律儀な性格がよく表現されている。慶長十二年六月、駿府城普請課役に赴かなかった家臣六名のうち、「おか崎久三郎」「長木か右門」は成敗、「大町少右もん」「とびたでん兵へ」「こにし次太夫」「千ふく長左」を領国から追放する処分を下したのも、利長の律儀な性格と裏腹に、決まりを守らない者に対する厳しい姿勢の表れである。

五　富山城焼失

富山城と侍屋敷の焼失

慶長十四年（一六〇九）三月十八日、利長は新たな難に遭遇した。それは、築城して間もない居城富山城の焼失である。

この日、富山東部の鼬川《いたちがわ》の端にいた柄巻屋《えまきや》彦三郎の宅から失火し、折からの強風にあおられて、城をはじめ侍屋敷のほとんどが焼失して、焼け野原となった。利長が避難するにたる屋敷として、わずかに城の南西千石町《せんごくまち》の神戸清右衛門《かんべせいえもん》邸が焼け残っていたことから、利長はそこに三日間、避難生活を余儀なくされた。火事の際、利長の寵愛する女中たちが居間の土蔵の中で日々の生活をおくっていたが、全員焼死したという。その後、利長は、魚津城代青山吉次《あおやまよしつぐ》のもとに移り、新たな居所の造営まで過ごした。金沢から人持《ひともち》組や物頭《ものがしら》が駆けつけ、滑川《なめりかわ》・新庄《しんじょう》・水橋《みずはし》などに詰めて御用に応えた（「三壺記」）。

この富山城焼失に関して、従来多くの書が使用してきた「三壺記」の記述が、著者である宰領足軽山田四郎右衛門《さいりょうあしがるやまだしろうえもん》の創作であるとする見方がある（萩原大輔「「慶長富山大火」をめぐる言説と実相」）。こうした指摘の前提的問題関心については、元和二年（一六一六）段階でも、富山町は越中で最も町家の多い町であったという深井甚三氏の説を基礎に、壊滅的被害を受けた都市富山が短期間に復興できるかという疑問があった。

「三壺記」には、「御城を始め侍屋敷不残焼失し、忽《たちま》ち野原となる」とあるところを、「富山城はもとより城下町部分の大半を焼亡」したとし、町家の大半が焼亡したと解釈したのであるが、この史料文には、町家が焼亡したとは記されておらず、侍屋敷が残らず焼失した、と書かれているだけである。このように見るならば、「三壺記」の記述を創作と一蹴することはできず、富山町の町人居住区域の建物は多くが残っており、越中最大の町場であり続けたが、城とその周辺の侍屋敷は放棄され、焼け野原から簡単には復興しなかったと見るのが自然であろう。

将軍に新城築城を申請

利長は富山城焼失後、即座に江戸の将軍に使者宮崎蔵人を派遣し、富山が火事の多い所であるところから、射水《いみず》郡関野《せきの》に新城を築造することを申請したものと見られる（「三壺記」）。宮崎は江戸と富山を一二日で往返し、どこでも願いの通り許可する旨の将軍の奉書（直書の誤りか）を貰って帰還したという。

新城築城の許可

将軍徳川秀忠や大御所家康から、相次いで慰問の書状や小袖・夜具などの救援物資が届けられた。そして、四月六日付の家康書状（「加藩国初遺文」）では、不慮の火事出来《しゅったい》候て、居城悉《ことごと》く焼失の由、是非に及ばず候、居城普請の儀、何方にても其の方次第に候、御気遣いこれ有るまじく候、定めて将軍より、右の分にてこれ有るべく候、爰許《ここもと》も火事の時分取り乱し候間、其の地の義推量申し候、謹言

卯月六日　　　家　康　判

越中中納言（前田利長）殿

と、居城普請については、どこであっても利長の考え次第で築造してよい旨が言い渡された。将軍からも同主旨の文書が届いているであろうとしている。この家康の直書は、利長から新城の築造に関する許可申請が出されていたことが前提でなければ理解できない。この書状は、宮崎が伝えた利長の申請に対する回答の文書であったと見てよいのではないか。将軍よりきっと右のように許可が出るであろう、としているのは、家康がこの件を決裁し、秀忠に伝えたことを物語っている。

本多政重への書状

さらに、新城築造にかかわって注目されるのが、五月に出された利長書状である。

尚々、一昨日ハ御つかひ（遣い）色々給い候、くわふん（過分）に存じ候、ひぐらし（日暮）の馬見申し候、ついに此の中見申さず候馬見候ひし、かやうの馬給り候事、一入《ひとしお》こんせつ（懇切）の義ともまんそく（満足）申し候、

御状はいけん《(拝見)》申し候、仍《よ》って我等い《(居)》申し候やしきがまへ《(屋敷構え)》の事、両御所様へ御意をへ申す所に、いつかたニなりとも、ありよき所にい《(居)》申すべく候よし、御内書にて、誠にかたしけなく候也、中々申すもおろかにて御座候、ことに御つかへ《(使い)》にて、いろ〳〵はいれう《(拝領)》いたす義、めうか《(冥加)》もなきしやハせ《(仕合)》、かたしけなきよし、さと殿《(本多正信)》・上野殿《(本多正純)》へよく〳〵御申しくたさるへく候、以上、

五月　　　　はひ

直江大□□殿《(大和守政重)》　　　はひ

参

本多政重から正信・正純へ

この書状の宛所は、文末に「さど殿・上野殿へよく〳〵御申しくたさるへく候」とあるところから本多政重《ほんだまさしげ》と見られるが、政重が直江を名乗ったのは、慶長九年（一六〇四）から十六年の間で、「直江大□□」はおそらく「直江大和守」であり、政重がまだ直江家にいた時期の受領名《ずりようめい》であろう。『加賀藩史料』では、この文書を慶長十九年のものとして扱っているが、『直江兼続生誕450年戦国大名とNo.2』が示すように、この文書は慶長十四年のものと見るべきであろう。

とすれば宮崎は、江戸に赴いた折、かつて前田氏家臣の列にいた本多政重（直江大和守

勝吉《かつよし》）を介して、江戸の将軍に近侍する本多正信《まさのぶ》、駿府の家康に近侍する本多正純《まさずみ》に頼み、新城築造の許可を申請したことになる。それに対する大御所および将軍の回答が、好みの場所で新城を築造してもよいとする先の四月六日付家康直書であった。直江宛の書状は、この幕府から許可を得たことに対する礼状である。

直江大和守勝吉（本多政重）は、慶長十六年（一六一一）に前田氏に帰参するが、利長は、それ以前から政重に頼んで、本多正信・正純父子に幕府への取次を依頼していたのである。

六　高岡城築城と移徙

新城は射水郡関野に

利長は、富山がしばしば火災の発生する所であることから、火事のあとの新城築造の場所を、射水郡関野に求めた。ここは越中時代の居城守山《もりやま》に近く、また、東の庄川、西の小矢部川に挟まれた緩やかな丘陵上にあり、戦略・防衛に適した土地でもあった。

関野を高岡に改名

利長は、四月二十二日にはもう、神尾之直などに、城の設計図と家中への屋敷割りの絵図を持参させ、利長の気に入るように改良するつもりであることを指示している。五月十七日には、倶利伽羅《くりから》明王院《みょうおういん》に申し付けて地鎮祭を執行するよう、神尾に指示している。なお、この書状の中ですでに「高おかしろ《（高岡城）》ぢまつり《（地祭）》」と高岡の地名を使用しており、早々に関野から高岡に改名していたことがわかる。関野を高岡と呼んだのは、利長による改名である。その由来は、「詩経」に「鳳凰《ほうおう》鳴く、かの高き岡に」という一節があることによるという（増山安太郎『高岡古城志』）。

遅れる城普請

八月八日の書状によれば、利長は当初、八月二十八日には城が完成して引っ越しする予定であったが、番所《ばんしょ》や鷹部屋・塀などについては完成する見込が立たなかったことから、引越を九月四、五日に延期するよう神尾に指示している。

高岡城の普請は、このあとも問題が発生し、順調には進捗しなかった。

（封上書）
「つしょ《（神尾之直）》　　　はひ」
尚々かしら〳〵もまいにち《（毎日）》ふしんば《（普請場）》へ出で候ように候也
おって申し入れ候、仍《よ》って此の間たゝき《（三和土）》・どい《（土居）》などそんじ《（存じ）》のほかおそく《（遅く）》出来《しゅったい》候、其のうへふしん《（普請）》も此のいせん《（以前）》よりはかもゆかさるようにきこへ《（聞こえ）》候、其のふん《（分）》ニミへ候や、ふしん《（普請）》のてい《（躰）》しのひ〳〵《（忍び忍び）》ミられ候て、ようす《（様子）》申しこさるへく候、かやうの義ふしんふきゃう《（普請奉行）》へ申され候事もむよう《（無用）》ニ候、此のいせん《（以前）》よりハふしん《（普請）》ニせい《（精）》もいら

すよう二存候、かしく
八月十三日

この書状からは、普請が順調には進展しておらず、利長が苛立っている様子がうかがわれる。ついには、密かに普請場の様子を見て報告するよう、神尾之直に指示している。さらに八月二十六日付の書状では、本丸の石垣が崩れたことを述べ、家臣たちを責めることはせず、崩れたところに虎落《もがり》（竹を筋違いに組み合わせて縄で結んだ柵・垣根）を結いまわして対応するよう指示している。また、普請に動員した加越能三ヵ国の人足《にんそく》たちの労に思いを致している。利長が早く高岡城に移りたいと願っていることは、作事さえできればよい、という表現によく表れている。

高岡城への引越

そして、九月五日の書状によれば、九月十三日にようやく引越が可能になり、それ以前に加賀の人足に撤収するよう指示している。

「富山様」から「高岡様」へ

利長は、富山城焼失に始まり、思い通りに進捗しない普請に対して「我々仕合《しあわせ》悪きゆへ候」と自分自身を責め、家中や普請人足の責任追及はしなかった。そして、加賀の普請の者を早々に撤収、休息させるとともに、九月中旬の引越に満足の意を記している。

このような経緯を経て実現した高岡城の築造と移徙は、利長自らの手による初めての築城であった。それだけに意気込みは強かったが、思い通りに進捗しない場面もあった。しかし利長は、それを自分の仕合《しあわせ》（巡り合わせ）が悪いからであるとし、家臣や普請人足を責めることはしていない。ここに利長の性格がよく表れていると見られる。もちろん、統治権者として法の執行には厳しく、怠る者には「成敗」を命じることは常であったし、利長の統治行為に逆行する存在に対しては、容赦なく処断したが、自身一己にかかわることになると、内省的であり、自己の責任を他に転化して済ますようなことはしなかった。

　以後、利長は、それまでの「富山様」から「高岡様」と通称されるようになる。

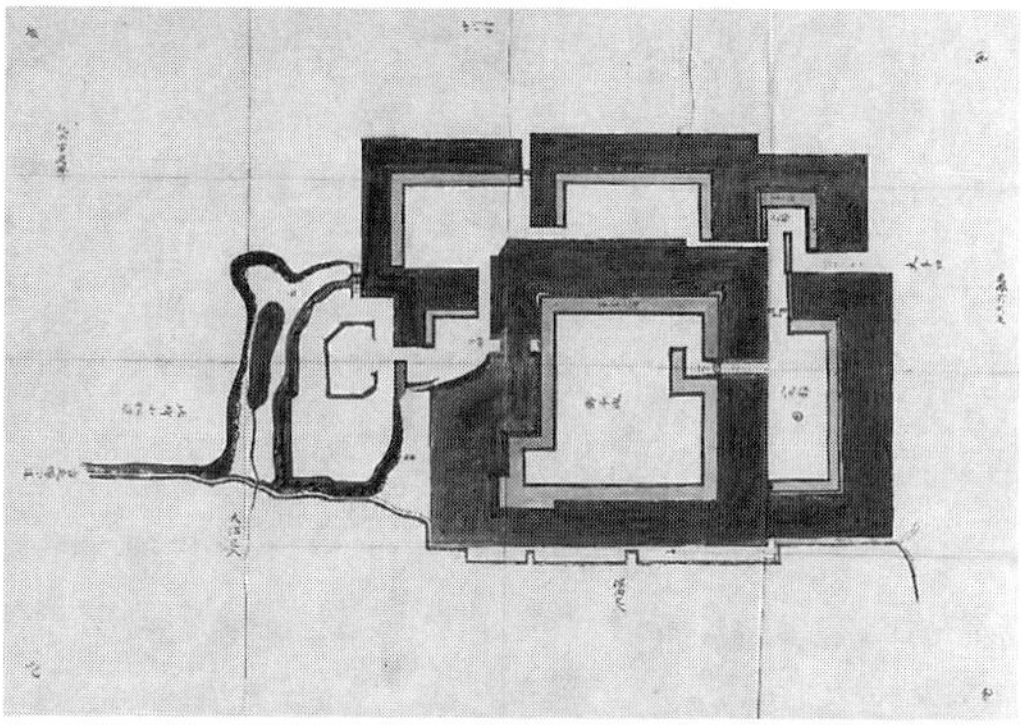

越中高岡古城図（加越能文庫，金沢市立玉川図書館所蔵）

高岡城は，小矢部川と庄川にはさまれた緩やかな丘陵上にある平城である．慶長14年（1609）利長によって築城された．絵図の成立年代は不詳．一国一城令後，城の建築物は取り壊され，倉庫などが設けられた．図の右端が大手口で，入って最初に三の郭，次に二の郭，中央の大きな郭が本城である．本城の隅の突き出た部分は天守台とみられる．左端は低湿地帯だった．郭と堀の形状はこの絵図の通りによく保存されている．

第十一　利長と高山右近

一　高山右近の来仕と布教

父利家と高山右近

前田利長を語るうえで、高山右近《たかやまうこん》の存在を欠くことはできない。高山右近は、周知のように、著名なキリシタン大名であり、天正《てんしょう》十五年（一五八七）六月、豊臣秀吉《とよとみひでよし》が伴天連追放令《ばてれんついほうれい》を発令した際、右近にキリスト教棄教を求めたが、それに従わなかったため、改易された人物である。改易後、右近は小西行長《こにしゆきなが》の庇護を受け、小豆島《しょうどしま》（香川県）や肥後国に隠れ住んでいたが、天正十六年、秀吉の指示により前田利家に預けられ、囚人同様の生活を強いられていた（木越隆三「加賀前田家と高山右近」）。

天正十八年、インド副王使節ヴァリニャーノが、天正遣欧使節《てんしょうけんおうしせつ》四名を伴って秀吉に謁見したが、そのときの記録によれば、右近は、利家から父高山図書《ずしょ》の分も含めて二万六〇〇〇石を給されていたという。こうした待遇の変化については、詳細にはわからないが、秀吉の何らかの意思が働いていたと見られる。すなわち、もともと右近に対する秀吉の評価は高く、棄教させて秀吉政権の一部に復帰させようとする目論見があったのであろうが、右近のキリシタンとして生涯を貫く意志の前に、秀吉も断念し、次善の策として前田利家の管理の下に置くことにし、相応の待遇を認めたのではないかと思われる（ラウレス『高山右近の生涯』）。

キリスト教に改宗する前田家中

高山右近は前田氏家臣の列に加わり、徐々に重臣としての働きを示す一方で、知行地の年貢収入を基礎に、能登に一つ、金沢に一つ教会を設立し、宣教師を招いて説教させ、キリスト教の布教に努めた。右近のもとに家臣が何名いたのかは不明であるが、寛永《かんえい》期（一六二四―四四）に行なわれたキリシタンの摘発で、右近の家臣であった者が多数摘発を受けているところから、家臣の多くは明石以来、右近に従った者たちであったか、あるいは金沢来仕以降に右近に仕えてキリスト教に改宗した者かと思われる。右近とその家臣たちの活動により、前田家中の中にもキリスト教に改宗する者が多数現れた（見瀬和雄「加賀藩におけるキリシタン禁制の展開」）。寛永七年（一六三〇）にキリシタンとして摘発され、一族・主従が処刑された鈴木孫左衛門《すずきまござえもん》は高山右近の法弟であったといわれる。

千利休の高弟としての右近

また、右近は後世、千利休《せんのりきゅう》の七人の高弟の一人に数えられた人物であり（利休七哲）、この面からも秀吉や利家の心を惹く存在であったと思われる。利家に対して茶を振る舞う機会も多かったであろう。こうした右近の活動に対して、前田利家は右近を律儀者と評価し、慶長《けいちょう》四年(一五九九)三月、利長に宛てた遺誡《ゆいかい》の中で、「長九郎左衛門・高山南《みなみの》坊《ぼう》世上をもせず、我等一人を守り、律義人にて候間、少宛《すこしずつ》茶代をも遣し、情を懸けられ然《しか》るべく存じ候」と、ときには茶代を与えて目をかけるように指示している。

利長自身も、しばしば利休の高弟の一人に数えられるほどの人物であり、右近に対する思い入れは、茶の湯だけでなく、信仰のためにすべてを抛《なげう》った右近の決然たる姿勢に、人生の師の姿を見たであろうし、右近が宣教師から学んだ学問を基礎とした知略に大きく支えられていたであろう。慶長十四年、高岡に新城を構築する際、その縄張りを右近が考案したと伝えられるのはその一面であろう。

慶長五年七月二十六日、上方《かみがた》に向けて出陣した利長軍は、石田三成《いしだみつなり》方と目された小松城の丹羽長重《にわながしげ》への対応を協議した際、右近は、小松城の周囲は低湿地帯であり、難攻の城であり、味方の損傷が大きいことが予想されることから、小松城攻撃をやめて南進すべきであるとする進言を行って採用されている。秀吉の下で幾多の戦いに従った、武将としての右近の知略が発揮された場面である。

二　利長とキリスト教信仰

利長のキリスト教観

ところで利長は、キリスト教についてどのような考えをもっていたのだろうか。これに関する日本側の史料は皆無に等しいが、イエズス会の宣教師が本部やゴアに送った年報に若干の記述がある。それを頼りに利長のキリスト教観を見ると、利長が高山右近に対して「キリシタンの立派な掟を守っている己が侍臣や奉公人たちの行いは正しい」と語ったと伝えられ（「一六〇一年度日本年報」）、少なくとも利長はキリスト教に対して肯定的な考えをもっていたと見られる。

「一六〇一、一六〇二年の日本の諸事」にある次の一節は、利長のキリスト教や高山右近に対する態度をよく説明している。

　ジュスト（高山）右近殿を介して肥前（前田）殿を訪問したところ、司祭は、彼から自領で逢えて大変嬉しいと言って、たいそう歓待された。そして、彼は、（司祭に）何の不自由もさせないよう努めてくれ、とその右近殿にしばしば命じ、常に多くの挨拶と愛のしるしをもって接した。彼が、自分の家臣らがかくも立派で聖なる教えを奉ずることを喜ばしく思うとしばしば公然と言ったことは、行われた改宗にとって小さからぬ助けとなった。そして、こうして言葉と業とをもってキリシタンたちを大いに援助し、時々彼らを訪問し、たいそう親しく愛想よく彼らの家で彼らとともに食事をしに行き、恩恵を与え、扶持を加増した。

利長は、司祭が加賀に来訪したとき大いに歓待し、右近を介して司祭に不自由がないように応接するよう命じたという。また、利長の家臣たちが司祭の説教を聴聞することを喜ばしいことと公言し、言葉と行動によってキリシタンたちを激励し、親しく交わったという。このイエズス会年報は、宣教師たちが自分たちの布教活動の成果を誇るべく、事実を脚色している可能性もあることから、史料として使用するうえで慎重でなければならないが、虚偽であることがすぐに発覚するような基本事実の捏造《ねつぞう》や、大幅な脚色はないであろうから、おおむね従っておいてもよいであろう。

教理への共鳴

とすれば、次の一節（「一六〇一、一六〇二年の日本の諸事」）は、利長がキリスト教の教理に対して相当に共鳴していることを示すであろう。

本年都にいた時に彼が行ったことが、それをよく示した。なぜなら、自分の母と姉妹に、（キリシタンの）教理の説教を聴くようわざわざ説いたからである。すなわち、こう彼女たちに言った。「予は若いので受洗はしないが、キリシタンの教えが説くこと以外に確かな（霊魂の）救済の道はないと理解している。それゆえ、母上―すでにお年を召しておられるのだから―と姉妹様には、かくも聖なる教えを聞き、受洗していただきたい」と。母は彼の勧めにたいそう心を動かされたので、都から、十三里離れた大坂に、自らの意志で（説教を）聴きに行った。そして、姉妹はしばしば我らの同僚に何がしかのよい施物を寄越し、彼女の夫と息子たちのためにデウスに祈ってほしいと頼み、つねにまた、キリシタンになるとの約束をした。

すなわち利長は、キリスト教の教え以外に霊魂救済の道はないとし、母（芳春院《ほうしゅんいん》）や姉妹にキリスト教の教義を聴聞し、受洗することを勧めた。芳春院は利長の言葉に心を動かされ、娘たちを伴って大坂に赴き、教義を聴聞して、司祭に、自分の夫や息子たちのためにデウスに祈ってほしいと頼み、キリシタンになることを約束したというのである。夫（利家）が登場することから見て、慶長四年（一五九九）閏三月以前のことである。

日本側史料に、芳春院のそのような行動の痕跡はないとして、この記載を否定する見方もあるが、そもそもキリスト教に関すること自体の史料がないのであり、それのみをもってこの記載が語ることを否定することはできないであろう。受洗の約束までしたかどうかは、現時点ではわからない。ただ、関ヶ原の戦い以前の話であれば、前田氏と懇意な大名細川忠興《ほそかわただおき》の夫人珠《たま》（ガラシャ）が熱心なキリシタンであり、その影響がなかったともいえないのである。

自らの受洗には消極的

このように、キリスト教の教義についてかなりの理解に達していたであろう利長であったが、自らの受洗については消極的だった。この点について利長は、「予は若いので受洗はしない」と若さを理由にしていたが、実際のところは、大名の受洗に否定的な豊臣秀吉や徳川家康《いえやす》の掣肘《せいちゅう》を恐れていたからであろうとコリンは推測しており（コリン「フィリピン諸島におけるイエズス会の布教史」）、もっともな見方である。受洗すれば、高山右近同様の後半生を覚悟しなければならず、また、前田氏一族や家臣たちの命運も左右される可能性が大きく、そこまで踏み切る決心がつかなかったのであろう。

三　利長とキリシタン

利長のキリスト教に対する理解と、高山右近主従や宣教師の布教活動によって、たくさんのキリシタンが前田氏家中に生まれた。コリンは一六〇四年ころ、前田領におけるキリシタンの数は、一五〇〇人を数えたとしている（コリン、同前）。この数には若干の誇張があるかもしれないが、利長の直臣《じきしん》や家中の陪臣《ばいしん》たちの数を考えれば、それに近いキリシタンがいたとしてもおかしくはない。

前田領の三つのキリシタングループ

「一六〇三、四年の日本の諸事」には、この時期の前田領におけるキリシタンには三グループがあるとする。

①高山右近一族とその家臣、②各地から来国したキリシタン、③前田領国内で受洗したキリシタンである。①は右近の家族と明石城主時代からの家臣たちで、能登にある右近の知行所に居住していた人たちである。②は慶長七年、右近のはからいで金沢に来た内藤如安《ないとうじょあん》や宇喜多久閑《きゅうかん》、柴山権兵衛《しばやまごんべえ》主従など。③は高山右近主従と宣教師たちの布教によって受洗したキリシタンたちで、そのなかには利長の妹豪姫《ごうひめ》も含まれる。この③のグループのキリシタンたちの数がどれほどであったか、その身分構成はどうであったかであるが、ラウレスによれば、前田領内にはキリシタンが、コリンが示したように一五〇〇人ほどおり、その多くは武士身分の者であったという（ラウレス『高山右近の生涯』）。

町人・百姓は真宗門徒

前田領内において、農村社会や町人社会にキリスト教の布教が伸びなかった要因の一つとして、この地がかつて一向一揆の地であり、真宗門徒が多い地域であったことが大きいと考えられる。日本年報類では、仏教勢力は凋落《ちょうらく》し、キリスト教に対する対抗勢力ではなくなっていたと記している。しかし、前田領諸町の町人や村々の百姓のほとんどは、浄土真宗寺院の門徒であったと考えられ、町人社会や農村社会での布教は進まなかったと考えられる。

その一方で、一六〇一年から一六一一年にかけての年報類から受洗の記事を拾っていくと、この期間だけでも七四〇人ほどの受洗者があったとされ、そのなかには利長の直臣が少なくとも七〇人ほどいたという（見瀬和雄「加賀藩におけるキリシタン禁制の展開」）。こうした利長直臣の改宗は、主君利長のキリスト教に対する理解があって初めて可能であったろう。顕著な例は、利長の重臣横山長知《よこやまながちか》の息康玄《やすはる》が、高山右近の娘ルチアと結婚し、キリスト教に改宗したことであろう。ただ、康玄は周囲の目を恐れ、教会に出入りすることをためらったという。

横山康玄の改宗

利長自身の改宗については、右にコリンの説を紹介したが、ラウレスも、ヴァリニャーノが二度目の来日を果たしたとき、利長が京都で密かにヴァリニャーノの説教を聞き、キリシタンになることを決心したが、秀吉の掣肘《せいちゅう》を恐れて受洗を延期したとし、利長がキリシタンになる可能性があったとしている（ラウレス『高山右近の生涯』）。

利長の理解により、前田領国内には、武士を中心に多くのキリシタンがいたが、利長自身はいったんは改宗を望んだものの、豊臣秀吉や徳川家康の掣肘を恐れ、ついに受洗することはなかったのである。それは、利長を臆病者として責めるべき問題ではなく、前田氏の領国を維持するための必要な判断であり、多くの家臣や家族を守る立場からは、賢明な判断であったというべきであろう。

四　利長と茶の湯

利休からの茶の湯指南

利長は、高山右近同様に、千利休から茶の湯の指南を受け、その高弟の一人に数えられていた。利長の茶の湯についてはあまり史料がないため二次史料に頼らざるをえないが、次の「亜相公御夜話」の逸話は、利長の茶の湯の一端と人柄をよく表している。

一、利家様大坂へ御引越前年、十一月九日に御壺口切被成《おつぼくちきりなされ》、其時利長様へ御茶まゐらせられ候、御相伴は猪子内匠殿（猪子一時）・宗無（山岡宗無）・土方勘兵衛殿（土方雄久）にて御座候、其上にこの村の御茶入を、茶を御入候て肥前様（前田利長）へ被進《すすめられ》候、我等死して其方とるをば、父のものは子が取べきものなれば、恩にもおもはず、今つかひ、うれし貌見《がおみ》候が満足と御意にて御進上《ごしんじょう》候、則《すなわち》貴殿此茶入にて手前いたされ候へと被仰《おおされ》候へば、肥前様御頂戴候て、辱奉存《かたじけなくぞんじたてまつり》候、但私方《わたくしかた》に御座候とも、御慰《おなぐさめ》に今程は預け進上可申《もうすべく》候、先御前に被為置《おかせられ》候様《よう》にと辞退候得共《そうらえども》、是非ともと御意候故、御相伴衆も目出度《めでたき》御儀と御申、そこにて利長様御勝手へ御入候て、はさみ箱持参候へと御意に候、勘十郎御請申《おうけもうし》、よびに参《まいり》御供衆に申渡候へば、木村九郎三郎御《お》挟箱《はさみばこ》を持参候、御装束被成《なされ》直され、御手前のとき殿様はまた御客に被為成《ならせられ》、御茶あがり御機嫌よく御座候事

父利家に茶を振る舞う

利家が大坂に移ったころといえば、秀吉が亡くなり、利家が秀頼の傅役《もりやく》として大坂城に入って以降のことであるから、慶長三年（一五九八）十一月九日のことであるが、利家が口切《くちきり》（新茶を詰めてある茶壺を開封する）の茶を「この村の茶入れ」に入れて利長に進上した。自分が死んだら、この茶入れは利長のものになるが、父のものを子が継承するのは当然のことであるから、恩に感ずる必要はなく、今これを使って利長が喜ぶ顔を見るのは満足なことだと茶入れを渡し、手前を披露してほしいと望んだ。しかし利長は、それを父利家の死によって継承するということを憚《はばか》り、いずれ自分のもとに来るものでも、今は父の側に置いてほしいと辞退した。利家は是非にと利長に手前を頼んだことから、利長

は、勝手の方に一度退いて、村井勘十郎《むらいかんじゅうろう》に鋏箱を取り寄せさせ、装束を直して改めて父を客として茶を振る舞った。相伴衆として、猪子内匠《いのこたくみ》、宗無《そうむ》、土方勘兵衛《ひじかたかんべえ》も同席して茶を振る舞われ、利家は上機嫌であったという。

この逸話が事実であるとすれば、利長の父を思う心や、欲から離れた謙虚な姿勢、また、居住まいを正して手前に臨む律儀さを見ることができる。相伴の猪子内匠は、秀吉のお伽衆の一人である猪子内匠頭一時《かずとき》と見られ、宗無は武野《たけの》紹鷗《じょうおう》や千利休に茶を学んだ山岡（住吉屋）宗無であろう。土方勘兵衛は母方の従兄と伝えられる土方雄久《かつひさ》であろう。利家も千利休から茶の指南を受けており、いずれも茶の湯に通じた人たちであって、利長に相応の技倆《ぎりょう》がなければとても満足させることなどできない人たちである。

右近は最高の茶の湯師匠

こうした利長の茶の湯の技倆は、高山右近を家臣に迎えたことによって、さらに洗練されたにちがいない。高山右近は、金沢では最高の茶の師匠であった（ラウレス『高山右近の生涯』）。

ラウレスが示した逸話を挙げておこう。右近の女婿であった横山康玄（長知の息）が江戸で他の三人の武士とともに土井利勝《どいとしかつ》の茶会に招かれた。当初、利勝は多忙で主人の役を家臣の佐久間《さくま》将監《しょうげん》に委ねたが、都合をつけて宴席には顔を出した。点心が出されたとき、康玄は主賓であったため、最初にそれを一つ取り、その後は別室に退いた。他の三人もそれにならって退き、宴席が終わった。土井利勝は佐久間将監に、横山康玄がなぜ会席が終わらないうちに席を立ったのかと尋ねたところ、佐久間もわからないとしながらも、彼が高山右近の弟子であることから、何か確実な理由が存在する、おそらく土井利勝が多忙な人であり、長時間煩わせないように顧慮したのであろう、と述べたという。主客を問わず、相手の都合を優先するという気遣いの心を、右近から学んだと観測したのである。手前の技倆より以前に、相手に対して最善を尽くすという基本姿勢を茶の湯は求めたのであり、右近がそれを弟子に教えたと見ているのである。

また、「臼邦記」に記された逸話として、次のようなものを挙げている。利長が重臣を茶会に招待した。その席には右近も参加していた。立炭《たちずみ》のとき、茶道で嫌う十字型になったため、利長は即座に香をしたためた。それを見た右近は、すかさず源三位《げんさんみ》の歌意の俤《おもかげ》がある、と評した。利長はそれを聞いてにこやかに喜んだという。しかし、列座の重臣たちはその意を解することができず、後日、その中の一人がその席で利長がにこやかになったのはなぜかと尋ねたところ、利長は次のように応えたという。源三位頼政《よりまさ》が、禁中の歌会で煙十字という題を与えられたとき、頼政が「曙の嶺にたなびく横雲の立つは炭焼く煙なるらん」と詠んだことを紹介し、立炭のとき、十字型をなしたため、右近は頼政のこの歌を思い出し、暗に示したのだと説明した。利長は、右近のこの教養の深さを愛したにちがいない。手前の技倆は当然のこととして、さらに深い、洗練された教養によって相手を楽しませる右近の茶の湯の心が、利長を大いに満足させるとともに、利長の茶の湯をより洗練されたものへと導いたものといえよう。

第十二　利長の発病

一　利長の病気

利長は慶長《けいちょう》十五年（一六一〇）の春に病を得た。それを直接語る史料は少ないが、「加藩《かはん》国初遺文《こくしょいぶん》」に収載された将軍徳川秀忠《とくがわひでただ》や大御所家康《いえやす》からの見舞い状と、それへの利長の礼状からまちがいないところであろう。

腫物を煩う

腫物相煩《しゅもつあいわずら》われ候由、いかがに候や、心元なく候、よくよく療養あること専一に候、
なお重ねて申し越すべく候、謹言

三月廿七日　秀忠（徳川秀忠）判

越中中納言（前田利長）殿

御教書《みぎょうしょ》をなし下され、謹んで頂戴、忝《かたじけな》き次第、しかし冥加《みょうが》の至りに存知奉り候、

殊に私腫物の義、御下知を加えらるる段、誠にもって有り難く存じたてまつり候旨、しかるべき様御取りなし仰せの所候、恐惶謹言

卯月四日　　　　羽柴肥前守利長　判

本多佐渡守殿（本多正信）

大久保相模守殿（大久保忠隣）

将軍秀忠の見舞い状

三月二十七日付の秀忠見舞い状が到来し、四月四日付で利長がそれに対する礼状をしたためた。利長が腫物を煩ったという情報が、どの筋から幕府にもたらされたのかは不明であるが、珠姫《たまひめ》付きの家臣（家老興津内記《おきつないき》など）が知らせたものであろう。秀忠書状が江戸から高岡に着くのに数日を要したと見れば、利長は、それを見て即座に返礼状をしたためたことになろう。このような場合の文例はあるであろうが、言葉を選んだ書面であるように見える。

この返礼状が江戸に着く前に、秀忠から四月朔日付で再度見舞い状が届いた。

所労につき心元なく、重ねて溝口伯耆（溝口秀勝）遣わし候、聊《いささ》か油断なく療養尤もに候、なお口上に申すべく候、謹言

卯月朔日　　　　秀忠（徳川秀忠）　判

秀忠、溝口秀勝を遣す

この書状では、利長の病状を実際に確認するため、新発田《しばた》城主《じょうしゅ》溝口秀勝《みぞぐちひでかつ》を派遣したことを告げたものである。溝口秀勝は、かつて丹羽《にわ》長秀《ながひで》の家臣として大聖寺城《だいしょうじじょう》を預かり、慶長三年（一五九八）に新発田城へ移った大名である。利長とは懇意な大名で、太田《おおた》長《なが》知《とも》誅殺事件のときも、利長のもとに見舞い状を送っている。

これに対しても利長は即座に返礼状を発している。

重ねて御教書をなし下され、謹んで頂戴、殊に溝口伯耆守（溝口秀勝）殿指し下され、私腫物の儀忝き上意、誠にもって有り難き次第、冥加の至り、しかし甚《はなは》だ恐れ多く存知奉り候旨、しかるべき様御取りなし仰せの所候、恐惶謹言

羽柴肥前守利長　判

卯月九日

本多佐渡守（本多正信）殿

大久保相模守（大久保忠隣）殿

越中中納言（前田利長）殿

このときの文面も、先の返礼状と同様である。溝口秀勝が高岡に来て、どのような活動をしたかの記録は管見には見えない。しかし、所期の目的通り、利長の病状を確認して秀忠に報告したであろう。幕府にとっては、前田氏は関ヶ原の戦いで徳川氏に協力し

た唯一の大老であり、領地を拡大し、領知高一〇〇万石を超える唯一の大名であって、その処遇に気を遣う特別な存在であった。ことに、大坂に豊臣秀頼《とよとみひでより》がいて、その政治的求心性を失っていない状況のもとで、その帰趨《きすう》・向背は大きな関心事であったにちがいない。このように見るならば、溝口の高岡派遣は、政治的に重要な使命を帯びたものであったと見るべきであろう。

家康からの見舞い状

利長が再度の返礼状をしたためてしばらくして、駿府の大御所徳川家康からも見舞い状が届いた。

煩《わずら》い心元なく候間、使者を派遣し候、油断なく御養生専一に候、謹言

卯月十日　　家　康　判

越中中納言殿（前田利長）

御教書をなし下され、殊に書判《かきはん》謹んで頂戴、並びに岡田新三郎殿を指し下され、私腫物の義忝き上意、誠にもって有り難き次第冥加の至り、しかし甚だ恐れ多く存じ奉り候旨、しかるべき様御取りなし仰せの所候、恐惶謹言

卯月十八日　　羽柴肥前守利長　判

本多上野介（本多正純）殿
村越茂介（村越直吉）殿

利長の帰趨・向背に注目するのは秀忠と同様であり、家康は岡田新三郎《おかだしんざぶろう》を使者として高岡に送り、病状の確認を行わせたのである。その際「書判」とあるところから見て、家康は印判ではなく花押《かおう》を据えたものを送ったのであろう。利長はこの厚礼にわざわざ触れ、礼状をしたためた。利長には、自分の病気がどのような政治的意味をもつかの自覚はあったであろう。そうであれば、幕府や駿府から来た見舞い状に対する対応も、自ずと慎重さを求められたものといえよう。

二　病気の再発

このときの病状は早々に収まったようで、その後に病気の再発を思わせる史料は、この年には見られない。しかし後述するように、慶長十六年（一六一一）のものと見られる二月十六日付山崎長徳《やまざきながのり》宛書状の尚々書《なおなおがき》に「この間はしゅもつさいほつ（腫物再発）にて」とあり（「加賀古文書」）、十六年二月には再発していたことがわかる。利長の病気は梅毒《ばいどく》であったと考えられている（高澤裕一「前田利長の進退」）。この利長の病気再発に対して、慶長十六年二月二日付で将軍秀忠の見舞い状が送られている。

爾来《じらい》所労験気《げんき》致し候事候や、療養あるべき儀専一に候、よって鷹の鴈《がん》二十相送り候、なお来信を期し候、謹言

二月二日　　秀　忠　判

越中中納言殿（前田利長）

秀忠の、病気の再発見舞い

将軍秀忠が利長の病気再発に際し、それを見舞い、その印として鷹狩りで捕らえた鴈二〇羽を贈ったのである。しかしこの年、後陽成天皇《ごようぜいてんのう》の譲位について大御所家康が上洛することになっており、秀忠書状の数日前の正月晦日、駿府の本多正純《ほんだまさずみ》が、利長に上洛無用とする家康の考えを伝える奉書を送っている。ということは、この年の一月下旬には、利長の病気再発が江戸・駿府ともに知られていたことを意味する。

上洛無用の真意

この上洛無用を、利長の病気と切り離して、利長の政治活動を警戒した措置と解する向きもある。確かに、先の利長の政治的位置からすれば、豊臣氏や諸大名から利長を遠ざけておくうえで、病気の再発は幕府にとって好都合であったといえよう。ただ、利長の病気再発がなかったならば、上洛無用としたかどうかはわからない。その意味では、

幕府の利長排除工作

幕府にとっては、利長の病気再発は好都合であったという点にとどめるべきであろう。

この利長上洛無用という指示については、二月八日、京都所司代板倉勝重《いたくらかつしげ》から改めて出されている。

態《わざ》と啓達せしめ候、今度禁裡様（後陽成天皇）御譲位に付、大御所様御上洛のため、当月二十二、三日頃駿府出御《しゅつぎょ》なさる旨に御座候、就いては各御国衆《おくにしゅう》御上洛あるべきの由、駿府より申し来たり候に付、筑前守殿（前田利常）御上の義に候間、貴様事は御上洛御無用たらる由、本多上野介（本多正純）奉書にて申し越され候、なお拙者所より申し入るべき由に候条、此の如くに候、その御心得をなさるべく候、恐惶謹言

二月八日　板倉伊賀守勝重　判

羽柴肥前守殿（前田利長）

人々御中

この書状では、本多正純の奉書を前提に、京都所司代からも利長の上洛無用を指示するように、おそらく本多正純から指示があったと見られ（根源的な意思発動は家康であろう）、それが伝えられたのである。その理由としてここで挙げられているのは、筑前守利常《としつね》が上洛することを挙げているが、これまた秀忠女婿の利常が当主であることが都合よく作

用していたであろう。このように利長は、病気を理由に、政治の表舞台から排除されたのである。

病気でも禁裏造営普請は負担

その一方で家康は、後陽成天皇の譲位を控えて、禁裏造営普請に利長を一六万石の大名として動員しており（「天寛日記《てんかんにっき》」）、課役負担はさせようとしていた。こうした事態を、利長がどのように受け止めていたのかは史料がなく明らかではないが、苦々しい思いで受け止めていたのではないか。この時期、利長は領国内では、若い利常に代わって実質的に統治を行っていた。いわば実質的に現役の大名として君臨していたのである。そうであれば、軍事指揮権もその内に含まれるであろう。幕府から見れば、なおのこと政治の表舞台から排除したい理由が確かに存在したというべきであろう。

三通の返書

利長は、二月十五日付で三通の返書をしたためた。一通は本多正信《まさのぶ》・大久保《おおくぼ》忠隣《ただちか》宛の返礼状、一通は本多正純宛の返書、一通は板倉勝重宛の返書である。後の二通は上洛無用を了解した旨の内容である。この翌十六日、利長は家臣の山崎長徳に書状をしたためた（部分的にかな表記を漢字表記に直した）。

尚々、この間は腫物さいほつ《（再発）》にて、そとくろぶし《（外くるぶし）》の分、久しく立ち居ならず候間、折角養生致し候、この方みまい（見舞い）として、書状・かながしら（ホウボウ科の魚）百給い候、いま（今）くい（食）申し候うお（魚）にて、一入《ひとしお》まんぞく（満足）申し候、うけ給わり候ごとく、御上洛とはふれ（触）候へ共、我々所へは上洛むやう（無用）のよし、いたくら（板倉勝重）方・上野（本多正純）より御ふれ（触）状まいり（参）候間、まづするが（駿河）・江戸御みまい（見舞）すこしの間のべ（延）申し候、かしこ

二月十六日　　　はひ

山（山崎長徳）長門　参

この山崎宛書状では、利長は上洛無用の触状を幾分冷ややかに受け止めているようで、私のところには上洛無用であるといってきたと書いている。これは、病気への配慮を喜んだ表現とは言いがたい。駿河・江戸両所への挨拶を少し先に延ばしたとし、若干の緩衝期間を置いたと書いているのである。尚々書《なおなおがき》に書いている利長の病状は、外くるぶしが腫れるなどして立ち居が不自由であり、養生しているとするが、京都への招集があれば赴く覚悟はあったであろう。しかし、幕府の念の入った排除工作に、利長も幕府の意思を感得せざるをえなかったと思われる。

利常による平癒祈願

このような利長の病状に、前田氏の当主となっていた利常は、慶長十六年（一六一一）五月二十七日、領内の少なくとも二社と一寺院、すなわち越中砺波《となみ》郡《ぐん》埴生《はにゅう》護国《ごこく》八幡宮《はちまんぐう》・加

賀江沼郡敷地天神社《えぬまぐんしきぢてんじんしゃ》・加賀河北郡倶利伽羅明王院《かほくぐんくりからみょうおういん》に、利長の病気平癒《へいゆ》を祈願し、堂宇などを寄進した。

高岳様（高岡様・前田利長）御不例につき御祈念のため筑前守（前田利常）様より御立願の条々

一、鳥居

一、つり殿

右　御神前において吉日良辰を撰び精誠致され、頓速《とんそく》御本復有り、御延命息災御武運長久の懇祈を抽《ぬき》んぜらるべき旨　御諚《ごじょう》に候、その意を得られ、勤行《ごんぎょう》怠慢有るべからざるの状、件《くだん》の如し

慶長拾六年

五月廿七日　篠原出羽守

一孝（花押）

横山々城守

長知（花押）

奥村河内守

栄明（花押）

埴生神主

（埴生護国八幡宮文書）

利常の寄進

埴生護国八幡宮は、源平合戦の折、木曾義仲《きそよしなか》が北陸道を攻め上る際、砺波山《となみやま》での平氏の軍勢との対峙を前に、戦勝を祈願した神社として知られ、越中を領した前田氏も武運長久延命息災を祈願する神社と位置づけ、種々の祈願を行っていた。利常は、ここでは鳥居と釣殿《つりどの》を寄進した。この釣殿は現在も残っている。

利常にとって利長は、親である利家の恩とも比べようがないほどに、格別の恩義を被った存在であった。また、年若い利常にとっては、利長の監国は三ヵ国統治のうえでは、欠くことのできない要素であったにちがいない。少しのちのことになるが、八月二十九日付で利長は、「その方より我々方へ諸篇常々用所の義相尋ねらるる事、病中礙《さまた》げになり申す義に候間、その地において年寄共相談ぜられ、よきように申し付けられ尤もに候事」（「万治以前定書」）と書き、利常が種々のことを利長に相談していた様子がうかがえる。したがって、この祈願・寄進行為は利常にとって深刻な問題であったと思われる。

三　利長の病気と幕府

秀忠夫人の配慮

利長は幕府から、内科の医師盛方院法印《せいほういんほういん》（吉田浄慶カ）と外科の医師慶祐《けいゆう》法印が派遣されると伝えられた。また一方で、秀忠夫人が芳春院《ほうしゅんいん》の気持ちを汲んで、利長を見舞うための暇を与える意向を伝えられたらしい。これに対して利長は六月四日付で、本多正信・大久保忠隣に、次のような書状をしたためた（「加藩国初遺文」）。

　尚々芳春院事左の通り御心得に預るべく候、主かたへもおり〳〵申し遣す義ともに候、以上

私腫物並びに所労の儀につき、先度も重ねて御内書を成し下され、有り難き上意、しかし冥加の至りに存じ候、よって腫物は、今において同遍の躰に御座候へども、所労の儀日を追って少しづつ快気に御座候間、御《お》心《こころ》易《や》すかるべく候、なかんづく拙者煩《わずらい》の儀に付、母芳春院義、自然御台様《みだいさま》御暇《おいとま》との義御意《ぎょい》を加えられ、この方へ見舞いのため罷《まか》り越したき様に、女の義故存じ候へども、一切御許容成されざる様に、各御心得成され下さるべく候、その段頼み存じ奉り候、芳春院方へも堅く申し

遣し候へども、女の義の事に候間、御理り申し入る義に候はば、腫物平愈（癒）せしめ行《ぎょう》歩《ぶ》さへ相叶い申す程に候はば、その地へ罷り越し御見舞いをも申し上げたき覚悟に御座候間、随分油断なく養生仕《つかまつ》り候、それにつき盛方法印並びに慶祐法印頼み奉り、今明日中に下着《げちゃく》せらるべき由に候間、なお以って養生致し、煩をも取り直し御目見《おめみ》えに罷り越し、各へ貴意を得べき心中迄に御座候、自然御次でに御取り成し仰せのところ候、恐惶謹言

六月四日　　　　　　　　羽柴肥前守利長　判

（本多正信）本多佐渡守殿

（大久保忠隣）大久保相模守殿

芳春院の見舞い暇を断る

すなわち、腫物には大きな変化はないが、所労は快気に向かっていること、御台様が御意をお加えになって母芳春院に見舞いのための暇を下され、芳春院がそれを望んだとしても、決して許容されないように心得てほしいこと、腫物が治ったなら江戸に下ってお見舞いするつもりであること、そのため盛方院法印・慶祐法印を頼んで治療に励む予定であることを伝えてほしいと依頼している。

利長は芳春院とは、慶長五年（一六〇〇）六月、芳春院が江戸に人質に赴いて以来、一度

も会っていない。慶長七年に江戸に赴いた折も、それを求めることはなかった。自ら求めれば、前田側の弱点を自ら晒《さら》すことになり、決死の思いで江戸に赴いた芳春院の意思をも台無しにすることになる。それは、人質交換によってできているこの時期の政治的均衡を、破壊することにもなりかねない。利長はそのように考えたのではないかと思われる。また、その分、盛方院法印や慶祐法印による治療に、期待をかけていたのであろう。

養生専念を誓う

こののち両医師による治療が進められ、六月十五日、利長は盛方院法印に治療に関する起請文《きしょうもん》をしたためている。その第一条に、「一、御薬下され以来、女方などの義これなく候、自今以後なお以て御薬下され候内、少しも不養生致すまじき事」と、女性との交渉を絶ち、養生に専念すべきことを誓っている。

第十三　三ヵ条誓詞と本多政重召し抱え

一　三ヵ条誓詞

後水尾天皇の即位

こうした利長の病気をめぐる一連の動きに並行して、慶長《けいちょう》十六年（一六一一）三月二十七日、京都では後陽成天皇《ごようぜいてんのう》の譲位と後水尾天皇《ごみずのおてんのう》の即位が行われ、家康《いえやす》が上洛、西国大名も京都に招集された。

家康上洛の三つの目的

家康のこの上洛の目的は主に三つあった。第一は、後陽成天皇の譲位と後水尾天皇の即位を確認すること、第二は、豊臣秀頼《とよとみひでより》との会見、最後は在京諸大名に誓詞を書かせることであった（藤井讓治『江戸開幕』）。利長に直接的に関係するのは、二と三であるが、秀頼の家康に対する臣礼を、利長が仮に上洛していて知ったならば、その衝撃は大きかったであろう。利長上洛無用という幕府の指示は、このことを計算に入れた措置であったと見られる。

三ヵ条の誓詞

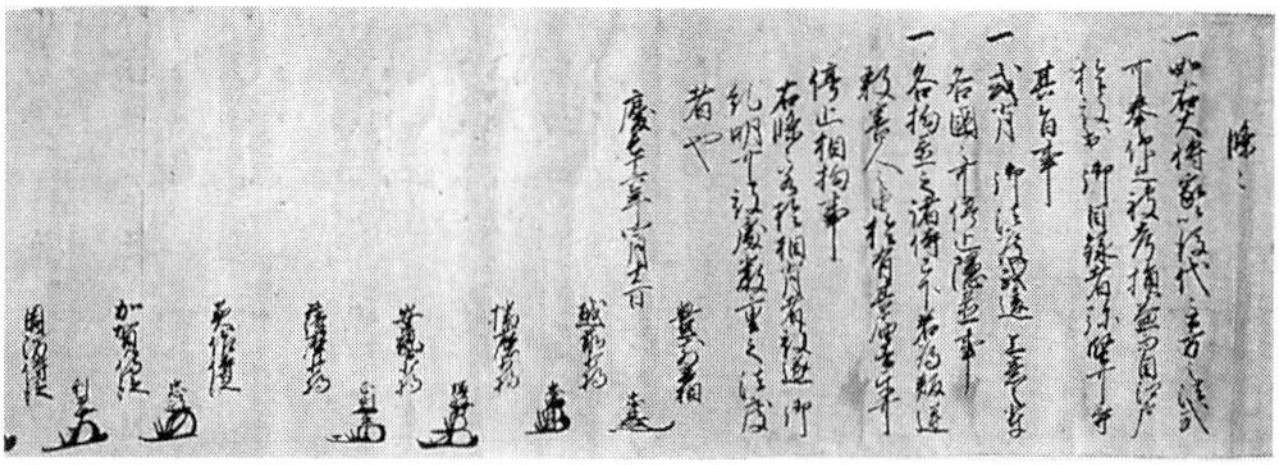

西国大名三か条誓詞（公益財団法人 前田育徳会尊経閣文庫所蔵）

利長にとってより大きな問題は、四月十二日に在京の諸大名に求められた三ヵ条の誓詞である。その内容は、第一に、鎌倉将軍　源　頼朝《みなもとのよりとも》以来代々の将軍の法式を尊重し、江戸の将軍秀忠《ひでただ》が出した法令に従うべきこと、第二に、国家的反逆者の隠匿《いんとく》を禁ずること、第三に、反逆者や殺害人の召し抱えを禁ずること、であった。秀頼の家康への臣礼を見せられたうえに、将軍の絶対性を見せつけられた諸大名は、この三ヵ条に署名する以外に進む道はないことを実感させられたことであろう。

細川忠興《ほそかわただおき》に始まる二四名の大名の七番目に加賀侍従利光《としみつ》（利常）も署名した。そして、このわずか五日後の十七日付の神尾之直《かみおゆきなお》宛書状の中で、利長は「上方にてこんと（今度）御おきめかきニ御せつかんの物（折檻の者）かかへおき（抱置）候事、かたく（堅）御はつとかき（法度書）ニミ（見）へ申候」とこの誓詞の内容を把握しており、軽輩と見られる「御せつかんの物」の家臣の召し抱えを心配している（大野充彦「前田利常政権の成立」)。

二　本多政重召し抱え

藤堂高虎からの本多政重の推挙

　こうした利長の心中を見透かすように、四月十六日付で在京の藤堂高虎《とうどうたかとら》から利長宛に、本多政重《ほんだまさしげ》の召し抱えを周旋《しゅうせん》してきた。本多政重は、将軍秀忠の老中本多正信《まさのぶ》の二男であり、駿府の大御所家康の側近本多正純《まさずみ》の弟である。この政重は、いったん倉橋氏の養子となったが、秀忠の乳母の子岡部《おかべ》庄八《しょうはち》を殺害したことから、徳川家を出奔《しゅっぽん》し、浪々の身となった。その後、秀吉の側近の一人であった大谷吉継《おおたによしつぐ》に仕え、さらに宇喜多秀家《うきたひでいえ》に仕えた。慶長五年（一六〇〇）九月、関ヶ原の戦いが起こると、宇喜多軍の部将として明《あか》石《し》掃部《かもん》全登《たけのり》とともに従軍し、東軍と戦った。戦後、宇喜多秀家が戦死していれば殉死する覚悟であったところ、生存を知って思いとどまり、近江堅田《おうみかたた》に潜伏していた。

　この政重を利長が召し抱えようと考えていたところ、小早川秀秋《こばやかわひであき》が高台院《こうだいいん》付の上臈《じょうろう》孝蔵主《こうぞうす》を使者として、召し抱えの意思を示した。政重が利長の招きに応じようとしたところ、孝蔵主が面目を失したとして自害すると言い出したため、政重はどちらにも仕官しなかった。本多政重はのちに福島正則《ふくしままさのり》のもとに仕官したが、福島正則のもとでは、「家風よろしからず」と家譜にあるように、政重の趣味に合わなかったらしく、慶長七年に福島のもとを去り、利長に仕えた。宇喜多秀家の夫人豪姫《ごうひめ》は利長の妹であり、宇喜多家とは何らかの情報のやり取りがあって、政重の人となりについて利長は知っていたのであろう。あるいは直接面会した可能性もある。この一連の動きから見て、利長は早くから、政重を召し抱えるにたる人物として評価していたことがわかる。政重がこのとき、利長に仕えていたことを示す史料は、今のところ「本多家譜」のみで一次史料は確認されていないが、大きなまちがいはないであろう。

本多政重像（加賀本多博物館所蔵）

政重の上杉家出仕

ところが、慶長九年に、上杉家から召し抱えの要請が到来した。上杉景勝《かげかつ》には男子がいなかったことから、政重を家老直江兼続《なおえかねつぐ》の娘聟に迎え、子が生まれたら景勝の養子として上杉氏を継承させようと考えていたのである。景勝が本多政重を選んだ理由は、景勝が本多正信を取次として幕府との交渉を行っていたという背景があったと見られる。利長はこの話を政重にとってよい話として、政重の上杉家出仕を認めた。

政重は直江兼続の娘と結婚したが、まもなく兼続の娘が亡くなり、一方で景勝に実子定勝《さだかつ》が生まれ、さらに直江兼続の長男景明《かげあき》が成長するに伴い、政重の立場は微妙なものになっていった。こうした事情から、慶長十六年、政重は知行を景明に譲り、京都に隠棲した。こうしてまたもや浪々の身となっていた政重を、藤堂高虎が利長に推挙してきたのである。

四月十六日付の書状で高虎は、利長の病気を見舞い、かつて利長に仕えた本多政重（直江安房守）が上杉氏を致仕して米沢を退去し逼塞《ひっそく》していること、若い武士であり、利常《とし》《つね》のもとで召し抱えたならば本多正信・正純は喜ぶであろうこと、このことは利常に知らせたことを述べている。

政重召し抱えを幕府は認可

これに対して利長は、五月五日付で書状を送り、利常が京都で世話になった礼を述べ、政重周旋の礼を述べながらも、ここ一、二年は内々であっても利常に指示していないこと、政重は昵懇《じっこん》の人物であり、利常や年寄たちと召し抱えについて相談したいことを述べたうえで、かつて殺害行為を行って徳川家を出奔し、関ヶ原で西軍の部将として参陣した人物の召し抱えを、幕府がどのように考えるのか計りがたいこと、この点を本多正信・正純によくはかって回答してほしいと書き送った。利長は、先の三ヵ条誓詞の内容に示された幕府の意思が、よほど気がかりであったと見える。

これに対して高虎は、六月十日付で利長・利常および横山長知《よこやまながちか》に書状をしたため、「駿府御年寄衆重ねて談合」したところ、幕府において構いないとの御墨付きが出たので、召し抱えに問題ないことを知らせてきた。とすれば、この件は、当然ながら家康にも報告されているであろう。その意味では、政重の召し抱えは、幕府の認めるものであったといってもよいであろう。

政重の破格の対遇

ただ、この政重推挙を、幕府が前田氏に押しつけたものと見たり、政重を付家老《つけがろう》と見たりする見解には従えない。この推挙を一番望んだのは本多正信・正純父子であり、家康はそれを許したという範囲を超えないのではないかと思う。それは、政重が前田家に来仕してからの、藩政への関わり方における消極性によって明らかである（後述）。

では、本多政重は、前田家に召し抱えられてからどのように働いたのだろうか。利長の期待通りの働きであったのだろうか。

利長は六月十七日付で利常に書状を送り、もはや政重召し抱えについて何の制約もない限り、政重を下国させるべきではないかと知らせ、二十七日付で、藤堂高虎に、本多政重を召し抱えるので下国させてほしい旨を伝えた。七月十八日、政重が金沢に到着し、そのことが奥村栄頼《ながより》から伝えられると、利長は、政重を労《ねぎら》うとともに、まず利常に挨拶するよう指示している。政重は八月十二日付で、利常から五万石の知行をあてがわれた。これは、これまでの前田家家中でも最高にして破格の知行高であり、譜代の家臣たちの羨望の的となったと思われる。利家や利長とともに戦場を走り回って戦功を上げ、知行を積み上げてきた譜代の家臣たちから、無言の妬みの対象となった可能性も大きい。ただし、この五万石は、すべてが一度に給されたわけではない。最初は三万石があてがわれ、残余は後日ということになっていた。それでも、破格であることにはちがいがない。このことは、政重の前田家内部での動きに微妙に影響を与えたものと見られる。

三　利長の遺誡

遺誡の契機

利長は慶長十六年（一六一一）五月十五日付で、利常や家中に対して遺誡《ゆいかい》をしたためた。利長の病状の悪化と四月十二日の三ヵ条誓詞、本多政重の召し抱えの現実化を契機とし

利常宛の遺誡

たものと見られる（見瀬和雄「前田利長の遺誡と慶長期の加賀藩政」）。

この遺誡は、複数の文書から構成される。まず第一に、利常宛の書状である。そこでは、利常が成人し、もはや助言も必要ないのであるが、腫物のため行歩も叶わずいつ果てるともしれない身となったため、利常を支えるように家中面々に申し渡すよう、前田長種《ながたね》・奥村家福《おくむらいえとみ》に申し渡したとし、「万端両御所様　仰せ出ださるる御置目《おんおきめ》を守り、諸事家中仕置《しおき》、朝暮油断無く心に懸けらるべきこと肝心に候」と三ヵ条誓詞の遵守を特に強調している。さらに、利常が将軍の聟であり、奉公の忠を糺《ただ》すべき存在であるとし、三代続いた前田氏が異儀なく相続していけるように強く念願していることを述べ、前田・奥村両名にも申し含めたことを伝えた。この前田長種・奥村家福両名は、前田利家以来の最長老家臣で、家中への置目を伝える家臣として最適任と考えられたのであろう。

さらに、同日付の利常宛遺誡には、自分の病状の悪化によって、前田氏を継承する若い利常を気遣い、所存を箇条書きにして伝えた。その第二条に、

一、御所様・将軍様に対し奉り、忠勤を抽《ぬ》きんずべし、胸臆《きょうおく》を蔵し異念無く、行《ぎょう》住《じゅう》座臥《ざが》覚悟致すべきの事

と両御所への忠勤に励み、種々の思いを胸に秘め、異念を抱かず、常にその覚悟を忘れ

てはいけないことを諭している。あたかも、利長がみずからに語りかけているような内容である。

続く第三条では、先の三ヵ条誓詞を遵守することはもとより、とりわけ家臣召し抱えについては、先主の人となりを尋ね、殺害・謀反人でないことを確認したうえで召し抱えるように注意を喚起している。

第四条では、公儀御用や普請の際の他大名との付き合い方について、相手の分限を見計らって挨拶し、終始鄭重に面談するよう指示している。利家以来の大名の格式を強く意識していたことがうかがわれ、利常にもその自覚を求めたのである。この時期の政治構造は、徳川と豊臣の二重公儀状態にあったといわれているが(笠谷一比古『関ヶ原合戦と近世の国制』)、利長はここで徳川幕府を「公儀」すなわち公権力と認識し、そのもとでの家の存続を考えていたことがわかる。

第五条では、洛中・駿府・江戸への参勤の折、家中の無用な町歩きや他家衆との参会を禁じようとする。第六条では、家中の争論裁許において贔屓偏頗《ひいきへんぱ》があってはならず、もしそのようなことがあったならば、担当者の知行を五分の一没収する。本来は知行召し放ちが相当であるが、長年仕えたものに対する温情である、としている。

家中に対する遺誡

徳川幕府こそが「公儀」

このように利長は、利常に前田氏当主としての自覚を促す遺誡をしたためた一方で、家中に対しても念の入った遺誡をしたためた。

まず第一条に、何よりも幕府の出した置目を遵守するよう命じ、公儀御用に油断があってはならないこと、第二条に、「上儀」すなわち公儀に関して、利常のためになると思うことは、年寄たちが相談して利常に進言すべきこと、第三条では、若年の利常に対し諸事に情を入れ、奉公の忠を示したならば満足であること、第四条には、家中相互の出入《でいり》に及ぶことは、公儀を軽んじ、利長に対して逆心を抱くも同前であること、第五条には、「莫大」な国の家督を利常に渡すことができるのは、両御所様の厚恩によるものであり、家中下々まで公儀を守るべきこと、第六条には、公儀普請などに際し、諸国の面々と交渉がある際に、家中以下置目に背かぬように、利常がかねがね申し付けるように年寄たちが協議すべきこと、第七条に、家中公事《くじ》（訴訟）において贔屓偏頗なく「正儀《せいぎ》」を守るべきこと、以上の七ヵ条を申し渡した。

そこに強調されたものは、徳川幕府こそが「公儀《こうぎ》」であり、その公儀置目の遵守であり、家中対立の抑止、若年利常の補佐であった。そこには、豊臣氏を「公儀」と認識する傾向を断ち切り、加越能三ヵ国がひたすら「両御所様」の厚恩によって与えられた領国であることを強調する姿のみが見られる。これは、家中に親豊臣派がおり、それが独自の動きをして、幕府から警戒されることを極度に恐れた利長の心中の表現であったと見てよいであろう。

この家中宛遺誡の宛所は、年寄クラスの重臣四二名に馬廻組頭中《うままわりくみがしらちゅう》、鉄炮弓組頭中、小姓番頭中《こしょうばんがしらちゅう》を加えた人々、すなわち当時の前田家中の重臣すべてを対象としたものであった。その中には、松平伯耆守康定《まつだいらほうきのかみやすさだ》以下八名の高岡衆も含まれる。さらにその中には、直江安房守（本多政重）の名が見え、五月十五日時点では、まだ藤堂高虎に幕府の意向を確認している最中であるにもかかわらず、すでにその名を挙げているところから見て、利長は政重の召し抱えを決めていたことが確認できる。

追加の遺誡

さらに利長は、「右之面々江」と記された宛所に対し、七ヵ条を追加した。おそらく、右の四二名に諸頭中《かしらちゅう》を加えた面々への追加遺誡であろう。ここでは最初に、前田氏が信長・秀吉の代に領国を形成し、家康の代に加賀南二郡を加え、領国の金銀山を安堵され、将軍の姫の入輿《じゅよ》を認められた歴史に触れ、さらに利長の隠居を認められた厚恩を「涙を滴《したたらす》はかり」のことと捉え、ひたすら公儀御用に努め、家の存続を図りたい心情を語る。次に、そのためには将軍家から出された置目を、家中下々まで遵守すべきこと

二つの分別

対立する家臣同士を縁組

を述べ、利常が将軍家への時々の進物を忘れないように、家中が意見すべきことを述べる。また、家中の訴訟で贔屓偏頗が見られる事実の報告を受け、容認できないことを述べ、「貞心」を嗜《たしな》むべきことを述べる。また、年寄の中に対立が存在するという事実の報告を受け、家中の対立は家の滅亡の基であることを告げ、家中一統を強く求める。

そして利長は、右各条の実現の保証として、家中に三ヵ条の起請文の提出を求めた。その内容は、幕府の三ヵ条置目を守ること、公儀を専一に守り、利長・利常父子に心から仕えること、私の義断《ぎだん》を捨て、訴訟において特定のものに偏った扱いをせず、正儀を嗜むことである。いわば、幕府三ヵ条置目の前田家版といってよい内容である。この起請文がどれほどの効果をもつかについて、利長は比較的冷静であったと思われるが、これまでたびたび悶着《もんちやく》してきた家中内部の対立を抑止するためには、公儀の権威を利用する以外に手段がないと考えたと思われる。そして、この遺誡の末尾に「とかく筑前守上意に背かざる分別と、家中并《なら》びに分国中、相治まるの分別」を掲げているのは、この遺誡全体の結論であったことを示しているといえよう。

最後に利長は、この遺誡全体を託した前田長種・奥村家福に、右に申し渡した内容を忠実に執行するよう命じ、あわせて相互に対立する家臣同士の縁組を申し付けた。横山《よこやま》長知《ながちか》姉娘と神尾秀直《かみおひでなお》（神尾之直《ゆきなお》の子）、横山長知姉娘と山崎長鏡《ながあきら》の縁組がそれで、さらに高山右近《たかやまうこん》と村井長次《むらいながつぐ》との取持も命じ、前田・奥村両名を家中の対立抑止の責任者としている。そして起請文取り集めも命じている。「家中并びに分国中」がともに治まる分別を、利常に完全には期待しがたい利長は、譜代中の譜代である前田・奥村両名にそれを託し、前田家全体としての幕府への忠勤と、家中一統の実現をめざしたといえよう。

四　三代利常の自立

本多政重を召し抱える

利常と家中に対して遺誡をしたためた利長は、六月十七日付で利常に書状を送り、本多政重召し抱えの環境が整ったことから、政重の下国を求めてもいいのではないかと示唆した。おそらく利常から了解の返書があったのであろう。その十日後の六月二十七日付で利長は、藤堂高虎に政重を下国させてほしい旨を申し入れた。政重は七月十八日に金沢に到着し、その報告を奥村栄頼から受けた利長は、知っていれば迎えを出したところであるが、知らなかったため何もできなかった、と残念そうに語っている。

城内勤番の士への九ヵ条

利長はこの一連の動きに並行して、いくつかの法令を出した。七月二日には、城内勤《きん》番《ばん》の家臣の作法について九ヵ条を触れた。

第一条　城中の士は肩衣袴《かたぎぬばかま》（いわゆる裃《かみしも》）で勤務すべきこと、

第二条　城中に出入りする小姓は、大脇差し・取り上げ髪・広袖・鬢きりを禁止すること、

第三条　城中当番の士は毎日着到（出勤簿）を付け、懈怠《けたい》の者は過銭を課すこと、

第四条　領国内で殺害人や辻斬りがあった場合は、すぐに公事場年寄が改め法度に従って処断すべきこと、

第五条　家中の刀は三尺七寸（一一二センチ）以下、脇差しは二尺五寸（七六センチ）以下とすべきこと、

第六条　他国者、主人のいない者が宿を借りる場合は、両町下代の切手次第とし、本町以外で宿を貸してはならないこと、

第七条　本丸へ出入りするときの供の者は、年寄は小姓三人・草履取り二人、それ以外は小姓二人・草履取り一人とすべきこと、違反者は改易すべきこと、

第八条　踊りや辻ずもうは禁止し、かぶき踊りのものに宿を貸してはならないこと、

第九条　規定された番所の外、奥への立ち入りは禁止すべきこと、

を規定する。これらの法令は、先の遺誡の延長線上にあり、城中や城下の秩序を確立し、前田家当主である利常の権威を高め、家中を統制するためのものであったと見られる。

法令発令の主体は利長

さらに七月十七日には、高岡に高札《こうさつ》三ヵ条を立て、辻斬り・悪党人を訴え出たものに褒美として金子五枚を与えること、火付け・悪逆人も同前であること、家中のかぶき者召し抱えを禁止し、発覚した場合はその主人を処罰すべきことを命じた。その翌月、八月十二日には、金沢においても同主旨の法令が出されたが、この文書は、利常の年寄である横山長知・奥村栄明《おくむらながあきら》・篠原一孝《しのはらかずたか》の三名連署による奉書であり、利長の指示によるものである。というのも、同じ八月十八日に三名連署で出された奉書によるかぶき者召し抱え禁止やたばこ禁止の法令には「御父子様より堅く仰せ出され候」と記されており、実質は利長が指示したことが確認されるからである。この段階で、利常はまだ法令発令の主体として、利長から認められていなかったものといえよう。

この三人の年寄連署による奉書は、今しばらく続く。八月十四日の灰吹き《はいふき》銀《ぎん》・偽灰吹き銀の流通を禁じる奉書、九月四日の高岡衆屋敷割りの指示に関する奉書（後述）、九月十七日の白山社《はくさんしゃ》建立に関する奉書、九月二十三日の高禄の士に対する屋敷割りに関する奉書などは、利長の意思が反映した指示と見られる。

利常の権限

その一方で、八月十二日の本多政重に対する知行宛行状は利常の名で出され、八月二十七日の金沢屋敷奉行五名の任命書、九月三日の金沢侍屋敷割りの定《さだめ》も利常の名で出された。さらに、九月七日の津幡四町定《つばたよんちょうさだめ》は利常の御印で出され、利常単独の署名による文書も同様に出されている。利長は、遺誡によって利常の当主としての自覚を促し、家中に対しても利常を補佐して、前田家を維持するよう強く申し渡したが、その段階では、まだ完全に実質的な代替わりはしていなかったといえよう。

利常に自立を促す

しかし、先に触れたように、八月二十九日付の利常宛利長条書には、決定的な記述が見られた。

一、その方より我々かたへ、諸篇常々用所《ようしょ》の義相尋ねらること、病中礙《さまたげ》になり申す義に候間、その地において年寄共相談ぜられ、よき様に申し付けられ尤《もっと》もに候事、

条書の第一条に書かれたこの文言からは、利常がことあるごとに利長に相談を持ちかけていたことがわかるが、利長は病気療養のさまたげになるとして、利常の相談事を拒絶したのである。確かに利長の病態は相応に大変であったにちがいないが、遺誡をしたため、法令を発するなどの一連の動きから見て、利常の相談を受けられないような状況ではないように見受けられる。とすれば、むしろ、もう自分を頼らないように、その自

立を促すことが狙いだったのではないか。

幕府三ヵ条誓詞を契機に遺誡をしたため、本多政重を召し抱え、法令を整備したのは、まさに利常の当主としての自立のための環境整備であったといえよう。自分の死を間近いものと見ていた利長にとっては、急がれた課題であった。最後は強権的に利常を拒絶することで、その自立の仕上げとしたのである。

高岡の重臣を金沢に返付

「その地において年寄共相談ぜられ」とある年寄たちは、遺誡に名を連ねた重臣たちであろうが、その中には、八名の高岡の重臣が含まれた。その重臣たちの扱いはどうなるのであろうか。実は、この利長条書の前に、利長は利常に、高岡の重臣三九名を金沢に返付することを指示していた。先の条書の二日前の八月二十七日付で、利常は西村右馬助以下五名を金沢屋敷奉行に任じ、高岡の重臣（高岡衆）の受け入れ体制を整える作業を始めていた。九月三日、利常はこの五人の屋敷奉行に対し、「金沢屋敷之法度」を申し渡した。そこには「今度高岡衆へ相渡し候家中下屋敷替え地の事」と屋敷改めが「高岡衆」の金沢返付に伴う事業であることが明記されている。こうした「高岡衆」の金沢返付から、「年寄共」の中には「高岡衆」の年寄も含まれ、利長が構築しようとした利常扶翼の体制が完成の時を迎えつつあったのである。

その際、高岡衆に与えられた屋敷は、金沢侍屋敷よりも若干広かった。すなわち、一万石の知行に対して、金沢侍屋敷は四〇間四方、高岡衆は四五間×四〇間で、高岡衆の

「高岡衆分限帳」の重臣一覧

家臣名	知行高	家臣名	知行高
神尾主殿	(石) 9,000	松平治部	(石) 1,300
富田下総	8,130	富田弥五作	1,200
松平伯耆	8,000	猪俣齊	1,200
小塚淡路	7,000	国府新助	1,000
今枝内記	6,000	吉田伊織	1,000
安見隠岐	6,000	安彦左馬允	1,000
前田美作	5,000	井上勘左衛門	1,000
生駒内膳	5,000	成田助九郎	1,000
大音主馬	4,000	細野雅楽	1,000
松田四郎左衛門	4,000	村瀬丹後	1,000
大塚壱岐	3,000	原左近	1,000
山下兵庫	3,000	堀田勘平	800
水越縫殿助	3,000	富田主水	700
栂大学	2,500	多田宮内	700
吉田猪助	2,000	前田刑部	600
津田刑部	2,000	青木采女	600
稲葉左近	1,800	菊池庄左衛門	500
富永勘解由左衛門	1,500	津田宇右衛門	500
平野弥次右衛門	1,500	吉田左近	500
菊池大学	1,500		

(注)(1)「高岡衆分限帳」(金沢市立玉川図書館蔵)をもとに作成.(2)知行高5,000石以上の8名は,慶長16年5月15日の前田利長遺誡の宛所に名を連ねる重臣である.

方が一二・五％広い。他の単位知行においてもほぼ一〇％強広く設定されている。これは、高岡衆に対する屋敷面積における優遇策を示している。金沢侍屋敷の定は、利常が五奉行に発したのに対して、高岡衆の定は、横山・奥村・篠原三年寄連署で発せられ、利長の指示によって設定されたことがわかるのである。これまで利長の側に仕えて、利長の意を強く受けた高岡衆に対して、利長は格別に大きな期待を抱いていたものと見ることができよう。

この高岡衆の金沢返付は、慶長十六年（一六一一）の後半にかけて進められたらしく、利長は十二月四日付で、本多正信・大久保忠隣に宛てて書状を発し、大御所・将軍の病気見舞に謝意を表するとともに、普請役を担えるような重臣を金沢に帰したことを報告した。これを契機として、利常は最終的に前田氏当主としての自立を利長から容認されたようである。

利常への完全な代替り

この年の九月までは寺社に対する手当については、利長の意思が反映されていたが、暮には、もはや利常単独の署名で寄進などが行われるようになった。すなわち、九月十七日付の白山社建立についての指示は、横山・奥村・篠原三人連署の文書によっているが、十二月十三日の滝谷《たきだに》妙成寺《みようじようじ》への寄進については、大きく様相が変化した。

土田《つちだ》の荘《しょう》の内十三俵の所、当寺に対し、利家公・利長公墨付の旨に任かせ、寄附せしめ候、並びに滝谷村永不作の地三町三段の所寄進せしめ候、自今以後寺納相違これ有るべからざるの状、件の如し

慶長十六年十二月十三日

滝谷妙成寺納所

この寄進状は写しであるため署名が略されているが、同日付の「掟」では利常の花押が据えられていることから見て、利常の花押が据えられた文書であったことは確かであろう。その内容は、利家・利長の寄進した一三俵の地を安堵し、新たに三町三反の地を寄進するものであり、ここに名実ともに利常が利長から家督を継承し、前田氏の当主として加越能三ヵ国を統治する主体であることを明確にした姿を見ることができるのである。このほか、同年十二月十八日付の倶利伽羅《くりから》明王院《みょうおういん》への寄進、同二十四日の白山社への寄進、翌慶長十七年（一六一二）三月二十四日付の羽咋《はくい》気多神社《けたじんじゃ》への社領安堵や禁制《きんぜい》なども、すべて利常の単独署名によるものであり、慶長十六年十二月こそが新当主前田利常誕生の画期だったのである。

このようにして、利常の当主としての自立は、利長が万全の準備をしたうえで進めら

れたのであるが、利長が実際の政務から手を引いたのち、利常が頼りとすべき存在は、本多政重であった。しかし、本多政重の政務への参画は、利長・利常が期待するほどにうまくは進まなかった。慶長十六年二月十四日付で利常は、政重に書状を送り、

一、萬事我等ためのき《（儀）》、きも《（肝）》入《（煎）》られ候てたまわらんと、そこもとさしつ《（指図）》をうけ申したく候、頼み入れ申し候事、

と、政務全般について政重の指南を受けることを望んだ。知行割や国の仕置《しおき》について任せたいが、それは難しいだろうから、「しまり」については任せたいとしている。この「しまり」とは家中の締まり、すなわち家中統制のことであり、利常にとって最も困難な課題であった。さらに、公儀向きや御普請役などについても、政重の指図を期待していた。

生母の出自

利常にとって、家中統制の難しさには特別のものがあったと見られる。なぜなら利常の実母寿福院《じゆふくいん》（千世）は、もと芳春院《ほうしゆんいん》（松《まつ》）の侍女であり、しかるべき家筋の女性ではなかったことから、芳春院の世話になった譜代の家臣にとっては、重く見るべき存在ではなかったと見られるのである。慶長十七年と見られる十二月十六日付の書状で、利常が「さりながら家中としより《（年寄共）》とも、われらため能《よ》き様《よう》にと、そこ《（底）》から存じよるものもこれ

本多政重、家中統制の任を辞退

政重の幕府外交ルート

無き間、物ごとはかどり申さず、みだりに候」と述べているのはその表れである。

利常がこのような、ある意味での弱気の述懐をしたのは、その数日前の十二月十二日付で、本多政重が五人の年寄奥村家富《おくむらいえとみ》・奥村栄明《ながあきら》・奥村栄頼・篠原一孝・横山長知宛てに、自分が「しまり」・仕置を担当するのは、外聞・実儀ありがたい話であるが、仰せ出にそむいてはいかがかと思いお受けした。しかし、両御所様の勘気《かんき》を蒙《こうむ》った身では、「しまり」をお受けすることは、両御所様はじめ利常に対していかがなものであろうかと懸念され、「しまり」については免除してほしい旨を申し入れ、辞退が聞き届けられた。御普請役や表向きの奉公、内々の問題への対応については、身に及ぶ限りの奉公をするので、「しまり」については免除してほしいというものである。

この申し出は、利常の期待を大きく裏切るものであったが、許容せざるをえず、「しかしながら貴所万事心あていかがの上は、家中のしおき、国のしおき、我々ための事を見、むづかしく候共さし出でいけん候て給うべく、頼み入れ申し候」と基本的な立場を表明するしかなかったのである。利長が、政重召し抱えのとき、三ヵ条誓詞に抵触する恐れを感じ、藤堂高虎を通じて江戸や駿府に支障の有無を問い合わせ、確認を得ていたにもかかわらず、政重個人としてはまだ解決していない問題であったということか、あるいは、譜代の家臣が多数おり、自分を破格に召し抱える主君に対して、必ずしも協力的とはいえない状況の中で、政重が幕府重臣との血縁関係による紐帯《ちゅうたい》を利用して構えた一種の政治工作であったのか。この点については明らかではないが、両方の要素が絡んで表れた事態であったかもしれない。

こののち、政重はその言葉通り、国のしおきや家中のしおきに直接かかわらず、主に幕府との交渉事に力を尽くした。政重が「公儀ひかげ（日陰）」の身を脱するのは、大坂の陣後の、元和《げんな》元年（一六一五）のことである。

第十四　利長の晩年

一　代替わり後の利長

利長、銀子を献上する

慶長《けいちょう》十七年（一六一二）四月十八日付で利長《としなが》は、村越茂介《むらこしもすけ》（大御所家康《いえやす》付）に宛てて、染絹一〇〇疋と銀子《ぎんす》一〇〇〇枚を献上した。また、本多正信《ほんだまさのぶ》・大久保忠隣《おおくぼただちか》（将軍秀忠《ひでただ》付）宛てにも白布一〇〇反・梨地長持《なしじながもち》一〇指と銀子一〇〇〇枚を進上した。これは、利長の隠居領越中新川郡《にいかわぐん》の亀谷銀山《かめがいぎんざん》から、銀が採掘されたことを幕府に報告したものである。亀谷銀山は、新川郡の常願寺川《じょうがんじがわ》扇状地の扇頂部に位置する鉱山で、越中七つ金山の一つであり、優良な鉱山であった。

翌五月十日付で秀忠から、十三日付で家康から、謝意の御内書《ごないしょ》が発せられた。こうした献上に、何らの政治的意図も込められていなかったと見るわけにはいかない。そこには、実質的にも代替わりをした利長が、若年の利常《としつね》の治世に仮に何らかの落ち度があっても、幕府が寛大な措置を執ってくれるように願う意図が込められていたであろう。

そうした細かい配慮は、利常補佐の任を期待する本多政重《ほんだまさしげ》に対する懇《ねんご》ろな書状によってもうかがうことができる。七月晦日付の書状では、政重の屋敷裏の石垣が竣工したとの報を受けて返書をしたため、その翌八月一日にも書状をしたため、石垣の竣工に触れ、他の普請についても必要なことがあれば申し出るようにと申し渡すとともに、鷹狩り（利長自身の獲物ではない）で捕らえた鳥五〇を贈っている。九月十九日にも政重書状の返書をしたため、利常に対する補佐に満足の意を表し、作事など材木の不足に伴う苦労をねぎらっている。十一月十日には、本多政重邸が完成したことを祝し、また、利常がその披露の宴に招かれたことに謝意を表している。

利常夫人の懐胎を期待

今一つ利長が期待を寄せたであろう事案に、利常夫人珠姫《たまひめ》の懐胎があった。慶長十七年中の関連史料は見えないが、慶長十八年二月朔日には、横山長知《よこやまながちか》・篠原一孝《しのはらかずたか》・奥村栄明《おくむらながあきら》三年寄の連署で、千手院《せんじゆいん》や愛宕宝幢坊《あたごほうどうぼう》に御産平安、息災・延命・長久を祈願し、米三〇俵を寄進した。二月十一日には奥村栄明・奥村栄頼《ながより》両名連署で、越中砺波郡埴生護国八幡宮《となみぐんはにゆうごこくはちまんぐう》に同様の祈願を求め、米三〇俵を寄進している。いずれも発願者は明示されていないが、巻数《かんず》・御札を珠姫付家老である興津内記《おきつないき》に届けるよう求めているところから、利常自らの祈願であったと見られるが、利長にとっては、関ヶ原の戦い以来、さまざまな苦渋に堪えて作り上げてきた幕藩制の中の前田氏の位置確保にかかわる重大事であり、男子が誕生すれば、将軍秀忠の孫である嫡孫誕生を意味し、大いに期待されたであろう。そのように見れば、先の二寺一社への祈願に、利長の意思が反映していないとはいえないであろう。

また、利長は慶長十八年（一六一三）二月二十一日、熱田神宮《あつたじんぐう》に、利常夫人珠姫の安産を祈願し、金子一枚を奉納した。翌三月五日にも、珠姫の病変に対して、その平癒《へいゆ》を祈願し、金子一枚を奉納した。熱田神宮は、織田信長《おだのぶなが》が桶狭間《おけはざま》の戦いに臨むに際して戦勝祈願し、戦勝帰陣後、その御礼として土塀を寄進した神社として有名である。利長にとっては、主君に戦勝をもたらした神社として特別の意味をもっていたであろう。

亀鶴姫誕生

三月九日、利常の第一子が誕生した。女子であり、亀鶴姫《かめつるひめ》と命名された。男子の誕生が期待されたと見られるが、その期待通りには運ばなかった。それでも利長にとっては、前田氏が徳川氏に従う大名として、徳川将軍の孫を得たことは、これまで努めてきた関係構築の証として大きな意味をもつ存在であったと見られる。利常に男子が誕生するのは、大坂の陣後、すなわち利長の死後の元和《げんな》元年（一六一五）十二月のことであり、利長は、終生、実男子はおろか、実男子嫡孫の誕生にも恵まれなかったのである。

二　利長の病状悪化と新川郡返上問題

諸品の進上

慶長十八年四月、利長は病状の悪化を家康に告げ、音物《いんぶつ》（進物）として、金子五〇〇枚相当の肩衝《かたつき》（茶入れ）を一つ、金子五〇〇枚を進上し、家康の息子三人（義直《よしなお》・頼宣《よりのぶ》・頼《より》房《ふさ》）にも金子五〇枚づつを進上した。また、江戸の将軍秀忠にも「郷の刀」一、新《あら》実《み》藤《とう》四郎《しろう》の脇差《わきざし》一、若君二人（家光《いえみつ》・忠長《ただなが》）にも金子五〇枚づつを進上した（『当代記』）。あたかも遺物わけのような様相である。この翌五月二十日には、利常も駿府に赴き、家康に謁見して銀子五〇〇枚、綿五〇〇把、紅絹一〇〇疋、朽《くち》葉《ば》色《いろ》絹一〇〇疋を献上している。

隠居領の返上を申し込む

この少し前、利長は幕府に対し、隠居領の越中新川郡を返上すると申し出たという。その史料は、一般に『加賀藩史料』二所収の「本多氏系譜」の記述を基礎にしており、その「本多氏系譜」は、現在、金沢市立玉川図書館近世史料館加越能文庫に蔵される「本多系譜」を底本にしていると見られる。その史料は次のようである。

一、慶長十八年癸丑春、瑞龍院様（前田利長）越中一国差し上げらるべきの旨、政重（本多政重）をもって佐渡（本多正信）在江戸へ仰せ遣さる、上野介（本多正純）御聴に達す、この時江戸・駿河両上様御機嫌伺いのため奔走七度に及ぶ、相違無く越中国前々の如く進《まいら》せらるべきの由上意に就き、百二十万石全く御領掌、瑞龍院様御直《おんじき》今度は政重功労故と御意、これにより慶長十九年微妙院様（前田利常）より御加増知二万石拝領、

慶長十八年に越中一国を幕府に返上すると幕府に申し出たとある。しかし、この慶長十八年という理解に、再考を迫る史料がある。それは、二月十四日付の本多正信・正純宛利長覚書《おぼえがき》である。

覚

一、御そせう（訴訟）申し上る儀相叶い候はば、高岡城の義筑前守（前田利常）に申し付けわらせ申すべく候事

一、越中の内新川郡、私隠居分に下され候内を以て、召し遣い候ものとも人多くに入らざる儀に付て、高をも取り申し候者共四年以前に加州へつかはし申し候、然《しか》れば相残り候分并《なら》びに右の郡検地《こおりけんち》をもいたし、開きの出□御座候、申し上げ候次第にいつかたへ成り共仰せ付けらるべく候事

一、かめかへ（亀谷）なまり山（鉛山）の儀も、ない〳〵申し上ぐる如く、過分になまり（鉛）もいて申候

山にて御座候間、御用のため御奉行をも仰せ付けらるべく候哉、并びに銀子も出で申し候事

以上

羽柴肥前守

二月十四日　利長　判

（本多正信）本多佐渡様

（本多正純）本多上野様

返上を願い出たのはいつか

この第二条に、新川郡の利長隠居領を幕府に返上する意向が述べられている。そして注意すべきなのは、「召し遣い候ものとも人多くに入らざる儀に付て、高をも取り申し候者共四年以前に加州へつかはし申し候」としている部分である（内容については後述）。利長が高岡付家臣を金沢に返したのは、慶長十六年（一六一一）のことであった。とすれば、この二月十四日は慶長十九年の二月十四日ということになり、右の「本多系譜」の慶長十八年と齟齬する。どのように理解すればよいのか。

この「本多系譜」は天保《てんぽう》八年（一八三七）に記されたものであるが、それよりもいくらか早い天明《てんめい》五年（一七八五）に成立した「本多家譜」（実際の表紙にはたんに「家譜」とのみ記されている）には、やや異なる記述が見られる。

一、同十八年《（慶長十八年）》癸丑重ねて居屋鋪拝領、其の儀に付き五月六日瑞龍院《（前田利長）》様より御書今度江戸・駿河にて骨折り候段も仰せ下さる

一、瑞龍院様越中一国差し上げらるべき旨に付き、政重《（本多政重）》を以て佐渡守《（本多正信）》へ仰せ遣され、上野介《（本多正純）》御聴に達し、此の時江戸・駿河両上様御機嫌伺いのため奔走七度に及び、相違無く越中国前々の如くこれを進《まいら》せらるべきの由上意につき、百二十万石全く御領承、瑞龍院様御直《おんじき》今度は政重功労故と御意、依之《これにより》慶長十九年微妙院《（前田利常）》様より御加増知二万石拝領、此の節御請段々御礼申し上げ候趣これ有り、六月十三日御判物頂戴、右の上小松御城御預け成さるべき由候えども、此の儀は固辞奉る

これによれば、利長が「越中一国」返上を言い出したことは慶長十八年条に記されているが、「春」とは記されていない。では、利長が「越中一国」返上を言い出すのはいつごろのことであろうか。それにヒントを与えてくれるのが、次の慶長十八年（一六一三）十月三十日付の高岡家老神尾図書之直《かみおずしよゆきなお》宛ての書状である。

神尾之直宛書状

尚々《なおなお》つまり候て、はゝ《（母）》にあい《（会）》候ては、いらざる事に候、ちとまへかど《（前廉）》にあい《（会）》度候、

わざと申し入れ候、仍《よ》って我らわづらひ《患》ちとおもり《重》候、つら《面》などもはれ《腫》、かたはら《片腹》などもうき《浮》申し候、はやちか《早近》づき申すかと存じ候、かやうに候てはほどなき物故、ようたい《容態》くすし《薬師》へたづね《尋》られ候て給うべく、其のくち《口、診断》しだいに、すこしもまへかどに、はゝ《母》にあい《会》度候、しよくじ《食事》は此の中六日まで、よくすゝみ《進》申し候、以上、

十月三十日　ひ

づしよ《神尾之直》　參

利長の顔は腫れ、片腹も腫れ上がっていて、死が近いことを実感させる病態であった。こうした状態のなかで、利長はこれまで絶対に口にしなかった母への再会願望を吐露するのである。かつては、母が再会を求めてきても断るように家臣に申し付けていた利長であったが、病状の悪化は、利長の心を弱くさせ、ついには心の奥底を吐露させたのである。

芳春院との再会願望

とすれば、利長の「越中一国」返上は、このあたりを起点として起こることではないか。すなわち慶長十八年十月ころ、利長は母との再会を求め、本多政重を使者として幕府に内々に願い出たのではないか。その際の見返りとして、自分の処分可能と利長が考えた「越中一国」を差し出すとしたのではないか。「越中一国」とは、右の二月十四日

覚書によれば、新川郡一郡のことであった。

この新川郡返上の申し出を、当主である利常はなんとか未然に終わらせたいと考え、政重にそれを命じたのであろう。その交渉のために、政重は江戸と駿府を七度往返したのではないか。この往返は、何も慶長十八年中と限ることはないであろう。翌十九年にまたがってもおかしくはない。

悪化する病状

この二月十四日の利長覚書に、利長は二月十八日に判形《はんぎょう》を押した。そのことが、慶長十九年三月十三日付の本多政重書状に記されている。宛所の河井忠兵衛《かわいちゅうべえ》・松本権《まつもとごんの》丞《じょう》は本多正信の家臣であろう。この書状で政重は、利長の病状について、次のように記している。

一、こゝもとへ御使にてもこさせられ候においては、煩いの躰御目に懸け度く候。上方へまかりつき候はゞ、すなはち板倉伊賀殿《（板倉勝重）》へ御目に懸くべく候。但し久々にて相はて《（果）》られ候はんもしれず候。何れ来年中迄は相のび《（延）》申すまじきと存じ候。さりながらふく中《（腹中）》にやまひ《（病）》は御座無く候。腫物さい発《（再発）》、手あし《（手足）》用に立ち申さず、ぎやうぶ《（行歩）》かなひ《（叶）》申さず、ねふし《（寝伏）》をも女共にかゝへ《（抱）》られいたす躰にて候。尤めし《（飯）》た《（食）》べ候もくゝ《（屈）》められ候儀に候。おとろへ《（衰）》くれ候に、中々前のかたち《（形）》はこれなく御座候事。

上洛願望

すなわち、手足は用に立たず、寝るときも女中に抱えられながらする始末であり、来年中まではもたない様子であるという。腹中に病はないが、食事をするときも身体をかがめる状況であり、「前の形」はない状態であるという。高岡城を破却し、隠居領を返上して、自らは上方に上り、京都所司代板倉伊賀守勝重《かつしげ》のもとに過ごしたいと希望しているという。さらにその後は、利常との音信を絶ち、「上方の土に罷《まか》りなり、むらさき野（紫野）はうしゅいん寺（前田家菩提寺・大徳寺芳春院）にて、いつとなく人も存じ候はぬやうに取りおかれ申したく候」と望んでいるという。

新川郡返上の真意

ここには、病苦をおして上方に上るという、ぎりぎりの選択をした利長の決意のほどをうかがうことができる。深まりつつある豊臣と徳川の対立のなか、また自己の病状の悪化と死の予感の前で、母との再会を果たそうとしたのである。自己の存在が政治情勢の一つの焦点になる一方で、将軍の婿である利常の政治的立場を考えたとき、右のように申し出ることが、最良の道であると利長は考えたのであろう。

先の二月十四日の利長覚書について改めて見ておこう。ここで「御そせう（訴訟）申し上る儀」としているのは、先の神尾之直宛書状から見て、母との再会であろう。聞き届けられたなら、利常に命じて高岡城を破却すると明言している。城の破却とは軍事拠点の放棄ということであり、この場合、利長の徳川への従属の証を意味した。また、第三条では、この時期、前田領では最も優良な銀山であった亀谷銀山の進上を申し出た。ここから産出された銀を、幕府に献上したことは記憶に新しい。しかも、その鉱山をなまり山としているのはどうしてか。これは、緊張が高まっている豊臣氏との関係において、戦争という事態になったときの銃丸製造をにらんだ表現ではなかったか。利長の徳川氏従属の姿勢は、関ヶ原の戦い以来一貫していたが、幕府の態度はなかなか軟化せず、病状悪化の現実の前に、ついにはこのような申し出をするまでに追い込まれたとすべきであろう。

この新川郡返上問題について奔走し、その申し出がなかったことにした本多政重に対し、利長は五月六日付の書状で、「えど《（江戸）》・するが《（駿河）》へのじょう《（状）》どもつかわれ《（遣）》候よし、まんぞく《（満足）》いたし候、こんどえど・するがにて御ほねおりのぎ《（骨折の儀）》をも、なにか《（何）》ととりまぎれ申入ず候」とその労をねぎらっている。『加賀藩史料』では、この五月六日付の書状を慶長十八年のものとしているが、明確な根拠はない。慶長十九年の文書として何ら問題はないのである。返上を申し出、その一方で、それを未然に防いだ政重の労をねぎらうのは、一見相矛盾するように見えるが、返上を申し出た心も真実なら、それを未然に防いだ政重をねぎらう心も真実であろう。まさに葛藤の具体的表現であった。

三　徳川・豊臣の対立と利長

秀頼への思い

利長の晩年において、何よりも重大な関心事は、徳川と豊臣の対立であったにちがいない。父利家とともに秀頼《ひでより》の傅役《もりやく》を勤めていて、豊臣政権の分裂の中でそれを果たしえず、悔悟の念が強かったであろう利長が、現実の政治関係の中で徳川大名として生きる道を選択しながら、秀頼の成長を見守りたい思いは強かったであろう。奇しくも、秀頼と嫡男利常は文禄《ぶんろく》二年（一五九三）生まれの同年齢であった。その秀頼が慶長十六年（一六一一）四月、徳川家康との二条城での会見を済ませ、形のうえで家康に臣従し、当面の危機が去って豊臣氏存続の道が確保されたことに、利長は安堵したにちがいない。家康の圧倒的な政治力に逆らえば、豊臣氏の将来がないことを、利長は我が身のごとく理解したにちがいないのである。

「鳴鶴集《めいかくしゅう》」には、慶長十七年、大野修理治長《おおのしゅりはるなが》が利常に書を与え、秀頼が黄金一〇〇〇

大坂方につくことを拒否

枚の調達を依頼してきた逸話を紹介している。利常はその書状を駿府に送り、秀頼の要請を紹介したところ、家康は、秀頼が全国の大社・仏閣を造営すれば金銀が尽き果てるのも無理ないことであろう、として取りあわなかったという。これが事実を伝えているとすれば、利常が駿府に知らせる際に、利長に意向を伺うことは充分ありうることであり、その結果の駿府への報告であったとすれば、利長がそこに危険なものを感じ取ったからであろう。徳川氏にひたすら恭順の意を表してきた利長にとっては、秀頼からの要請を伏せていて幕府に知られるようなことがあれば、家の存続に直接的な影響が出ることは必至と見られたのである。

慶長十八年（一六一三）冬、秀頼の使者として織田左門頼長《おださもんよりなが》（織田有楽斎長益《うらくさいながます》二男）が高岡の利長を訪ねてきた。頼長は秀頼からの伝言として、家康が近いうちに秀頼を滅ぼそうとしており、利長を頼りに思っていると伝えた。それに対して利長は、自分は病中で、家の中での行歩もかなわない状態であり、上方にのぼって馳走《ちそう》（奔走）することは困難であること、また嫡男の利常は、父子とはいいながら関東の将軍の婿であり、どのように考えるのかはわからないため、自分一存ではお請けできないこと、自分のもとにある兵はいつでも進上することを伝え、事実上拒絶した（「関屋政春古兵談」）。これは、徳川氏の政治的圧力の中で利長が取りえた、唯一にして最上の方法であったと考えられる。それとともに、利長は自分一己の存在が、政治的重要性を今なお具備していることを実感したにちがいない。

キリシタン禁令

慶長十八年、江戸幕府は、キリシタン禁令を全国に布告した。関ヶ原の戦いの戦後処理で取り潰しを受けた西国大名の家臣には、キリシタンが多く含まれており、この禁令はそれらのキリシタンをも標的としていた。先述したように、高山右近《たかやまうこん》や浮田《うきた》休閑《きゅうかん》などの著名なキリシタンを多く領国に抱える前田氏としては、この面からも幕府の圧力を感じさせられていたはずであり、このうえに豊臣氏への援護を疑われる所為《しょい》があれば、それは自殺行為に等しい。後述するように、幕府が高山右近差し出しを命じたとき、利長はそれにあらがうことはせず、右近が棄教すれば難を逃れられると思いつつも、そのような忠告が無駄なことであり、幕府の命に無言を通すしかなかったのは、無理からぬことであった。

このように、いくつかの局面で豊臣氏の徳川氏に対する危機意識が具現化するとともに、利長の存在も改めて浮上し、利長の進退に大きな影響をもたらした。「前田家雑録」には、これにかかわった深刻な逸話が紹介されている。

自身の死を望む利長

病状が悪化したあるとき（慶長十八年のことか）、利長が本多政重を呼び、心中を吐露した。自分は一時も早く死ぬことが大慶である。大坂と関東の様子を見るに、戦いが起ることは必定である。そのとき、自分は大坂に合力《ごうりき》するが、利常は将軍の聟であるから関東に味方するであろう。しかし、自分が生きていると、利常がふとしたことで大坂に味方すると言い出すこともありうることであり、自分は一刻も早く死ぬべきである。関東が大坂を攻撃したとき、秀吉によって取り立てられた多くの大名が大坂城に集結するであろう。となれば、関東は一度は敗北する。そのときには利常の面倒を見てほしい。もし、徳川が敗北したときはどのようにすべきか、政重の考えを聞かせてほしい。

このように聞かれた政重は、利常を連れて美濃大垣《みのおおがき》まで退き、そこでもう一戦に及ぶつもりである。それでも敗北したならば、大垣の戸田左門《とださもん》の援助を受けると答えた。この話を聞いた利長は、普段は起き伏しもできない体であったが、ふと起き上がり、政重の考えを否定し、敗北したときは、利常がそこで討ち死にするのがいい。跡継ぎには弟がたくさんいる。利常はそこで討ち死にするのが奉公というものである、と述べ、不機嫌になったという。

これに関する一次史料は管見には見えず、確定的にはいえないが、描写が具体的であり、これまでの利長のなかで、利長に対する豊臣方の期待が高まる一方で、徳川方の警戒が緩まない現状に立っての言動とすれば、いかにもありそうな話である。利長は、徳川と豊臣の相剋のなかで自分自身の存在を抹消することが、前田氏の家の存続にとって必要であると自覚していたものと見られる。

このような状況下、利長が内々に政重の手を介して打った手が、先に見た新川郡返上、高岡城破却、亀谷銀山の返上の申し出であり、京都所司代板倉勝重の監視下での京都居住の申し出であった。

この申し出に対する幕府の対応については明らかではないが、このあとの利長の足跡を見ると、結局上方には行けず、その思いはついに果たせなかった。

四　高山右近の追放と利長

徳川家康のキリスト教弾圧の前に、武道、文道に優れ、茶の湯の道において利長を導いた高山右近は、その平穏を断ち切られることになった。

慶長十七年（一六一二）の岡本大八《おかもとだいはち》事件（キリシタンの岡本大八が、旧領回復を望むキリシタン大名有馬晴信から金品を詐取して、ともに断罪された事件）に端を発して、同年には駿府と幕府領に、翌十八年には全国に向けて発令された禁教令によって、右近のキリシタンとしての生活は陰に陽に圧迫されていったのである。

右近の追放

慶長十八年、幕府が前田氏に高山右近の差出しを求めてきたとき、金沢の教会にいた司祭一名と修道士一名のほか数名の同宿たちは、早々に金沢を離れた。その三日後に、利長は右近や内藤如安などに幕府の追放命令に従うように伝えた（「一六一四年度日本年報」）。このとき、利長は右近に、表面上は棄教したようにして幕府の追及をかわすことができないかを横山長知に謀ったが、その息康玄が右近の息女ルチアの夫であり、右近と懇意の長知は、それが無駄なことであることを利長に説き、利長も思いとどまったという（ラウレス『高山右近の生涯』）。

このときの利長の態度について、それまでキリシタンに理解を示していた利長が、手のひらを返すようにいとも簡単に右近を幕府に差し出したとする見方があるが、若干皮相に過ぎるであろう。先に見たように、基本的には、キリシタンの教えは正しいと考え、それを忠実に実践している右近は、利長の尊敬の的であった。利長の心中は苦しく、懊《おう》悩《のう》の日々を過ごしたにちがいない。しかし、利長にとっては、右近を擁護することは、あくまでも徳川家康の意志に逆らうことであり、前田氏領国を失う危険に身をさらすことである。

右近への後ろめたさ

右近たちは、追放の命を受けて一昼夜しか時間を与えられずに、旅の支度を余儀なくされた。屋敷や財産すべての放棄を余儀なくされた右近は、その年の年貢による収入である金塊六〇個を前田氏当主の利常に渡し、利長には高価な茶壺を贈った。利常は喜んで金塊を受け取ったが、利長は茶壺を受け取らなかったという（「一六一四年日本年報」）。利常の夫人は二代将軍徳川秀忠の次女であり、利常は幕府の意向に従うことで、前田氏の存続を考えていた。利長は、右近を擁護しきれない後ろめたさがあり、受け取れなかったのであろう。

右近、マニラで死す

右近や内藤如安とその一族・主従は、冬の北国路を京都へと護送された。途中、越前から近江に抜ける雪深い山岳地帯を越える労苦は、筆舌を絶するものであったであろう。一行は近江坂本《おうみさかもと》で足止めされ、その後、京都の町に入ることはできず、長崎に護送されることとなり、さらに他のキリシタンや宣教師たちとともに、マニラやマカオに追放された。右近や内藤如安らはマニラに追放され、それを迎えたマニラの町では、あらゆる教会の鐘が鳴らされ、熱烈な歓迎を受けたという（コリン「フィリピン諸島におけるイエズス会の布教史」)。しかし、すでに老齢に達していた右近は、マニラに到着後、わずか四〇日で熱病に冒され、亡くなった。

五　横山長知の出奔

横山長知の出奔と出家

利長が、右に見たように終末環境を整えつつあるとき、長年利長に仕えてきた年寄横《よこ》山長知《やまながちか》が突然出奔した。長知は天正《てんしょう》十年(一五八二)、父長隆《ながたか》とともに十五歳で利長に出仕し、以後、文武に秀でた家臣として重用され、高三万石を知行する家臣であった。

このとき、長知は、倅の大膳《だいぜん》・式部《しきぶ》ともども菩提寺である松山寺《しょうざんじ》(現金沢市東兼六町、曹洞宗、当時高岡にあったか)に入寺し、剃髪《ていはつ》したようである。長知がなぜこのような行動をとったのかについては種々の見方がある。慶長十八年(一六一三)に出された幕府の禁教令によって、高山右近と公私ともに懇意であった長知が、前田氏に危機をもたらしかねない危険な存在になるとする奥村栄頼《ながより》などの守旧派からの追及を受けることを避けるため、出奔・出家したとする見方が示されている(木越隆三「加賀前田家と高山右近」)。その是非はともかくも、この時期に出頭してきた奥村栄頼との対立が背後にあったであろうことは、十分に考えられる。

慶長十九年二月二十二日付の政重宛利長書状では、自分の病気が悪化していると聞いて剃髪し、高岡近郊の寺に入寺したというのは、あまりに気の早いことである。私はまだ生きているのに、このような行動は、調伏《ちょうぶく》（成道に至る障害を取り除くこと）ものである。私が取り立てて利常に付け、諸事意見をするように申し付けたのに、その指示を違え、剃髪したのは理解できない。利常の立腹は当然である。申し分があるならば言上すべきなのに、剃髪して何とも思わないようでは、召し使おうという気になれない。公儀も訝《いぶか》しむことであり、この点について政重がいいように計らえ。利常が立腹の余り成敗を申し付けるかもしれないが、政重が説得し、成敗しないように計らってほしい、と長知の生存を確保するように本多政重に求めた。利長は、これまでの長知の活躍ぶり、その秀でた才能から、利常の治世になくてはならない人材と見ていたのであろう。

「前田家雑録」では、先の、利長が政重に、自分は一刻も早く死ぬべきであると心中を吐露したことを聞いた長知が、長らく仕えた自分を差し置いて、新参の政重に重要事を相談したことに衝撃を受け、出奔したという見方を示している。利長と長知の主従関係の深さからしてありうることである。そうした存在であったがゆえに、利長はその命を惜しみ、政重に利常への説得工作を求めたのであろう。

横山長知の帰参

長知はこののち京都に上り、比叡山《ひえいざん》に入って利長の菩提を弔ったようであるが、大坂の陣の勃発を知り、急遽加賀を目指して帰還し、途中、大津で利常軍に合流して帰参を果たし、その後、利常軍の一翼を担ったのであった。

六　利長の死

大徳寺芳春院

慶長十九年（一六一四）五月九日付で、利長は、京都大徳寺《だいとくじ》芳春院《ほうしゅんいん》住持《じゅうじ》玉室宗珀《ぎょくしつそうはく》に書状をしたためた。

わざと申し上げ候、我々しょらう（所労）日々おとろへ（衰え）あいはて（相果）申し候、今一ど御めにかかりたき事も、いたづら事にまかり成り候、こくし様（国師、春屋宗園）御ゆるし（許）の一大事のはくじゅ（白綬カ）しちねん（失念）いたさず候、御心やすく候べく候、銀子二百枚しんじ（進）候、心ざしまでにて候、かしこ

五月九日　　ひぜん　印

ぎょくしつ（玉室宗珀）様

大徳寺塔頭《たっちゅう》芳春院は、利家夫人まつ（芳春院）が慶長十三年、玉室宗珀を開祖として建立した寺院である。玉室宗珀は、大徳寺一四七世の住持で、のちに紫衣《しえ》事件（寛永四年〈一六二七〉に、後水尾天皇が大徳寺などの僧に幕府の許可を得ずに紫衣着用を認め、禁中並公家諸法度違反問題に発展した事件）で、沢庵宗彭《たくあんそうほう》らとともに流罪に処せられた人物である。

この文面から、利長は日常的に玉室宗珀と書状のやり取りをしていたらしく、また玉室宗珀の師匠である春屋宗園から、「一大事」と位置づける指南を象徴する何らかの徽章を授かっていたのであろう。生前に母芳春院との再会をついに果たしえず、満たされぬ思いを抱き続けた利長にとって、大徳寺芳春院は、母に代わる存在であったのではないか。そして、この書状をしたためたころ、利長の病状はさらに悪化し、右に見たように本多政重を介して、京都の板倉勝重のもとで消えるように終末を迎えたいと希望していたことも、果たすことができない状況になっていたのではないかと考えられる。

利長死す

慶長十九年五月二十日卯の刻（午前五時頃）、利長は高岡城で息を引きとった。享年五十三であった。「慶長年録」には、「五月二十日、羽柴肥前守越中外山の城において、唐《とう》瘡《がさ》の煩いにて死去、五十三」とある。「当代記」にもよく似た記事があるが、ここでは五月十日としており、「外山の城」とも併せて誤記であると見られる。「天寛日記」には、加えて大納言正二位《だいなごんしょうにい》を追贈《ついぞう》されたと記されている。「唐瘡」とは、梅毒のことで、中世末期に日本に伝わった感染症である。利長の病気を「唐瘡」としたのは、幕府から利長に派遣された医師慶祐法印《けいゆうほういん》・盛方院法印《せいほういん》が幕府に報告した病名と見られ、信頼のおけるものであろう。

「三壺記《みつぼき》」には、利長は慶長十九年の春から重態になり、医師の治療も効果がなく、金沢から利常や重臣たちが見舞ったが回復せず、利長は遺言を述べ、遺物の分配を指示したとする。右に見たように、玉室宗珀への別離の書状が五月九日付であることから、この「三壺記」の記事はおおむね真実を伝えているものと見られる。

永姫落飾

利長の葬送については、詳細に語る史料は見当たらない。わずかに「三壺記」に、金沢から宝円寺《ほうえんじ》伴翁《ばんおう》和尚（正しくは宝円寺四世量山繁応《りょうざんはんおう》和尚）を召し寄せ、葬儀を執行したこと、戒名は瑞龍院殿《ずいりゅういんでん》贈《ぞう》亜相《あしょう》昌山《しょうざん》英賢《えいけん》大居士《だいこじ》と号したこと、菩提所が建立され、瑞龍寺と名付けられたこと、北の方（永姫《えいひめ》）も落飾し、玉泉院《ぎょくせんいん》と号したこと、当初は金沢の横山長知屋敷に住居したが、のちに金沢城内西の丸に住居し、同地を玉泉院丸と称したこと、高岡衆は隙をみて利長菩提所に参詣したこと、などが記されるのみである。

服毒自殺説

この利長の死について、「懐恵夜話《かいけいやわ》」には、「さて御身付御家来の内にても、宜《よろ》しき者は皆々金沢へ御帰り遊ばされ、御自身毒を召し上がられ候て御他界なり」と、利長が服毒して死を早めたと記されている。いわば服毒自殺したというものである（高澤裕一「前田利長の進退」）。

高野山前田利長墓石（和歌山県伊都郡高野町）

「懐恵夜話」の成立は享保《きょうほう》四年（一七一九）で、利長の死から一〇五年を経過しており、史料として妥当であるかどうかが問題になるが、その著者由比勝生《ゆいかつなり》については、高澤裕一氏の詳細な考証がある（高澤裕一「「前田利長の進退」補説」）。それによれば、勝生の祖父重勝《しげかつ》は、珠姫の随臣として慶長六年（一六〇一）に金沢に来た家臣で、勝生の父正勝《まさかつ》も珠姫付きであったが、正勝は利長に召し抱えられた。さらに、正勝の妻は脇田直賢《わきたなおかた》の娘で、直賢は、朝鮮出兵の際、宇喜多秀家《うきたひでいえ》によって日本に連行された人物で、秀家夫人豪《ごう》から芳春院のもとに送られ、利長の小姓を務めた人物である。このように勝生は、祖父や父母から直接間接に、利長の身辺について情報を得やすい位置にあった人物であり、その著作における利長関連の記事については信頼性が高いと見てよい。では利長はなぜ自然死を待たず、服毒して死を早めたのか。また、なぜこの五月という時期だったのか。

服毒の理由

利長の死の背景には、豊臣・徳川の対立があったことは、これまで見てきた通りである。しかも上方に上って、板倉勝重の監視のもとで消えるようにこの世を去りたいと希望していた利長が、それを果たさず、服毒したのはなぜだろうか。

これは、重複を恐れずにいえば、やはり、この五月ごろに利長の容態が急変したためではないだろうか。玉室宗珀への送別の書状が示すように、上方に上れば、今一度の再会が可能であったにもかかわらず、「いたづら事にまかり成り候」というのであるから、うまくいかなくなったということであり、予定が大きく狂った様子を伝えている。病状の急速な悪化によって、先にも触れたように、病気のせいで気が狂ったと思われることを恐れた利長は、最期の死に様が無残な姿をさらす前に、自ら命を絶ったのである。

最後の決断

その死がもたらす影響がどのようなものかについては、熟慮の末であったと思われる。それは、豊臣方であることを疑われ続けている自分を抹消することで、一つは徳川氏の前田氏に対する疑いを払拭すること、一つには、利常が自分の無残な様からふと豊臣方につくと言い出す可能性を払拭すること、また、利常が後顧の憂いなく、徳川方の大名として行動できるようにすること、さらには、母芳春院の人質生活からの解放を勝ち取ること、そしてそれらを総合して、前田氏を徳川麾下の大名として幕藩制の中に確固として位置づけること、こうしたことだったであろう。その意味で利長の死は、髙澤氏が述べるように、「単にそれをみて奇異とするのでなく、彼のおかれた具体的状況や前後の脈絡の中で捉えるなら、その進退を画期づける最後の決断」であり、「利長の「守成の功」は消極性でなく、その果断な積極性において評価されるべき」であろう（髙澤裕一「「前田利長の進退」補説」）。

第十五　利長死後の動き

一　芳春院の金沢帰還

芳春院の金沢帰還

利長の死によって、いくつかの問題に片がつき、新たな事態が生じた。第一は、芳《ほう》春院《しゅんいん》の人質からの解放と金沢帰還である。利長の死によって、前田氏が豊臣氏に荷担する可能性は消滅し、人質を抑留する意味がなくなった。それによって、芳春院は慶長十九年（一六一四）六月、江戸を出立し、途中高岡に一〇日間滞在し、利長墓所に詣でた。その後、金沢に帰還し、金沢城内の芳春院丸（二の丸）に居住した（「三壺記《みつぼき》」）。

芳春院の金沢帰還によって、金沢城には、前田氏女性の花園ともいえる状況が現出した。利常《としつね》は芳春院を手厚くもてなした。音曲《おんぎょく》諸芸の者を芳春院丸に送り、毎日山海の珍物を贈ったという（同前）。芳春院の周りには、高岡から越してきた利長夫人玉泉院《ぎょくせんいん》（永姫《えいひめ》）、利常夫人珠《たま》、宇喜多秀家《うきたひでいえ》夫人豪《ごう》、村井長次《むらいながつぐ》夫人（前細川忠隆《ほそかわただたか》夫人）千世《ちよ》といった前田氏の女性たちに、家臣の夫人たちが加わって、女性たちだけのサロンが形成されたのである（同前）。

寿福院の江戸行き

しかし、名実ともに前田氏の当主となった利常の実母寿福院《じゆふくいん》の姿は、その中になかった。寿福院は、芳春院の代わりに前田氏の人質として江戸に赴いたのである。その際、芳春院は、「其の方に対面すること余の義にあらず、一言申し聞くべきことありて也、今度関東に下らば、人手にかからぬ覚悟第一なり、もし世間に騒がしきことあらば早速自殺すべきなり、この義を申し聞くべきため対面す」と語ったという（「前田家雑録」）。

寿福院が自殺すべきであるような「世間に騒がしきこと」とは何だろうか。それは、近くに起こるであろう豊臣と徳川の対立で、前田氏が豊臣氏に荷担した場合に限られるのではないか。芳春院が豊臣方の意識を強くもっていたことは、あながち不自然ではないであろう。この意識は、利長の死によって増幅したにちがいない。しかも寿福院は、かつて芳春院に仕えていた侍女であった。こうした事情が、寿福院に対して強い表現となって表れたものと見られる。

二　領知判物の下付

加能越の領知判物と安堵状

利長の死によって新たに生じた第二の事態は、大御所《おおごしょ》徳川家康《とくがわいえやす》から加賀・能登・越中三ヵ国一円の領知判物《りょうちはんもつ》が利常に下付され、将軍徳川秀忠《ひでただ》からその安堵状が下付されたことである。

加賀・越中・能登三ヶ国の事、一円仰せ付けられ訖《おわん》ぬ、此の旨を守り忠勤を抽《ぬきん》ずべき者也、仍《よ》って件《くだん》の如し、

慶長十九年九月十六日　判（徳川家康）

（前田利常）松平筑前守殿

加賀・越中・能登三ヶ国の事、今年九月十六日先判の旨に任せ、永く相違すべからざる者也、此の旨を守り、弥《いよい》よ忠勤を励むべきの状、件の如し、

慶長十九年九月二十三日　判（徳川秀忠）

松平筑前守殿

前田氏が近世統一政権から知行判物を下付されたのは、前田利家が織田信長《のぶなが》から能登一国を給与されたときのみであり、豊臣秀吉《とよとみひでよし》や徳川家康・秀忠から下付されたことはなかった。そうした大名はほかにもいたと思われるが、ともかく前田氏が領知判物を下付されたことはなかったのである。

それが、利長の死とともに、利常は秀忠の娘婿であり、もはや徳川麾下《きか》の一大名として、幕藩制の中に組み込まれ、公儀の一分肢としてその地位を明確にしたのである。利長は、こうした前田氏の位置を終生求め続けた。生前にはそれを果たすことを、幕府から事実上、阻まれ続けたが、利長の死によって、前田氏の徳川化が初めて可能になったのである。

前田氏の徳川化

利長は、徳川氏に逆らったことが一度もなかった。ただ、父利家とともに豊臣秀頼《ひでより》の傅役《もりやく》を命ぜられ、豊臣政権の大老となったことによって、おのずと徳川氏の警戒の対象となったのである。したがって、利長が自ら悟っていたように、前田氏が徳川氏の警戒の対象から外れるためには、利長の存在そのものが抹消される必要があった、それが実現したこのとき、ようやく前田氏の徳川化が果たされたのである。

領知判物下付の意義

この領知判物の下付の直前に、いわゆる方広寺《ほうこうじ》鐘銘問題《しょうめいもんだい》（秀頼が鋳造した方広寺梵鐘の銘文が家康を呪詛していると、徳川方が反発した事件）が発生しており、豊臣と徳川の関係が険悪の度を増していた。戦争へと発展する可能性が大きいこのとき、前田氏に対して加越能三ヵ国領知判物を下付したことには、徳川方の大きな政治的意図を感じないわけにはいかない。可能性は小さいながら、利常が珠との婚姻による徳川との姻戚関係よりも、義父利長への義理の方を重いとして、徳川との一戦に舵を切る、あるいは義父利長との密約が存在したとすれば、徳川方はより大きな相手を敵に回すことになり、その分より大きな犠牲を払わなければならないことになるのである。その意味で、この三ヵ国領知判物は、前田氏を豊臣・徳川のどちらに付かせるかの岐路において発給された、重要な政治文書であったとすることができるであろう。

三　利長墓所および菩提寺の建立

壮大な利長廟の建立

第三の事態は、利常による、利長の墓所および菩提寺の建立である。利常は、義父利長の三十三回忌（正保《しょうほう》三年〈一六四六〉）にあわせて、壮大な墓所を造営した。利常にとっては、利長は計り知れない恩義を感じる義父であった。

身共は故肥前守《（前田利長）》殿の恩を請け候事大成る儀に候、大納言《（前田利家）》殿は親と申す迄の恩にて候故、肥前殿の恩は何とも申すべき様これ無く候

と「微妙公御直言」にあるように、利常にとっては実父である利家は、実父であるにすぎない。しかも、実際に同じ空間で生活したことはほとんどなかったであろう。利家が亡くなったのは、利常が七歳のときであり、守山城《もりやまじょう》の前田長種《ながたね》夫妻によって養育されていた。こうしたことから、父としての実感はほとんどなかったのであろう。しかし、利長は、いうべき言葉がないほどの恩義を与えてくれた義父であったというのである。おそらく前田家中は芳春院に遠慮して、利常によい顔を向けるものはほとんどいなかったのであろう。その利常を嫡男として遇してくれたのであるから、確かに格別の恩義というべきであろう。また、前田氏当主として、大名社会の中で後れを取らないように、ときに試練を与え、ときに薫陶を授け、一番大名の誇りを抱かせ、徳川大名の一人として世に出してくれたのであるから、その恩義を強く意識しなかったならば、かえって人格を疑われることにもなったであろう。

墓所は高岡に

そのような利常であるから、利長の菩提を弔う仕方も尋常ではなかった。利常は利長が生前帰依《きえ》した氷見《ひみ》の曹洞宗飯久寺（のちの繁久寺《はんきゅうじ》）第四世の滑州《かつしゅう》を住まわせ墓守とし、

前田利長墓所（高岡市・加賀藩主前田家墓所内）

瑞龍寺から石灯篭が続く道「八丁道」の先にあり，大名の墓としては日本一といわれる高さ11.9mの石塔で，基壇は約250㎡．戸室石で造られた三層基壇側面には，狩野探幽下絵とされる130枚の蓮華図文様が彫刻されている．

高岡の郊外に墓所を設けた。その場所が現在地（富山県高岡市芳野）であったか、利長が荼毘《だび》に付された高岡片原町の繁久寺旧地であったか、正確にはわからないが（宇佐美孝「加賀藩関連史料から見た前田利長墓所の変遷」）、利長三十三回忌までには、現在地に壮大な墓所が造営された。

御廟の石垣結構無限也、御石塔の下石壇は、高さ（二間四方）二間に四間四方也、その上に石塔立てらるる也、石一つ一つ、蓮の花と葉とを（狩野探幽）狩野法眼が絵をかき、彫り

前田利長墓所

瑞龍寺伽藍（高岡市）

付けたり、御廟の左右には、はるかに高き石燈籠あり、はしご《梯子》をくみて火をとぼす《灯》（「微妙公御夜話」異本）

墓の周囲には堀をめぐらし、石垣を組み、その上に二間（三・六メートル）四方・四間四方の二段の石壇を築き、その中央部に石塔を建てた。この石塔は花崗岩《かこうがん》でできていて、中央に「贈正二位行権大納言《ぞうしようにいぎようごんだいなごん》兼肥前守菅原朝臣《すがわらのあそん》利長之墓」とその墓碑銘が刻まれた（「正二位」と「権大納言」の官と位が相当していなかったので、あいだに「行《ぎよう》」の字が入っている）。

石壇や石垣の石材は、戸室石《とむろいし》（金沢市東部で産出）を切り出したもので、安山岩《あんざんがん》でできていた。そして、その石の一つ一つに狩《か》野探幽《のうたんゆう》が描いた蓮華《れんげ》と葉を彫りつけさせた。

また、その左右には、高さが尋常ではない石灯籠を置かせたのである（現在では右側に一本しかない）。

高岡宝円寺が菩提寺

この墓所には廟所建立の当初、すぐ横に高岡城内の聚楽亭《じゆらくてい》を移し、先にも触れたが、氷見《ひみ》の曹洞宗飯久寺第四世滑州に墓守をさせたという。そして、慶長十八年（一六一三）に利長の求めで金沢宝円寺から迎えた広山恕陽《こうざんじよよう》に開かせていた宝円寺（のち法円寺《ほうえんじ》）を、その菩提寺とした。

三十三回忌

利長三十三回忌を翌年に控えた正保二年（一六四五）、氷見から飯久寺を移して繁久寺と改め、五万三七〇〇歩余（約一六ヘクタール）の土地を寄附、翌三年、経田村《きようでんむら》・西二塚村《にしふたづかむら》に五〇石の寺領を寄進したという。そしてこのとき、墓所に隣接する地に、菩提所である法円寺を移して瑞龍院《ずいりゆういん》と改称し、壮大な七堂伽藍建立の事業を始め、建立ののち、瑞龍寺と改称した。瑞龍寺には、三〇〇石の寺領が寄進された（「越中古文書六」）。これは二〇町（約二〇ヘクタール）の土地に相当する。利常の瑞龍寺にかける思いの深さがよく表れている。この瑞龍寺は現在、近世曹洞宗寺院建築の典型として、国宝に指定され、毎日多くの観光客で賑わっている。

終章　利長はどのような大名だったか

一　利長の花押

利長の八種の花押

ここでは、利長のたどった生涯を、その使用した花押《かおう》の変遷によって見ておこう。前田利長の使用した花押には、いくつかの類型があった。図「前田利長花押の変遷」を見ると、明らかに形のちがう花押が八類型ある。あるいは見落としがあるかもしれないが、これまで利長の花押に言及した金龍教英・高瀬保・大西泰正三氏の挙例に若干例を加えることになる。

類型A

まずAは、利長が松任城《まつとうじょう》在城時代に使用したものと見られる。大西氏は、このAについて二例指摘している。この使用がどこまで遡るのか、府中城《ふちゅうじょう》時代にまで遡るのかは、今後の検討を待たなければならない。

類型B

Bは、利長が越中西三郡の大名になったのを契機に使用しはじめたものと見られ、かなりの数の例を見ることができる。利長が「利勝」を名乗っていたのは、天正《てんしょう》十八年（一五九〇）ころまでであり、少なくともその時期に対応するものと見てよいであろう。

類型C

Cは、Bとよく似ており、Bと同類型とみる見方もあるが、Bと比較して右肩上がりであり、線が太い。その使用例として確認している最も古い例は挙例の天正二十年七月二十七日横山三四郎宛知行宛行状《ちぎょうあてがいじょう》である。原文書は残っていないが、忠実かつ丹念に原本を模写しており、そうした文書が実際に存在したと見てよいであろう。このCの例としては、文禄《ぶんろく》四年（一五九五）八月一日水野助右衛門《みずのすけえもん》宛知行宛行状の原文書が残っており（「水野家文書」金沢市立玉川図書館蔵）、使用は確実である。では何を契機として、利長は類型BからCへと花押を変化させたのか。その可能性が最も大きいと見られるのは、右に触れたように、天正十八年ころの利勝から利長への改名であろう。この年の十一月ころ、利長は、小田原の陣、さらにその延長としての奥州仕置《しおき》から凱旋した。大名として自信を深め、名前もかつての主君信長の一字をつけて利長としたことによって、花押も太い線の、安定感のあるものに換えたと見てよいであろう。この花押Cは、関ヶ原の戦いを挟んで慶長《けいちょう》七年（一六〇二）ころまで使用される。

大老就任と類型D

しかし、その間に突然現れるのが、従来のものとは大きく変わる類型Dの花押である。

前田利長花押の変遷

花押類型	使用文書	出　典
A 	天正12年（1584）7月24日横山三郎宛前田利勝知行宛行状	「横山家古文書等」（金沢市立玉川図書館近世史料館加越能文庫蔵）
B 	天正14年９月５日近藤善右衛門尉宛前田利長知行所目録	「近藤家文書」（東京都江東区中川船番所資料館所蔵）
C 	天正20年７月27日横山三四郎宛知行宛行状	「横山家古文書等」（金沢市立玉川図書館近世史料館加越能文庫蔵）
D 	（慶長４年〈1599〉）４月１日付島津義弘・島津忠恒宛豊臣氏五大老連署状	「島津家文書」1090号（『大日本古文書』家分文書『島津家文書』ノ二，特別展『五大老』大阪城天守閣，2003年）
E 	（慶長４年ヵ）９月28日付石見・出羽・長右衛門宛前田利長覚書	「高畠家文書」（金沢市立玉川図書館近世史料館所蔵）

花押類型	使用文書	出　典
F 	5月9日付近藤掃部助宛前田利長書状	「近藤家文書」（東京都江東区中川船番所資料館所蔵）
G 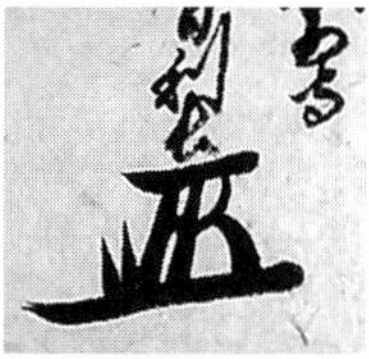	正月8日付近藤大和守宛前田利長書状	「近藤家文書」（東京都江東区中川船番所資料館所蔵）
H 	4月10日付近藤掃部助宛前田利長書状	「近藤家文書」（東京都江東区中川船番所資料館所蔵）

現在、原文書が残っている例としては、「島津家文書」の慶長四年（一五九九）四月一日付豊臣政権大老連署状一点を確認するのみであるが、利長が大老として署名する際に使用した花押ではないかと見られる。二本の平行線の間に描いた縦線に多くの装飾をしつらえた複雑なものであり、父利家が亡くなり、豊臣政権の大老として政権運営に参加することになった利長の気負いを感じることには無理はないであろう。

ただ、大西泰正氏によれば（「前田利長論」）、今一例その使用例がある。それは、無年紀四月四日付高畠定吉《たかばたけさだよし》宛利長書状（『石川県史』第参篇所収写真）である。その内容は、加賀に金山が発見されたことに関する高畠の報告に対する返書で、高畠が自領百姓を使って採掘するとしたことに対して、一ヵ月ほど掘らせ、金が出るようであれば再度報告を受けるとしている。この加賀の金山は、慶長三年（一五九八）、利家存命中に発見された倉ヶ嶽《くらがたけ》金山と考えられる。当初、利家が指揮して採掘を命じていたが、慶長四年閏三月三日、利家が亡くなり、高畠は利長に改めて指揮を仰いだものであろう。このように考えると、この書状は慶長四年四月のもので、大坂城で大老として職務に従事していた利長が、高畠に指示したものであると見ることができる。利長が日々、大老として署名するときに使用したこのD類型を、領国宛の文書にも使用したと見れば、なんの問題もないであろう。

このころ、利長は、もう一つの花押類型Eを使用している。大西氏によれば、それは、慶長四年六月一日付五大老連署状で、大老の署名用に今一つの類型Eを使用していたことになるが、なぜ、このような簡略な類型をも使用したのか、明確にはしえない。ともかく、大老署名のときの花押として、類型DとEがあったことだけは確実である。一方では、それ以外の文書に類型Cを並行して使い続けていたことも確かであり、何らかの使い分けがあったようにも思われる。この類型Eは、利長が家康の誘いによって領国に帰還したのち、謀反の嫌疑を掛けられるが、その際、堀秀政に九月二十七日付で送った返書、家康の派軍を迎える準備を指揮する文書に使用されたのを最後として使用されなくなる。それに代わって多用されるのが、類型Cである。あたかも大老就任前の気分に立ち戻る決意を表しているかのように見える。

類型F

この類型Cの文書の下限は慶長七年（一六〇二）であり、豊臣政権末期の政治変動にかかわる利長の発給文書に使用された花押はこの類型Cから類型Eまでの三類型であったということができる。そして翌八年、いよいよ徳川家康が征夷大将軍になり、政治の主導権を掌握することが明らかになった慶長七年、利長は、また花押を大きく替えることになる。それが類型Fであるが、この類型は、今のところ「近藤家文書」（東京都江東区中川船番所資料館所蔵）の五月九日付近藤掃部助《こんどうかもんのすけ》宛利長書状一点しか確認できておらず、それとよく似た類型Gが、慶長七年から多数見受けられる。おそらく類型Fは、類型Gへの過渡的な形態ではないかと見られる。

徳川の覇権と類型G

この花押の意匠は、徳川家康の花押に似ており、利長が、徳川の覇権確立の方向を確認して、それまでの独自の花押類型Cを放棄し、家康型の花押使用に転じたことを物語っている。ここには、徳川氏の覇権の下で、それに従う大名として存続していこうとする利長の苦渋の決断のあとを読み取ることができる。

この類型Gを使用しているころ、利長は、徳川家康の征夷大将軍叙任と幕府の開設を新たな政治環境として受け入れ、さらに、二代秀忠への将軍職継承と、秀忠の聟である利常《としつね》への家督譲渡を進め、徳川氏を中心とした政治体制への順応を進めたのである。

最後の花押類型H

家督を利常に譲った後も、前田氏領国支配政策を推進するうえで、利長は大きな力をふるい、前田氏家長として利常を支え、君臨した。そうした折、おそくとも慶長十三年(一六〇八)の暮れから、類型Gと併せて、類型Hの花押を使いはじめる。これは、利長が隠居によって公的な立場をはなれ、しかし実質において前田氏領国を支配するという立場を反映した独自の花押使用と見ることができる。いわば、前田氏家長利長の存在を象徴する花押と見られる。しかし、この花押の使用も長くは続かない。慶長十五年にその兆候が現れ、同十六年に重態化する病気によって、利長の家長としての領国統治は実質的に終わらざるをえず、慶長十六年を最後にこの花押の使用は終わる。このちは、印判(印文「長盛」)などの印の使用によって文書を発給する形態に変わり、最期を迎えるのである。

二　利長の人物像

利長は短気で公平な人物

前田利長は、どのような大名だっただろうか。これまでの叙述で、読者がそれぞれに利長像を結んでいただければよいのであるが、筆者自身の利長像について触れておこう。

この点について興味深い史料がある。「三壺記《みつぼき》」のなかの「瑞龍院様の御噂の事」と題する一文である。これによれば、「瑞龍院様」すなわち利長に、部屋住《へやずみ》時代から仕えていた家臣たちが、利長を追想して語り合ったこととして、利長は短気で、何かの命令を出したとき、即座に実行されなければ機嫌が悪かったという。また、喧嘩は両成敗と幕府の定《さだめ》があったにもかかわらず、利長は理非によって判断したとしている。家臣については、その出自によらず、武勇によって召し出したとする。さらに、物欲にとらわれず、華麗を好まず、御殿の奥に閉じ籠もることもなく、家臣たちと親しく交わったとする。下々の訴えにも耳を傾け、公平な判断を下したことから、皆ありがたがったという。

遺誡との共通点

ここで描かれた利長像と、慶長十六年（一六一一）五月に、利常《としつね》や家中《かちゅう》に与えた遺誡《ゆいかい》の内容を摺り合わせてみると、共通点が多いことがわかる。裁判の公平性を重視し、家中に恩情をかけるといった点がすぐに思い起こされる。父利家が、この村の茶入れを与えるとしたとき、それを利家生前のあいだは辞退するとした点や、高山右近《たかやまうこん》が金沢を去るとき、利長に高価な茶壺を贈ったときも、利長は辞退した。物欲にとらわれない利長の姿が随所に現れている。

利長が供回り五〇騎を連れて駿府から江戸に向かう途中、三〇騎ほどが勝手に鎌倉見物に赴き、利長は怒ったというが、金沢に帰ったのち過料《かりよう》（罰金）を申し付けても、まともに応える者はほとんどなく、そのうちに沙汰止みになったという。一見すれば、厳しく処断すべきであるように見えるが、利長にしてみれば、家中の自分に対する甘え程度のことで、声を荒げて処断するほどのことではなかったのであろう。

しかし、ひとたび法令の公布ということになると、その遵守を厳しく求め、違反した場合には「成敗」という語を現実化させた。かぶき者の取締では、多くのかぶき者を秩序紊乱《びんらん》者として処刑し、長田牛之助《ながたうしのすけ》や石原手筋之助《いしはらてすじのすけ》に対して徹底した処断を下した。それは、利長の前田領加越能三ヵ国社会における秩序の確立・維持に対する強い意志の表れであった。利長は、加越能三ヵ国における「正儀《せいぎ》」を「公儀《こうぎ》」として担っていたのである。

利常への教育

また、こうした利長の領国統治に対する基本姿勢を、嫡男利常にねんごろに教育した点も重要である。その根底には、利家以来続いてきた前田氏の家を存続させるという大きな課題が横たわり、それのみでなく、織田信長《おだのぶなが》に仕えて以来、豊臣政権の重鎮を担った利家が作り出した、前田氏の大名としての家格に対する矜持を堅持するという、今一つの課題意識があった。徳川氏の政治力に圧迫されながら、その課題を堅持し、それを利常に伝えることは、利長にとっては、その課題を果たすことに等しかったといえよう。

儒者王伯子を招聘

利長の学問については、史料がほとんど残されておらず、不明である。ただ、明《みん》の儒者王伯子《おうはくし》がおそらくは明末の政治の混乱の中で流浪して来日していたところを、利長が招聘《しょうへい》し、衣食の資を給して蓮池園《れんちえん》に住まわせた。利長は、当時日本に流布していた四《し》書《しょ》の版本に誤謬《ごびゅう》が多かったことから、王伯子に校正させ、刊行したという（『石川県史』第三編第三章）。明儒の招聘としては、尾張藩《おわりはん》の陳元贇《ちんげんぴん》、水戸藩の朱舜水《しゅしゅんすい》が有名であるが、これらはいずれも十七世紀中葉のことであり、慶長期（一五九六―一六一五）に王伯子を迎えた前田利長の例は最も早い例であるという。

四書に誤謬の多いことを憂えたということは、利長が普段から四書に接していたことを物語っている。この点で思い起こされるのは、利長の遺誡である。その端々に漢籍の一節が引用されており、利長が古典の教養を基礎に、この遺誡をしたためたことがうかがわれる。利常に対しても、「隙々に聖賢の金言を聞かれ師と為すべし」と訓示を垂れており、古典に学ぶべきことを諭している。利長がどのような書を愛読していたのかについて、検討の手は及んでいないが、今後こうした点の研究も深められるべきであろう。

文治大名の走り

それにしても、利長の時代は、まだ政治が不安定であり、「武」の占める割合が大きかったが、やがて訪れる「文」の時代にあっては、利長のような大名は、大きな活躍を示したのではないかと思う。いわゆる文治大名《ぶんちだいみょう》の走りと評価してもよいのではないかと考える。この利長の文治的力量があって、その後、明治四年（一八七一）の廃藩置県《はいはんちけん》まで、変わらず加越能三ヵ国を領知した前田氏の領国支配が可能であったと思うのである。

利長は「礎創の功」の人

利長の働きは「懐恵夜話《かいけいやわ》」に、「瑞龍院様守成之御功は無類事也」とあるように、これまでは「守成の功」と表現されることが多かった。これは実に巧みな表現であったが、その働きは、父利家の戦功や徳川氏の政治的軍事的圧迫を多分に意識したこの表現では捉えきれない、より大きな働きであったと思える。それを表す語はなかなか思いつかないが、とりあえずは「守」のもつ消極性に対して、幾分の積極性を込めて「礎創の功」とでもいうべきであろうか。

ともかくも、徳川氏の圧力をかわし、前田氏領国統治の体制を整え、法体系を整備し、病躯《びょうく》を抱えながらも三代目に統治のすべを受け継がせ、この後の前田氏二七〇年の礎《いしずえ》を築いた政治力を評価すべきであると考えるのである。

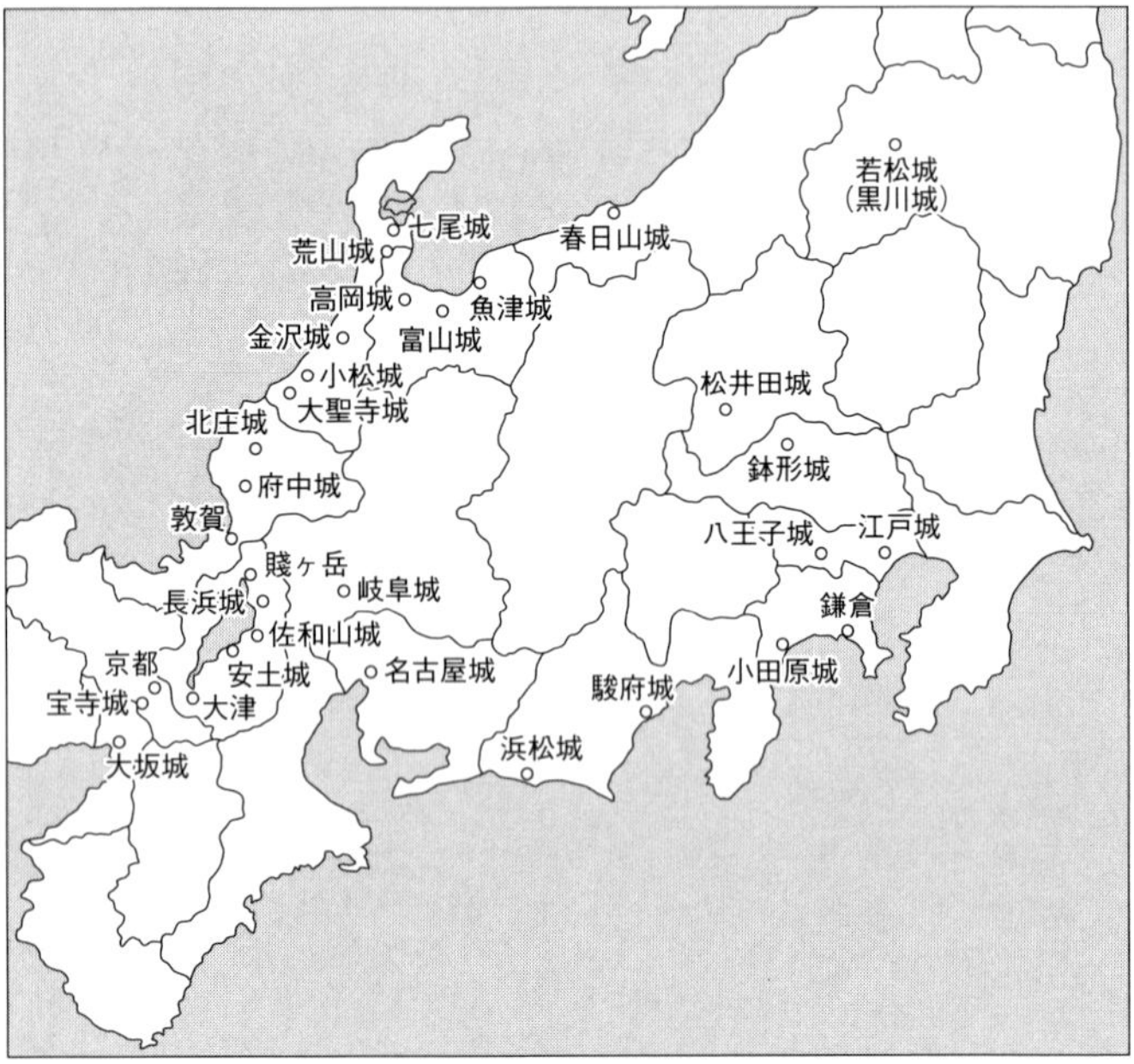
若松城
(黒川城)
七尾城
荒山城
春日山城
高岡城
魚津城
金沢城
富山城
小松城
大聖寺城
松井田城
北庄城
鉢形城
府中城
敦賀
八王子城
江戸城
賤ヶ岳
岐阜城
長浜城
鎌倉
佐和山城
京都
安土城
名古屋城
小田原城
宝寺城
大津
駿府城
浜松城
大坂城

前田利長関係略地図

前田氏領国図

白山麓16ヵ村（現石川県白山市）は，天正８年（1580）以降，越前国大野郡に属していた．

前田氏略系図

（＝＝は養子。『加賀藩史料』編外備考、及び瀬戸薫「前田家三代の女性たち関係系図」〈二木謙一監修『前田家三代の女性たち』北國新聞社、二〇〇〇年〉をもとに作成した。）

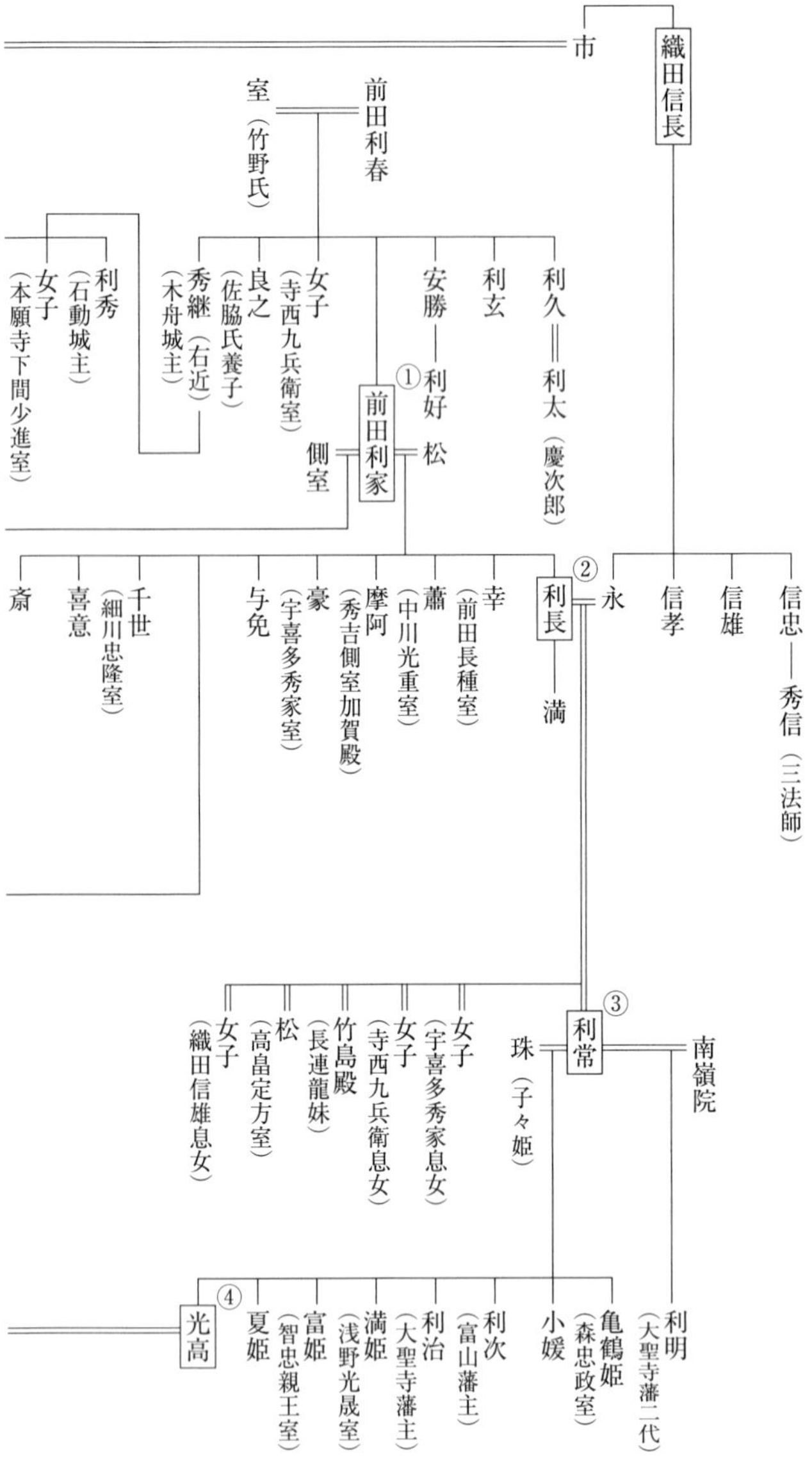

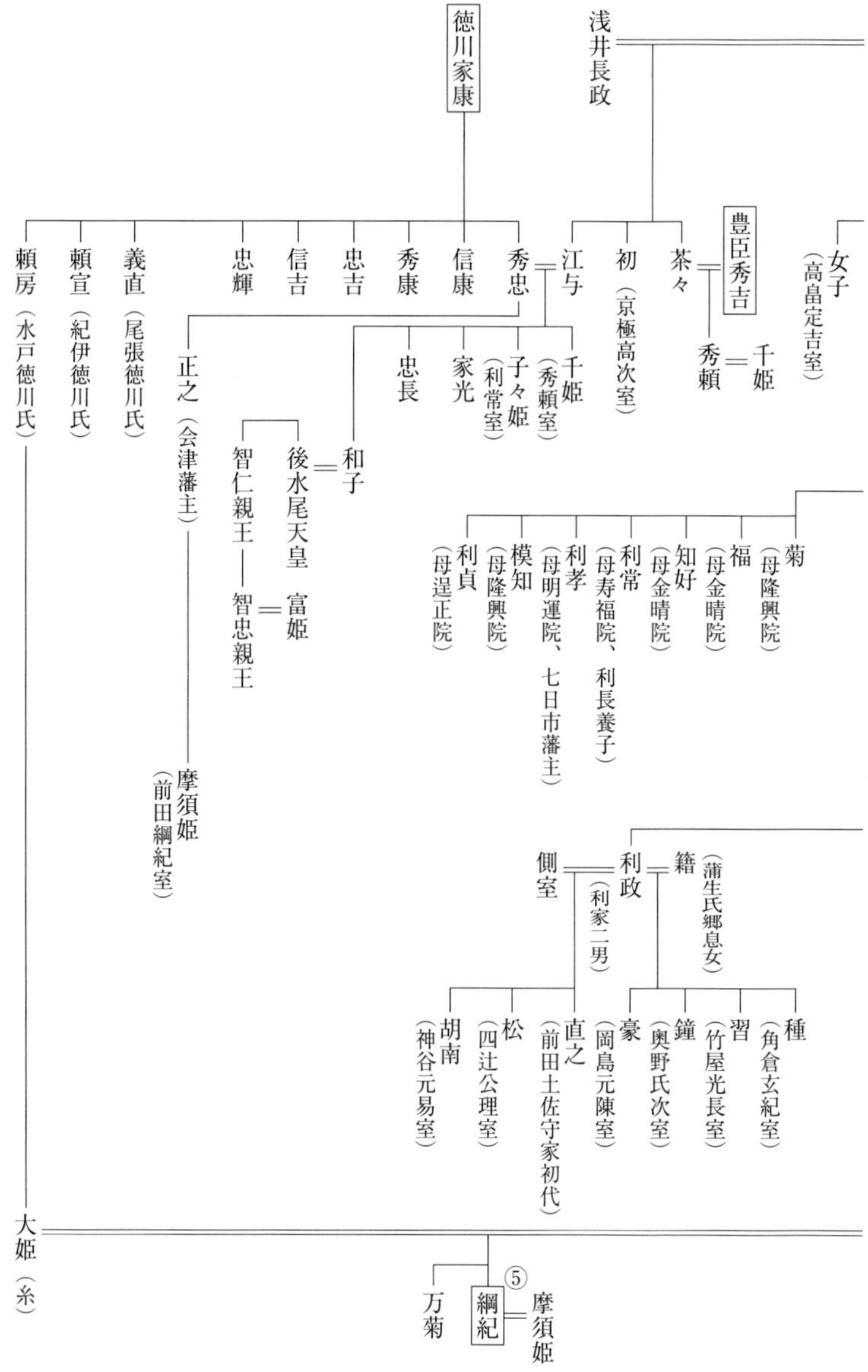
浅井長政
徳川家康
女子（高畠定吉室）
豊臣秀吉
茶々
初（京極高次室）
江与
秀忠
信康
秀康
忠吉
信吉
忠輝
義直（尾張徳川氏）
頼宣（紀伊徳川氏）
頼房（水戸徳川氏）
千姫
秀頼
千姫（秀頼室）
子々姫（利常室）
家光
忠長
和子
後水尾天皇
智仁親王
富姫
智忠親王
正之（会津藩主）
摩須姫（前田綱紀室）
菊（母隆興院）
福（母金晴院）
知好（母金晴院）
利常（母寿福院、利長養子）
利孝（母明運院、七日市藩主）
模知（母隆興院）
利貞（母逞正院）
籍（蒲生氏郷息女）
利政（利家二男）
側室
種（角倉玄紀室）
習（竹屋光長室）
鐘（奥野氏次室）
豪（岡島元陳室）
直之（前田土佐守家初代）
松（四辻公理室）
胡南（神谷元易室）
大姫（糸）
⑤
綱紀
摩須姫
万菊

略年譜

年次	西暦	年齢	事跡	参考事項
永禄五	一五六二	一	正月一二日、尾張国愛知郡荒子村に誕生	
天正七	一五七九	一八	疱瘡を患う	
八	一五八〇	一九	九月、織田信長四女永姫と婚約	
九	一五八一	二〇	二月二四日、信長四女永姫、輿入れ○一〇月二日、父利家が信長より能登一国を拝領、七尾城主となる、利長は越前府中三万二三〇〇石を拝領、府中城主となる	
一〇	一五八二	二一	五月二八日、利長、上洛の途上、近江瀬田で本能寺の変の報に接す○六月二六日、石動山・荒山の戦いに参陣	六月二日、本能寺の変○六月一三日、山崎の戦い
一一	一五八三	二二	四月、父利家とともに賤ヶ岳の戦いに参陣、羽柴秀吉と和議を結び、松任四万石を拝領○七月、松任城に移徙	四月二一日、賤ヶ岳の戦い
一二	一五八四	二三	九月九日、末森城の戦いで佐々成政を破る	四月九日、小牧長久手の戦い
一三	一五八五	二四	二月、佐々成政の加賀河北郡鳥越城攻撃に奮戦○閏八月、越中古国府勝興寺に制札を与える○九月	

			一一日、秀吉より羽柴姓を賜り越中砺波・射水・婦負三郡拝領、越中守山城に移る○一一月二九日、従四位下侍従兼肥前守に叙任○同日、利長叔父秀継、地震のため木舟城が倒壊し圧死	七月一一日、秀吉、関白に任ぜられる
一四	一五八六	二五	九月二一日、越中砺波郡埴生護国八幡宮に社領を寄進し、制札を与える	
一五	一五八七	二六	四月一日、九州征伐に従軍、豊前岩石城攻略	六月一九日、伴天連追放令
一六	一五八八	二七	四月一四日、父利家と後陽成天皇の聚楽第行幸に供奉○一五日、後陽成天皇に誓詞を奉る	七月八日、刀狩令・海賊禁止令
一七	一五八九	二八	四月八日、右近衛権少将に叙任	
一八	一五九〇	二九	三月一六日、北条氏攻めに金沢出立○四月二〇日、上野松井田城攻略○五月、武蔵松山城・川越城を攻略、同月中ごろ鉢形城攻略にかかり、守将北条氏邦降伏○六月二三日、八王子城攻略○秀吉の命で奥州に赴き、検地に従事	三月二九日、秀吉、沼津より北条氏攻めに進撃○七月五日、小田原城陥落○一〇月一六日、大崎・葛西で一揆蜂起
一九	一五九一	三〇	四月二七日、高島屋伝右衛門に、敦賀に送った加賀・越中米の売却を求める	二月二八日、千利休、自刃○一二月二八日豊臣秀次、関白に叙任
文禄元	一五九二	三一	正月七日、家臣の近藤掃部助・菊池十六郎に九州出陣を命ずる○四月一四日、越中射水郡にて家臣らの岩ヶ渕の喧嘩勃発○一〇月一四日、秀吉の大安宅丸建造命令を三輪吉宗に伝える	正月五日、秀吉、諸大名に朝鮮出兵を命ずる

文禄 二	一五九三	三二	正月二九日、大安宅丸造船のため、銅・金箔調達を領内に命ず○四月一日、越中新川郡上瀬戸村の陶工彦右衛門に、越中国内で随意に窯を作ることを許す○六月、このころ目を患う○六月一七日、利長妹与免姫、没○閏九月晦日、左近衛権少将に叙任○一〇月三日、秀吉の後陽成天皇拝謁に父利家と随従、拝礼○一一月二五日、利長弟猿千代（のち利光、利常）誕生○一二月一九日、越中今石動城主の前田利秀没	
三	一五九四	三三	四月八日、秀吉が前田邸御成○四月、父利家から黄金一〇〇〇枚を賜る○一〇月、父と山城国宇治川堤防を造成	
四	一五九五	三四	三月二八日、秀吉の徳川家康邸御成に陪席○九月朔日、今枝重直を召し抱える○この年、左近衛権中将に叙任	七月、家康らが秀吉に連署起請文提出、拾への忠誠を誓う
慶長 元	一五九六	三五	四月一〇日、越中檜物師の京都勤番を定める○この年、豊臣秀次旧臣津田重久を召し抱える	九月二日、秀吉、朝鮮への再派兵を命ずる
二	一五九七	三六	九月二八日、参議に叙任○一〇月、居城を越中守山城から富山城に移す	
三	一五九八	三七	四月二〇日、家督を継承し、従三位権中納言に叙任○七月七日、秀吉が遺物分配、郷の義弘の腰物	八月一八日、豊臣秀吉、伏見城にて没○一一月二〇日、日本軍、朝鮮か

			を下賜される○七月一〇日、瀬戸村孫市に、焼物製造を許可○七月二三日、能登国の山地子銭の基準を定む○八月、秀吉薨去時、秀頼の傅役を命じられる○一一月九日、父利家よりこの村の茶入れを授かる○この年、家臣奥野金右衛門・奥村主計・馬淵六左衛門・小塚藤十郎を召放す	らの撤退完了○この年、堀秀治が越後に移封、丹羽長重は小松城主、山口宗永は大聖寺城主となる
四	一五九九	三八	正月一一日、利家、豊臣秀頼とともに大坂城に移る○二月二八日、利長、伏見の家康邸訪問○二月晦日、利家、家康との交誼のため大坂より伏見に赴く○三月八日、家康、答礼訪問○三月一五日、父利家が遺物分配、利長は石川郡・河北郡・氷見郡、金沢城、大坂御旅屋、金沢諸道具を与えられる○三月二一日、利家より遺誡一〇ヵ条を受ける○閏三月三日、利家、大坂城で没、同日、利長が大老に列する○閏三月一〇日、家臣の片山延高を大坂城内の同人宿所で誅殺○閏三月中旬、伏見の家康を見舞う○五月二九日、家督継承の賀宴を催す（家康は辞退）○八月二八日、家康の勧めに従い加賀へ帰国○九月七日、利長、家康暗殺の謀反の首謀と嫌疑を掛けられる○九月二七日、利長、堀秀治に書状を送り、家康へ異心のないことを述	正月二一日、利家、他の大老や五奉行とともに、家康の誓詞に反した縁辺の取組を詰問○二月一二日、家康、豊臣氏大老・五奉行と起請文を取り交わし和睦○閏三月九日、家康、石田三成を佐和山城に蟄居させる○九月六日、家康、伏見から大坂城に移る

慶長 五	一六〇〇	三九	べる○この頃、弁疏のため家康の下に横山長知を遣わす○一二月二〇日、権中納言を辞す○この年暮、高山右近に金沢城の惣構えを造成させる 正月、家中の奢侈禁止と違反者への過銀を定める○三月、大谷吉継より横山長知・有賀直政の上洛を求められる○春、永姫帰国、野田山麓に利家の廟を建立、宝円寺象山徐芸を住持させる（のち桃雲寺と改号）○四月一〇日、芳春院、能登鳳至郡輪嶋蓮光寺に利家寿影を納め寄進○五月一七日、芳春院、徳川氏の質として伏見より江戸に下向○五月二七日、利長、森本館紺屋孫二郎に紺屋の頭を命ずる○六月一一日、利長、家康より会津上杉景勝討伐の越後津川口の先鋒を命ぜられる○七月二六日、弟利政と上方に向けて出陣○七月晦日、能美郡三道山に布陣○八月三日、大聖寺城主山口宗永を攻め陥落させる○八月五日、利長、兵を越前金津に進めるが、金沢に向けて兵を翻す○八月九日、利長、小松東郊浅井村を通過中、丹羽長重の奇襲を受ける○九月八日、家康、利長に出陣催促の書状を送る○九月一一日、利長、出陣を拒否した利政を置いて再度出陣○九月一八日、丹羽長	四月一日、家康、上杉景勝を詰問、上洛を求める、景勝の家臣直江兼続、これに反論○七月一七日、石田三成、「内府ちかい之条々」を諸大名に送り、挙兵○九月一五日、関ヶ原の戦い○九月二七日、毛利輝元、大坂城を退去、代わって家康入城○一〇月一日、石田三成・小西行長・安国寺恵瓊、京都六条河原で斬首

			重との和議成立、弟猿千代（のち利常）が質として小松城に赴く○九月二二日、大津で家康に謁する○一〇月一七日、関ヶ原合戦の論功行賞、山口宗永・丹羽長重の旧領や弟利政の所領能登国を与えられ、加越能全体を所領とする○一一月五日、能美郡小松の商人大文字屋に天秤職を命ずる○一二月一〇日、能登羽咋郡気多神社領を安堵○この年、土方雄久に越中新川郡布市辺一万石を分与（土方領成立）	
六	一六〇一	四〇	正月二八日、能美郡橘新村・今湊村に荒蕪地の開発を許す○五月一七日、家中の喧嘩や訴訟に関する法一九ヵ条を定める○八月一七日、京の豊国神社参詣○九月九日、加賀江沼郡敷地天神社に田地二町寄進○九月晦日、嫡男犬千代（もと猿千代、のち利常）の夫人子々姫、金沢に輿入れ○一二月一三日、石川・河北両郡浜方一六ヵ村の地子免除○この年、利長妹豪姫（宇喜多秀家夫人）、金沢に移る	八月二四日、家康、上杉景勝を米沢に移封
七	一六〇二	四一	正月八日、利長、子々姫輿入れの礼のために出立、二六日江戸着、榊原康政邸に入る○正月二七日、江戸城で、秀忠に拝礼後、伏見に向かい、家康に	

年号	年	西暦	年齢	事項	一般事項
				拝礼、大坂城で豊臣秀頼に拝謁○三月二六日、走り百姓禁止など追加法令九ヵ条を定める○五月四日、横山長知に大聖寺城守将太田長知を討たせる○七月一二日、京で豊国神社参詣○一〇月晦日、金沢城天守閣に落雷、炎上○一二月二日、加賀の浦々船方に、他国使役禁止○一二月三日、代官・蔵奉行の百姓への非分を禁ず○一二月六日、河北郡中山村の高札で、普請従事者の百姓への非分禁止○一二月七日、領内百姓・町人の他国鉱山使役禁止○一二月九日、越中新川郡立山寺・中宮寺に寺領安堵	
慶長	八	一六〇三	四二	二月二〇日、越中新川郡立山岩峅・蘆峅両寺の山銭免除○二月、利長と利常、伏見で家康・秀忠に拝謁○四月四日、諸大名と二条城で家康の能興行を観覧○四月二七日、金沢に泉野新町を立てる	二月一二日、家康、征夷大将軍に叙任○三月、江戸普請開始
	九	一六〇四	四三	三月五日、加賀江沼郡宮林村など六ヵ村の年貢を一年免除○三月二四日、越中砺波郡鹿島村の荒蕪地を開墾させる○五月一六日、越前百姓の奉公人召し抱えを禁止、越前からの走百姓に帰還を命ずる○五月二六日、百姓の他国鉱山使役を禁止、町人の他国移住を禁止、移住者には帰国を命じる○	

			閏八月七日、商品の売買にちぢみ銀の使用を命じる○九月一八日、越中砺波郡二歩村に鮭役を徴する○一〇月一日、高札を立て、商売の法度に背く者を出訴させる○一〇月二五日、越中婦負郡轡田村など四ヵ村に新村を開かせる○一一月一八日、越前の豪商高島屋伝右衛門に、敦賀三日市町蔵屋敷の管理を命じる○一一月二一日、家中の服制を定める○この年、珠洲・鳳至両郡で十村制度創始	
一〇	一六〇五	四四	四月六日、越中新川郡宮崎村大明神を利長祈願所として神林を保護○四月上旬、徳川秀忠将軍就任に、利長・利常上洛、謁見○利常は従四位下侍従兼筑前守に叙任、松平姓を賜る○六月一六日、利長、家老衆に三ヵ条の誓詞を提出させる○六月一七日、辻斬りなど不法行為禁止○六月一九日、家中・庶民の風俗に関する七ヵ条の法度と違反者への過銀額を定む○六月二八日、利長、家督を利常に譲り、新川郡二二万石を養老領として富山城を修築し移る○八月一五日、越中砺波郡五箇山の税額を定む○一〇月一三日、利長妹摩阿（秀吉側室加賀殿、のち万里小路充房夫人）没	四月一二日、豊臣秀頼、右大臣に叙任○四月一六日、徳川秀忠、第二代将軍に任じられる○この年、幕府、諸大名に国絵図・郷帳の作成を命ずる
一一	一六〇六	四五	七月二四日、能登鹿島郡新庄村を石清水八幡宮に	三月一日、幕府、諸大名の普請役で

			安堵○七月、利長、夫人らと白山権現に奉加○九月一六日、能登羽咋郡羽咋村の諸役免除、年来の塩釜役上納、船御用を命じる○一〇月一一日、能登島当麻よりかき取役金子を領収○この年、越中新川郡内の土方雄久領を能登六一ヵ村に移す（能登土方領の成立）	江戸城増築に着手○四月二八日、家康、武家の官位は幕府の推挙によることを奏請する○四月、幕府、宇喜多秀家を八丈島に配流
慶長一二	一六〇七	四六	三月二日、越中砺波郡五箇山の年貢として塩硝を領収○五月三日、利長、利常の駿府城修築課役に際し普請法度一七ヵ条を定む○六月二三日、駿府城普請課役を拒む家臣を処罰○九月一八日、利長、退隠の暇乞いに駿府へ赴き家康に拝謁、後江戸で秀忠に謁す	二月一七日、幕府、諸大名の普請役で駿府城の修築工事に着手
一三	一六〇八	四七	二月一〇日、新升の採用を命じる○二月一四日、十村による走り百姓の穿鑿に関する法度五ヵ条を定める	
一四	一六〇九	四八	三月一八日、富山城・城下焼失、魚津城に移る○五月、利家後室芳春院、京都大徳寺に塔頭を建立（芳春院と号す）○七月一一日、神通川に初めて船渡しを設け、富山・岩瀬・草島辺以外での船渡しを禁止○九月一三日、利長、高岡城に移徙	一月、豊臣秀頼、方広寺再建に着手
一五	一六一〇	四九	二月一日、利長の従兄前田利好没、跡を利長弟の	二月、幕府、諸大名の普請役により

			知好が継承○閏二月八日、利常、尾張名古屋城築造の助役を命ぜられる○三月八日、越中射水郡二上山養老寺に寺領六石余を寄進○三月一八日、射水郡二上山金光院に支配地を安堵、二上山養老寺に、越中国内で軒別一升の知識米の徴収を許す○四月四日、利長、この頃病を得、将軍秀忠に病状見舞いへの礼状を送る○この年、金沢・高岡のかぶき者六三人を処刑○この年、百姓の夫役負担過重の訴えにより夫銭に代わる	名古屋城築城に着手
一六	一六一一	五〇	正月晦日、本多正純、後陽成天皇譲位に際し、利長の上洛無用の旨を伝える○二月二〇日、利長、病気再発○三月晦日、利長と利常、将軍秀忠より禁裏造営の命を受ける○四月一六日、藤堂高虎、利長に書を送り、本多政重の召し抱えを勧める○五月一五日、利常と家中に対し遺誡を授け、起請文を提出させる○五月二七日、利常、利長の病気平癒の祈祷を、越中砺波郡埴生八幡宮、加賀河北郡倶利伽羅明王院、加賀江沼郡敷地天神社、尾張熱田神宮に命じる○六月一五日、幕府が派遣した医師盛方院法印に、病気治療の起請文を送る○六月二七日、利長、藤堂高虎に、本多政重の加賀下	三月二七日、後陽成天皇譲位、後水尾天皇即位○三月二八日、家康、二条城で豊臣秀頼を引見○三月、幕府、諸大名に禁裏修造の役を課す○四月一二日、家康、二条城にて西国大名に条規三ヵ条を示し誓詞を提出させる

			国を要請○七月一七日、高岡に高札を掲げ、犯罪者やかぶき者の告発を奨励する条々三ヵ条を触れる○八月二九日、利長、利常の国事相談の来訪を拒絶○八月、利長、高岡の重臣を金沢に返す（高岡衆）○一一月一〇日、幕府に盛方院法印再下向への謝意を表す○一二月四日、幕閣に重臣の金沢返還の了解を求める	
慶長一七	一六一二	五一	四月一八日、利長、大御所家康・将軍秀忠に、越中新川郡亀谷銀山の産出銀を各一〇〇〇枚ずつ献上○閏一〇月二六日、利常、利長の病状を見舞う○一二月一二日、利長と利常、禁裏仙洞御所造営の助役を命ぜられる○一二月一六日、利長、能登宝達金山の運上金を領収	一月五日、家康、条規三ヵ条を東国大名に示して誓詞を提出させる○この年、岡本大八事件起こる
一八	一六一三	五二	三月九日、利常長女亀鶴姫、誕生○四月一四日、利長、家康に書を送り、肩衝一、金子五〇〇枚を進上、家康息の義直・頼宣・頼房にも金子各五〇枚を進上○八月一〇日、利長弟前田利孝、従五位下大和守に叙任○一〇月三〇日、利長、神尾之直に母との再会希望を伝える○この年冬、豊臣秀頼の使者織田頼長と会見、秀頼方への助力を求められる○この年、広山恕陽、利長に招かれ高岡に法	一二月一九日、幕府、全国に禁教令を発令

一九	一六一四	五三	円寺（のち瑞龍寺と改名）創建 一月二二日、能登宝達金山の運上額を定め、金山経営規定を申し渡す○正月、キリシタン高山右近の幕府への差出を命ぜられる○二月一八日、利長、幕府に利長隠居領越中新川郡の返上、高岡城の城割を申し出る○二月二〇日、本多政重に書を与え、越後高田城築造の鍬初めに人足派遣を求む○二月二二日、利長、本多政重に、横山長知の出奔剃髪に対する処置を求む○五月九日、利長、京都紫野大徳寺塔頭芳春院の住持玉室宗珀に書を送り、永訣の辞を述べ、銀子二〇〇枚を寄進○五月二〇日、利長、高岡城内で死去（享年五三）	一月一七日、幕府、宣教師を追放○七月二六日、幕府、方広寺大仏鐘銘に異議を唱え、開眼供養の延期を命ずる○九月二四日、幕府、高山右近らキリシタン一四八人を海外追放

主要参考文献

一　史　料

『加賀藩史料』第一・二編・編外備考　日置謙編　前田育徳会　一九三〇年
『当代記・駿府記』　続群書類従完成会　一九九五年
『太閤史料集』　桑田忠親校注　人物往来社　一九六五年
『石川縣史』第弐篇　石川県　一九二八年
『富山県史』史料編3　近世上　富山県　一九八〇年
『金沢市史』資料編3　近世一　金沢市　一九九九年
『越中古文書』　山崎明代編　桂書房　一九九一年
『加能古文書』　日置謙編　金沢文化協会　一九四四年
『越登賀三州志』　富田景周　日置謙校訂　石川県図書館協会　一九三三年
『御夜話集』上　日置謙校訂　石川県図書館協会　一九三三年
『雲龍山勝興寺古文書集』　岫順史編　桂書房　一九八三年
『加賀藩初期の侍帳』　太田敬太郎校訂　石川県図書館協会　一九四二年

『寛政重修諸家譜』　続群書類従完成会　一九六六年
『徳川諸家系譜』　斎木一馬外校訂　続群書類従完成会　一九七九年
『真田家文書』上　米山一政編　長野市　一九八一年
『黒田家文書』第一巻　福岡市博物館編纂　福岡市博物館　一九九八年
『国事雑抄』上　森田柿園　日置謙校訂　石川県図書館協会　一九三二年
『島津家文書』二（大日本古文書）東京大学史料編纂所編　東京大学出版会　一九五三年
『御当家紀年録』　児玉幸多編　集英社　一九九八年
『加賀藩御定書』　石川県図書館協会　一九八一年
『藩法集』第四（金沢藩）藩法研究会編　創文社　一九六三年
『埴生護国八幡宮文書目録』　見瀬和雄編　埴生護国八幡宮　二〇一六年
『イエズス会日本報告集』第Ⅱ期一・二巻　同朋社出版　一九九〇・九六年
『三壺記』　山田四郎右衛門著　石川県図書館協会　一九三一年
『北徴遺文』（『石川県史』資料近世編5～7）石川県立図書館　二〇〇五～〇八年
「コリン著の高山右近伝」（『キリシタン研究』第一七輯）吉川弘文館　一九七七年
「丹羽家文書」（『新修根上町史』史料編上）根上町　一九九三年
「長家文書」（穴水町歴史民俗資料館保管）
「秋田家文書」（東北大学附属図書館秋田家史料データベース）

加越能文庫蔵史料

「温故足徴」「松雲公採集遺編類纂」「加能越古文叢」「有賀家文書」「沢存」「菅君雑録」「高岡衆分限帳」「山口記」「三輪家伝書」「本多氏古文書等」「横山家古文書等」「薫墨集」「旧藩遺文」「加藩国初遺文」「菅家見聞集」

二　編著書・論文

池上裕子『豊臣政権と江戸幕府』（『日本の歴史』15）講談社　二〇〇二年

岩沢愿彦『人物叢書　前田利家』吉川弘文館　一九六六年

宇佐美孝「加賀藩関連史料から見た前田利長墓所の変遷」（『高岡市　前田利長墓所調査報告』）高岡市教育委員会　二〇〇八年

大西泰正「織豊期前田氏権力の形成と展開」（大西泰正編著『前田利家・利長』）戎光祥出版　二〇一六年

大西泰正「前田利長論」（『金沢城研究』一六号）二〇一八年

大野充彦「国絵図・御前帳に関する一史料」（『海南史学』一七号）一九七九年

大野充彦「前田利常政権の成立」（『海南史学』二〇号）一九八二年

小和田哲男『戦争の日本史15　秀吉の天下統一戦争』吉川弘文館　二〇〇六年

笠谷和比古『関ヶ原合戦―家康の戦略と幕藩体制』講談社　一九九四年

笠谷和比古『関ヶ原合戦と近世の国制』　思文閣出版　二〇〇〇年
金沢城研究調査室編『よみがえる金沢城1―四五〇年の歴史を歩む―』
石川県教育委員会事務局文化財課金沢城研究調査室　二〇〇六年
木越隆三「慶長期加賀藩家臣団の構成と動向」（棚町知弥・鶴崎裕雄・木越隆三編
『白山万句資料と研究』）　白山比咩神社　一九八五年
木越隆三『織豊期検地と石高の研究』　桂書房　二〇〇〇年
木越隆三「横山長知の出奔と本多政重」（『地域社会の歴史と人物』加能地域史研
究会創立三〇周年記念論集）　北國新聞社　二〇〇八年
木越隆三「加賀前田家と高山右近」（中西裕樹編『高山右近―キリシタン大名への
新視点―』）　宮帯出版社　二〇一四年
木越隆三「年寄連署状と初期加賀藩における藩公儀の形成」（『加賀藩研究』第五
号）　二〇一五年
黒田和子『浅野長政とその時代』　校倉書房　二〇〇〇年
桜井甚一『金栄山妙成寺誌』　妙成寺　一九八一年
高澤裕一「前田利長の進退」（高澤裕一編『北陸社会の歴史的展開』）
能登印刷出版部　一九九二年
高澤裕一「「前田利長の進退」補説」（『文化財論考』創刊号）　二〇〇一年

髙澤裕一『加賀藩の社会と政治』吉川弘文館　二〇一六年
高柳光寿『人物叢書　明智光秀』吉川弘文館　一九五八年
富山市郷土博物館編『富山城ものがたり』富山市郷土博物館　二〇〇七年
中野等『石田三成伝』吉川弘文館　二〇一七年
中村孝也『徳川家康文書の研究』中巻　日本学術振興会　一九五九年
永山近彰編『瑞龍公世家』高木亥三郎・尊敬閣　一九一四年
七尾市史編さん専門委員編『新修七尾市史15　通史編　近世』七尾市役所　二〇一二年
萩原大輔「「慶長富山大火」をめぐる言説と実相」（『富山史壇』一七四号）二〇一四年
萩原大輔「前田利長隠居政治の構造と展開」（『富山史壇』一七八号）二〇一五年
原昭午『加賀藩にみる幕藩制国家成立史論』東京大学出版会　一九八一年
東四柳史明・宇佐美孝・本康宏史・出越茂和編『金沢の歴史』金沢市　二〇一三年
藤井讓治『日本の歴史12　江戸開幕』集英社　一九九二年
藤井讓治『日本近世の歴史1　天下人の時代』吉川弘文館　二〇一一年
藤井讓治「前田利長と関ヶ原の戦い」（『石川県立歴史博物館紀要』二七号）二〇一八年
藤田達生『証言本能寺の変―史料で読む戦国史―』八木書店　二〇一〇年
二木謙一監修『前田家三代の女性たち―國學院大學石川県文化講演会の記録―』北國新聞社　二〇〇〇年

古川知明『富山城の縄張と城下町の構造』　桂書房　二〇一四年
本多俊彦「前田家家臣団形成と直江勝吉」（『直江兼続生誕450年戦国大名とナンバ−2』）　米沢市上杉博物館　二〇一〇年
増山安太郎『高岡古城志』　高岡文化会　一九三九年
水江漣子『江戸市中形成史の研究』　弘文堂　一九七七年
見瀬和雄「「高岡衆分限帳」について—加賀藩初期家臣団史料に関する一考察—」（『富山工業高等専門学校紀要』第二六号）　一九九二年
見瀬和雄「加賀藩におけるキリシタン禁制の展開」（『市史かなざわ』創刊号）　一九九五年
見瀬和雄『利家・利長・利常—前田三代の人と政治—』　北國新聞社　二〇〇二年
見瀬和雄「前田利常の家中統制—前田直之の処遇—」（『金沢学院大学紀要文学・美術編』第四号）　二〇〇六年
見瀬和雄「関ヶ原合戦前夜の北陸と前田利長—慶長五年九月五日付前田利長書状—」（佐藤孝之編『古文書の語る地方史』）　天野出版工房・発売吉川弘文館　二〇一〇年
見瀬和雄「近世統一政権の成立と越中古国府勝興寺」（『金沢学院大学紀要文学・美術・社会学編』第一一号）　二〇一三年
見瀬和雄「関ヶ原合戦前後における前田利政の動静」（『金沢学院大学紀要文学・

美術・社会学編』第一二号）　二〇一四年
見瀬和雄「前田利長の遺誡と慶長期の加賀藩政」（加賀藩研究ネットワーク編『加賀藩武家社会と学問・情報』）　岩田書院　二〇一五年
森章二「近世における真宗教団―異安心と妙好人―」（大倉精神文化研究所編『近世の精神生活』）　続群書類従完成会　一九九六年
ラウレス『高山右近の生涯―日本初期基督教史―』　エンデルレ書店　一九四八年
若林喜三郎『加賀藩農政史の研究』上巻　吉川弘文館　一九七〇年
和嶋俊二『奥能登の研究　歴史・民俗・宗教』　平凡社　一九九七年

著者略歴

一九五二年　石川県珠洲市に生まれる
一九七七年　金沢大学法文学部卒業
一九八五年　國學院大學大学院文学研究科博士後期課程単位取得満期退学
博士（歴史学）（國學院大學）
金沢学院大学文学部教授を経て
現在　金沢学院大学名誉教授

主要著書
『幕藩制市場と藩財政』（巖南堂書店、一九九八年）
『利家・利長・利常―前田三代の人と政治―』（北國新聞社、二〇〇二年）

人物叢書　新装版

前田利長

二〇一八年（平成三十）十一月一日　第一版第一刷発行

著　者　見《み》瀬《せ》和《かず》雄《お》
編集者　日本歴史学会
代表者　藤田　覚
発行者　吉川道郎
発行所　株式会社 吉川弘文館
東京都文京区本郷七丁目二番八号
郵便番号一一三―〇〇三三
電話〇三―三八一三―九一五一〈代表〉
振替口座〇〇一〇〇―五―二四四
http://www.yoshikawa-k.co.jp/
印刷＝株式会社 平文社
製本＝ナショナル製本協同組合

ISBN978-4-642-05285-6

『人物叢書』(新装版)刊行のことば

人物叢書は、個人が埋没された歴史書が盛行した時代に、「歴史を動かすものは人間である。個人の伝記が明らかにされないで、歴史の叙述は完全であり得ない」という信念のもとに、専門学者に執筆を依頼し、日本歴史学会が編集し、吉川弘文館が刊行した一大伝記集である。

幸いに読書界の支持を得て、百冊刊行の折には菊池寛賞を授けられる栄誉に浴した。

しかし発行以来すでに四半世紀を経過し、長期品切れ本が増加し、読書界の要望にそい得ない状態にもなったので、この際既刊本の体裁を一新して再編成し、定期的に配本できるような方策をとることにした。既刊本は一八四冊であるが、まだ未刊である重要人物の伝記についても鋭意刊行を進める方針であり、その体裁も新形式をとることとした。

こうして刊行当初の精神に思いを致し、人物叢書を蘇らせようとするのが、今回の企図である。大方のご支援を得ることができれば幸せである。

昭和六十年五月

日本歴史学会
代表者 坂本太郎

日本歴史学会編集

人物叢書〈新装版〉

▽没年順に配列　▽九〇三円～二、四〇〇円(税別)
▽残部僅少の書目もございます。品切の節はご容赦ください。

日本武尊　継体天皇　聖徳太子　秦河勝　蘇我蝦夷・入鹿　天智天皇　額田王　持統天皇　柿本人麻呂　藤原不比等　長屋王　県犬養橘三千代　山上憶良　行基　光明皇后　鑑真　藤原仲麻呂　道鏡　吉備真備　佐伯今毛人

和気清麻呂　桓武天皇　坂上田村麻呂　最澄　平城天皇　円仁　伴善男　円珍　菅原道真　聖宝　三善清行　藤原純友　紀貫之　小野道風　良源　藤原佐理　紫式部　慶滋保胤　一条天皇　大江匡衡

源信　源頼光　藤原道長　藤原行成　源頼義　清少納言　和泉式部　源義家　大江匡房　奥州藤原氏四代　藤原頼長　藤原忠実　源頼政　平清盛　源義経　西行　後白河上皇　千葉常胤　源通親　文覚

畠山重忠　法然　栄西　北条義時　大江広元　北条政子　慈円　明恵　藤原定家　北条泰時　道元　北条重時　親鸞　北条時頼　日蓮　阿仏尼　北条時宗　一遍　叡尊・忍性　京極為兼

金沢貞顕　菊池氏三代　新田義貞　花園天皇　赤松円心・満祐　卜部兼好　覚如　足利直冬　佐々木導誉　細川頼之　足利義満　今川了俊　足利義持　世阿弥　上杉憲実　山名宗全　一条兼良　亀泉集証　蓮如　宗祇

万里集九　三条西実隆　大内義隆　ザヴィエル　三好長慶　今川義元　武田信玄　朝倉義景　浅井氏三代　織田信長　明智光秀　大友宗麟　千利休　松井友閑　豊臣秀次　足利義昭　前田利家　長宗我部元親　安国寺恵瓊　石田三成

真田昌幸　最上義光　前田利長　高山右近　島井宗室　淀君　片桐且元　藤原惺窩　支倉常長　伊達政宗　天草時貞　立花宗茂　宮本武蔵　佐倉惣五郎　小堀遠州　徳川家光　由比正雪　林羅山　松平信綱　国姓爺

野中兼山　保科正之　隠元　徳川和子　酒井忠清　朱舜水　池田光政　山鹿素行　井原西鶴　松尾芭蕉　三井高利　河村瑞賢　徳川光圀　契沖　市川団十郎　伊藤仁斎　徳川綱吉　貝原益軒　前田綱紀　近松門左衛門　新井白石　鴻池善右衛門

石田梅岩　太宰春台　徳川吉宗　大岡忠相　賀茂真淵　平賀源内　与謝蕪村　三浦梅園　毛利重就　本居宣長　山村才助　木内石亭　小石元俊　山東京伝　杉田玄白　塙保己一　上杉鷹山　大田南畝　只野真葛　小林一茶　大黒屋光太夫　松平定信

菅江真澄　島津重豪　狩谷棭斎　最上徳内　渡辺崋山　柳亭種彦　香川景樹　平田篤胤　間宮林蔵　滝沢馬琴　調所広郷　橘守部　黒住宗忠　水野忠邦　帆足万里　江川坦庵　藤田東湖　二宮尊徳　広瀬淡窓　大原幽学　島津斉彬　月照

橋本左内　井伊直弼　吉田東洋　緒方洪庵　佐久間象山　真木和泉　高島秋帆　シーボルト　高杉晋作　川路聖謨　横井小楠　小松帯刀　山内容堂　江藤新平　和宮　西郷隆盛　ハリス　森有礼　松平春嶽　中村敬宇　河竹黙阿弥　寺島宗則

樋口一葉　ジョセフ＝ヒコ　勝海舟　臥雲辰致　黒田清隆　伊藤圭介　福沢諭吉　星亨　中江兆民　西村茂樹　正岡子規　清沢満之　滝廉太郎　副島種臣　田口卯吉　福地桜痴　陸羯南　児島惟謙　荒井郁之助　幸徳秋水　ヘボン　石川啄木

乃木希典　岡倉天心　桂太郎　徳川慶喜　加藤弘之　山路愛山　伊沢修二　秋山真之　前島密　成瀬仁蔵　前田正名　大隈重信　山県有朋　大井憲太郎　河野広中　富岡鉄斎　大正天皇　津田梅子　豊田佐吉　渋沢栄一　有馬四郎助　武藤山治

坪内逍遙　山室軍平　南方熊楠　山本五十六　中野正剛　近衛文麿　河上肇　牧野伸顕　御木本幸吉　尾崎行雄　緒方竹虎　石橋湛山　八木秀次

▽以下続刊